OSTSEE
Königsberg
Danzig
Elbing
Graudenz
Thorn
Weichsel
Warsch
lsund
Greifswald
Swinemünde
Ghzm. M-St.
Neu-strelitz
Stettin
Havel
Berlin
Küstrin
Spree
Frankfurt
Warthe
1848–1851 zum Deuts
Posen
eußen
Oder
Cottbus
Kgr. Polen
(zu Kaiserreich Russland
Kgr. Sachsen
Dresden
Königstein
Chemnitz
Görlitz
Breslau
Oppeln
Königshütte
Beuthen
Kattowitz
Gleiwitz
Rep. Krakau
(1846 österr.)
Krakau
1818 z. Dt. Bund
Karlsbad
Königgrätz
Elbe
Prag
Moldau
Brünn
Kgr. Ungarn
Kaiserreich
Donau
Krems
Linz
Wien
Salzburg
Österreich
FL = Fürstentum Lichtenberg (1834 preussis
FW = Fürstentum Waldeck und Pyrmont (Landesteil Pyrmont)
HH = Hansestadt Hamburg
HL = Hansestadt Lübeck
HLB = Herzogtum Lauenburg (1865 preussisc
KH = Kurfürstentum Hessen

Peter Faber
Bismarcks Reichsgründung

Preußisches Wappen

Peter Faber

Bismarcks Reichsgründung

Diplomatie und Staatskunst 1862-1871

Druffel & Vowinckel-Verlag
Gilching

Abbildungsnachweis
Abbildungen: 13, 28, 30, 66, 73, 74, 76, 77, 88, 92, 93, 95
bpk Bildagentur für Kunst, Kultur und Geschichte, Berlin

Texterfassung: access Irmgard Bauer, München
Schutzumschlag: Dennis Krüger
Satz und Gestaltung: Verlagsdienstleistung Michael Croon
Gedruckt in der Europäischen Union
Internationale Standard Buchnummer ISBN 978-3-8061-1245-0

1. Auflage 2015

Talhofstr. 32, 82205 Gilching

Inhalt

Zur Vorgeschichte

Die Entwicklung der Geschichte Zentraleuropas zeigte schon im späten Mittelalter, dass eine Ausdehnung nur nach Osten möglich war. Es formierten sich in der Folge zwei Machtblöcke im Zentrum des Europäischen Kontinents: im Südosten der alte österreichische Block, die spätere Donaumonarchie, und im Nordosten der Ordensstaat Preußen mit Brandenburg.

Seit der Zeit Karls V. hatten sich Mitte des 16. Jahrhunderts Großmächte gebildet; so war es nur folgerichtig, dass in dem Niemandsland der norddeutschen Tiefebene die Großmacht Preußen entstand. Unter Friedrich dem Großen stellte das Land 1772 diesen Anspruch und wurde im Wiener Kongress 1815 als jüngste Großmacht anerkannt.

Österreich dagegen wurde Großmacht im 18. Jahrhundert, als es dem Habsburger Kaiser gelang, das Königreich Ungarn und die umliegenden Länder von der Vormacht der Türken zu befreien. Ungarn stimmte in der Folge freiwillig zu, dass das kaiserliche Heer als Bollwerk gegen die Türken auf ungarischem Boden verblieb, worauf ungarische Magnaten in unmittelbarem Einflussbereich des Kaisers hohe Stellungen im Reich einnahmen.

Es war Prinz Eugen von Savoyen (1663 – 1736), der als der große geniale Türkenbezwinger Berühmtheit erlangte. Er formte die Großmacht Österreich erneut zum Heiligen Römischen Reich Deutscher Nation und die Kaiserkrone glänzte Dank dem Savoyer Prinzen über Deutschland von Siebenbürgen bis an den Rhein.

Kaiserin Maria Theresia von Österreich schmiedete nach ihrer Thronbesteigung 1740 die beiden Machtblöcke, den deutsch-böhmischen und den ungarischen mit seinen Nebenländern, zur österreichischen Monarchie zusammen. Während Böhmen und Mähren zu deutschen Erblanden wurden, erhielt Ungarn eine Sonderstellung. Alle Versuche, Ungarn ebenfalls zum Erbland zu machen, scheiterten an dem Widerstand des dortigen Adels und am selbstbewussten ungarischen Reichstag. Eine „Schlacht am Weißen Berg“, die 1627 Böhmen und Mähren zu österreichischen Provinzen machte, hat es gegen Ungarn nicht gegeben.

Als dann Friedrich der Große im Jahr 1740 Schlesien eroberte und mit seinen Verbündeten Prag und Wien bedrohte, war Maria Theresia auf die Hilfe Ungarns angewiesen und musste dem Land 1741 Vorrechte und weitgehende Freiheiten zugestehen. Im Jahr 1849 sagte sich das Königreich Ungarn von Wien los.

Im selben Jahr schuf der preußische König den Kleindeutschen Bundesstaat. Preußens Stärke war jedoch durch die Vernachlässigung seines Militärs geschwächt, und es konnte sich nicht mit der Waffe gegen Russland und Österreich wehren, als die beiden Großmächte erfolgreich den preußischen Kaisertitel und damit die deutsche Einigung 1848/1850 verhinderten. Dem preußischen König blieb nichts anderes übrig, als sich dem Willen des Kaiserreiches 1850 in Olmütz zu beugen. In der sogenannten „Olmützer Punktation“ vom 29.11.1850 musste das Land Preußen eine empfindliche Niederlage hinnehmen.

Die Preußen hatten versucht, Österreich die Führungsposition im Deutschen Bund streitig zu machen, woraufhin die Österreicher in Bregenz mit den Königen von Bayern und Württemberg einen Schutz- und Trutzbund gegen Preußen schlossen. Darin wurde die Führungsrolle des Kaisers Franz Joseph erneut festgeschrieben und Preußen mit Krieg bedroht.

Der österreichische Ministerpräsident Fürst zu Schwarzenberg demütigte Preußen noch zusätzlich, indem er eine hochfahrend stilisierte Depesche über seinen Triumph an alle deutschen Fürstenhöfe sandte. Seine ablehnende Haltung zu Zugeständnissen gegenüber Preußen in der Frage des wechselnden Vorsitzes im Frankfurter Bundestag war jedoch kurzsichtig und hatte Folgen. Sie verhinderten den für Gesamtösterreich so wichtigen Eintritt in den Deutschen Bund.

Als dann auch noch der russische Zar nach einer Einigung mit Österreich über die Schleswig-Holstein Frage im Dreijährigen Krieg 1848 bis 1851 eine aggressive Haltung gegen Preußen einnahm, war der König von Preußen gezwungen, auf seine Ansprüche widerstandslos zu verzichten.

Zu gleicher Zeit musste Ungarn eine Niederlage im Krieg gegen

Österreich und die Einführung einer Militärdiktatur in seinem Land hinnehmen. Diese endete dann, als Österreich seinerseits im Krieg gegen Italien geschlagen wurde. Die ungelöste Ungarn-Frage lastete jedoch auf der Regierung Kaiser Franz Josephs und lähmte die Politik Wiens. Als es zum Krieg zwischen Preußen und Österreich kam, wurde Ungarn neben Österreich ein selbstständiger Staat.

Doch nicht nur das Königreich Ungarn hatte ein nationales Interesse an einer Loslösung von Österreich. Auch die Bewohner von Böhmen und Mähren – die Tschechen – erstrebten die Selbstständigkeit.

Jedoch ein gleichberechtigtes Zusammengehen mit Preußen und eine einvernehmliche Teilung des Vorsitzes im Deutschen Bund erschien dem österreichischen Kaiser nicht möglich; hätte er doch damit auf ererbte Rechte verzichten müssen. Die Habsburger Ehrauffassung stand einer Einigung im Weg und machte dadurch die eigene Monarchie bewegungslos.

Als Österreich darüber hinaus auch noch auf die Führung der süddeutschen Staaten verzichtete und sich mit Preußen gegen Dänemark auf Augenhöhe verbündete, gab es den Anspruch auf, deutscher Staat zu sein. Das Ergebnis war die Zertrümmerung des alten überkommenen Raumes Mitteleuropas in der Schlacht bei Königgrätz im Jahr 1866.

Politische Konstellationen zur Schleswig-Holstein Frage

Die Geschichte Schleswig-Holsteins reicht zurück bis ins 11. Jahrhundert, in die Zeit der salischen Kaiser.

Im Jahr 1025 hatte Kaiser Konrad II. das Gebiet zwischen Eider und Schlei Dänemark zum Lehen gegeben. Fast 100 Jahre später wurde Adolph von Schauenburg zum Grafen von Holstein ernannt. Sein Geschlecht regierte bis ins Jahr 1459, als der letzte Schauenburger, Graf Adolph VII., starb. Schon während dessen Regierung war Schleswig dänisches und Holstein deutsches Lehen.

Nachfolger wurde Christian I. aus dem Hause Oldenburg als dänischer König. In seine Regierung fiel das Abkommen von Ripe aus dem Jahr 1460, wonach Schleswig und Holstein niemals geteilt werden duften. Die Könige von Dänemark waren künftig Herzöge des deutschen Landes Holstein.

Die Situation begann komplizierter zu werden, als der Wiener Kongress 1815 bei der Neuordnung Europas Schleswig in den Deutschen Bund aufnahm und dem Land eine schleswig-holsteinische Verfassung gewährte. Dagegen legte der dänische König starken Protest ein.

Zum neuralgischen Punkt in der internationalen Politik wurde dann 1852 die Regelung der Großmächte, die Herzogtümer Schleswig-Holstein und Lauenburg in Personalunion mit der dänischen Krone zu verbinden. Das galt besonders für das Verhältnis der beteiligten Staaten Deutschland und Dänemark. Denn Tendenz der dänischen Politik war es, die Personalunion in eine Realunion umzuwandeln und damit die Herzogtümer einzugliedern und speziell Schleswig zu einer dänischen Provinz zu machen. Um dieses Ziel zu erreichen, wurde eine dänische Gesamtverfassung verabschiedet, die dem Zentralparlament in Kopenhagen Gesetzgebungs- und Finanzrechte in den Herzogtümern einräumte. Der Deutsche Bund als Garant der Rechte des zum Bund gehörenden Herzogtums Holstein legte gegen diesen Beschluss Protest ein, wie auch die Signatarstaaten des Londoner Protokolls.

Bereits 1858 hatte der Deutsche Bundestag dem dänischen König mit der Bundesexekution gedroht, falls die Gesamtverfassung für die Herzogtümer Holstein und Lauenburg nicht aufgehoben würde. Der dänische König Friedrich VII. – vor seiner Anerkennung Prinz Christian von Glücksburg – machte damals zwar einen Rückzieher, doch Schleswig und Holstein waren de facto getrennt worden. Die dänische Regierung hatte in der Folge Sonderrechte nur noch für Holstein und Lauenburg anerkannt.

In der Schleswig-Holsteinischen Frage zeigten sich die unterschiedlichen politischen Interessen der beteiligten Staaten. Während die internationalen Mächte England, Russland und Schweden alles daran setzten, den status quo zu erhalten, sah der seit Oktober 1862 ernannte preußische Ministerpräsident Bismarck die günstige Gelegenheit, Preußens Territorium zu vergrößern und die politische Einigung Deutschlands in einen Staatsverband voranzubringen.

Die unterschiedlichen Interessen der Deutschen und Dänen trieben bald einem Höhepunkt zu. Auf deutscher Seite hatte sich der 1859 gegründete kleindeutsche und nationalliberale Deutsche Nationalverein besonders stark gemacht. Ihm gehörten inzwischen 20.000 Mitglieder an. Der Verein machte die Lösung der Schleswig-Holsteinischen Frage im deutschen Sinne zu einem seiner Hauptanliegen. So hieß es in einer seiner Veröffentlichungen vom März 1863: „Es gilt nicht allein die verpfändete Ehre der Nation: es gilt auch eine Stellung zu gewinnen und zu befestigen, die für den Schutz unserer Küsten, für die Entfaltung unserer Seemacht, für die ganze politische Zukunft Deutschlands von unberechenbarer Wichtigkeit ist." [1]

Der Deutsche Bund hatte allerdings mit der Androhung der Bundesexekution 1858 seine Rechte formal überschritten, denn er gehörte nicht zu den Signatarstaaten des Londoner Protokolls. Deshalb war es der dänischen Regierung ungestraft möglich, eine weitere Einmischung des Bundes als Kriegserklärung gegen Dänemark auszulegen.

Die beiden deutschen Großmächte Preußen und Österreich dagegen vertraten im Dualismus die Meinung, auf der Seite des Rechtes stehe ungeschmälert die Selbstbestimmung der Völker. Demzufolge forderte der Augustenburger Herzog, der seinerzeit auf die Erbfolge verzichtete hatte, nun für seinen Sohn Friedrich VIII. die Nachfol-

Luise Königin von Preußen

ge als Herzog von Schleswig-Holstein. Fast alle deutschen Staaten plädierten jetzt ebenfalls für den Augustenburger und für die Anerkennung eines selbstständigen Fürstentums Schleswig-Holstein. Und in einer aufkommenden nationalen Stimmung der Völker – so auch in Preußen – wurde erwartet, dass Bismarck sich mit Preußen an die Spitze dieser Bewegung setzen und die preußische Militärmacht erheblich aufrüsten würde. Stattdessen berief sich Bismarck auf die Unantastbarkeit der internationalen Verträge und setzte sich damit dem Vorwurf aus, die preußischen Interessen zu verraten.

Die österreichische Regierung allerdings, für die eine Entfesselung nationaler Leidenschaften als Vielvölkerstaat verhängnisvoll gewesen wäre, zeigte sich erfreut darüber, dass Preußen offensichtlich das preußisch-österreichische Verhältnis im friedlichen Dualismus wieder auf den alten freundschaftlichen Stand von vor 1848 bringen wollte. So herrschte in Wien Erleichterung, als der preußische Ministerpräsident und Außenminister dann auch seine Bereitschaft zur engsten Zusammenarbeit in der Schleswig-Holstein Frage anbot. Plötzlich sah Österreich Bismarck nicht mehr als Störenfried, sondern als Garant der europäischen Ordnung, ja sogar als Bundesgenossen an.

Wie in geradezu machiavellischer Politik war das Vorgehen des preußischen Ministerpräsidenten ein erfolgreicher Schachzug gewesen, der verhinderte, dass Österreich mit Hilfe von Bayern, Württemberg und Sachsen in der Schleswig-Holstein Frage eine erweiterte Vormachtstellung im Deutschen Bund einnehmen konnte. Weiterhin hatte Bismarck damit eine Annäherung Frankreichs unter Kaiser Napoleon III. an Österreich erfolgreich unterbunden. Ein Paradestück Bismarck'scher Machtgestaltung!

Kaiser Napoleon III. war 1852 durch einen Staatsstreich in Frankreich an die Macht gekommen und wurde für die nächsten beiden Jahrzehnte zum eigentlichen Element der Unruhe in Europa.

Aufgrund der Initiative Bismarcks einigten sich Österreich und Preußen Anfang Dezember 1863 – zunächst formlos – auf eine gemeinsame Politik auf der Basis der Verträge von 1852. Ein Beispiel der Möglichkeiten, aber auch ihrer Grenzen, die etwaige Alternativen von vornherein erschwerten. Damit zeigten die beiden Großmächte, dass sie – und nicht der Bund – in letzter Instanz Entscheidungen zu treffen hätten. Die österreichisch-preußische Vereinbarung besagte unter anderem: Für den Fall, dass es zu Feindseligkeiten in Schleswig kommen sollte und dadurch die zwischen den deutschen Mächten und Dänemark bestehenden Vertragsverhältnisse hinfällig würden, „behalten Österreich und Preußen sich vor, die künftigen Verhältnisse der Herzogtümer nur im gegenseitigen Einverständnis festzustellen." [2]

Damit hatte sich Österreich definitiv an Preußen gebunden. Der Deutsche Bund war ausgeschaltet. Am 24. Dezember 1863 triumphierte Bismarck in einem Schreiben an den preußischen Gesandten in Paris, Graf Robert von der Goltz: „Es ist noch nicht dagewesen, dass die Wiener Politik in diesem Ausmaß en gros und en détail von Berlin aus geleitet wurde." [3]

Jedoch der preußische König Wilhelm I., ein Sohn Friedrich Wilhelms III. und der berühmten Königin Luise, – beeinflusst durch von Schleinitz, den vormaligen Außenminister, sowie durch von der Goltz und durch seinen badischen Schwiegersohn – neigte dazu, den Augustenburger zu unterstützen und vermeintlich damit den preußischen Einfluss zu stärken. Sein Ziel war es, den Frieden mit der Bundestagsmehrheit und mit der deutschen Nationalbewegung zu erhalten. Die Fäden, die Bismarck glaubte in der Hand zu halten, schienen ihm somit im eigenen Haus zu entgleiten.

Um den schwankenden König auf seine Seite zu ziehen, wählte Bismarck als Forum die Debatte um Anleiheforderungen im Bundestag am 22. Januar 1864. In ungewöhnlicher Schärfe argumentierte er, wenn die Regierung der Mehrheit des Abgeordnetenhauses in ihrer negativen Haltung folge, würden die königlichen Minister nicht mehr diejenigen des Königs sein, sondern nur noch Parlamentsminister. Wörtlich sagte er: „Und dazu wird es, das hoffe ich zu Gott, nicht kommen." [4] Adressat seiner scharfen Rede war ausschließlich der König, und es gelang ihm tatsächlich, diesen umzustimmen.

Unzweifelhaft kämpfte Bismarck dann um sein politisches Überleben. Eine Serie von massiven Brüskierungen des Parlamentes folgten und gipfelten letztlich darin, dass Bismarck und die ihm folgende Regierung dem Parlamentspräsidenten das Recht absprachen, sein Hausrecht gegenüber der Regierung auszuüben. Eine Abstimmung am 22. Mai 1864 über diesen Machtkampf zwischen Parlament und Regierung, wobei das Parlament sich gegen den König stellte, endete vernichtend für den Ministerpräsidenten: 239 Abgeordnete stimmten gegen ihn, nur 61 für ihn. Das Abgeordnetenhaus verlangte infolgedessen Bismarcks Demission. Daraufhin schickte der König den

Landtag zum Ende der Sitzungsperiode in den Urlaub, ohne ihn allerdings aufzulösen.

Dänemarks Provokationen konnten jedoch nur noch Krieg bedeuten. Nationalliberale Politiker verblendeten außerdem zusehends das dänische Volk in nationalromantischem Pathos und machten es für seine Urteilskraft blind.

Im Jahr 1815 hatte, wie bekannt, der Wiener Kongress das Herzogtum Holstein zum Mitglied des neugegründeten Deutschen Bundes erklärt. Zuvor gehörten Schleswig und Holstein über mehrere Jahrhunderte zu Dänemark. In einem Vertrag von 1460 hatte man damals beiden Herzogtümern zugesichert, „up ewig ungedeelt" – auf ewig ungeteilt – zu bleiben.

Der Deutsche Bund ließ die 1858 angedrohte Bundesexekution zunächst ruhen. Im Juli 1863 sah er sich jedoch angesichts der eskalierenden Verhältnisse gezwungen, das Verfahren wieder aufzunehmen und gleichzeitig den König von Dänemark aufzufordern, seine Bestimmungen für die beiden Herzogtümer zurückzunehmen. Damit hatte der Deutsche Bund jedoch seine Kompetenz überschritten, denn er gehörte, wie gesagt, nicht zu den Signatarstaaten des Londoner Protokolls. Am 1. Oktober 1863 beschloss dann der Bundestag die Bundesexekution und beauftragte die beiden Signatarmächte Preußen und Österreich, daneben auch Sachsen und Hannover, mit dem Vollzug.

Noch im Dreijährigen Krieg, 1848 bis 1851, gegen Dänemark hatten Russland und England dafür gesorgt, dass Preußen als Verlierer dastand und einen Sonderfrieden mit Dänemark schließen musste. Doch dieses Mal sahen die beiden Großmächte in Dänemark den Aggressor und versagten ihre Einmischung. Drei Personen spielten bis zum Ausbruch eines erneuten Krieges eine zentrale Rolle: der dänische König Frederik VII., sein Nachfolger Christian IX. und der Herzog Friedrich von Augustenburg. Glossierend formulierte der englische Premierminister Lord Palmerston, der als Vermittler im dänisch-deutschen Streit auftrat, seiner Königin gegenüber den Kern des Konfliktes: „Es gibt nur drei Menschen, die das schleswig-holsteinische Problem verstehen, der erste ist der Herzog von Augustenburg,

Christian IX. König von Dänemark

aber der ist tot, der zweite ein deutscher Professor, aber der ist dadurch wahnsinnig geworden und der dritte, der bin ich – und ich habe alles vergessen.“ [5]

Sicherlich waren verschiedene Ursachen für den erneuten Krieg verantwortlich. Komplizierte Abläufe haben dazu beigetragen, doch der berüchtigte „erste Schuss“ fiel eindeutig von dänischer Seite: denn am 13. November 1863 nahm der dänische Reichstag die sogenannte Novemberverfassung an. Diese band das Herzogtum Schleswig unmittelbar an die dänische Monarchie. Damit war Schleswig nicht mehr assoziiert, sondern wurde an Kopenhagen angegliedert und vom Herzogtum Holstein abgetrennt und isoliert. Am 15. November 1863 starb der Dänenkönig Frederik VII. – zwei Tage nach der Verabschiedung der neuen Verfassung. Das Londoner Protokoll von 1852 hatte für die Thronfolgeregelung die Zustimmung der Großmächte vorgesehen. Diese versagten jedoch ihre Zustimmung, als der Nachfolger, der sogenannte Protokollprinz Christian IX. von Schleswig-Holstein-Sonderburg, das Amt antrat. Damit wurde die Grundbedingung des Londoner Protokolls in eklatanter Weise verletzt.

Laut Novemberverfassung sollte jetzt das neben den Dänen immerhin zur Hälfte von Deutschen bewohnte Schleswig in den dänischen Gesamtstaat vereinnahmt werden. Holstein dagegen hatte fast ausschließlich eine deutsche Bevölkerung und war Mitglied des Deutschen Bundes, allerdings unter dänischer Verwaltung. Die Novemberverfassung verstieß mit dieser Regelung eindeutig gegen ein internationales Abkommen, dem bereits erwähnten Londoner Protokoll von 1852, das die Großmächte Russland, Frankreich, Großbritannien und Preußen im Einvernehmen mit Dänemark und Schweden unterzeichnet hatten. Danach war vorgesehen, dass Dänemark ein in vier gleichberechtigte Landesteile aufgeteilter Gesamtstaat bleiben sollte: das Königreich Dänemark und die Herzogtümer Holstein, Schleswig und Lauenburg. Der Gesamtstaat unterstand dem dänischen König, der gleichzeitig auch regierender Herzog der drei Herzogtümer war, die wiederum von einer Ständeversammlung repräsentiert wurden.

Die Novemberverfassung verstieß aber nicht nur gegen internationales Recht, sondern auch noch gegen das erwähnte Abkommen von Ripe aus dem Jahr 1460, wonach Schleswig-Holstein niemals geteilt werden durfte. Außerdem wurden die Rechte der deutschen Bevölkerung missachtet, die dadurch in Unterdrückung kam. Die Folge war - sowohl seitens der deutschen Bevölkerung, wie auch im gesamten Deutschen Bund - wütendes Aufbegehren und das Verlangen, der dänischen Initiative Einhalt zu gebieten, wenn nötig mit Gewalt. Dänemark wurde international zum Aggressor gestempelt.

Die dänische Regierung schätzte wohl bei ihrem Vorgehen das Verhalten der Großmächte falsch ein und verließ sich auf die Loyalität der einstigen Verbündeten Russland und England, jedoch ohne auf die Zeichen der Zeit zu achten. Russland hatte 1656 den Krimkrieg gegen Großbritannien und Frankreich verloren und sich in Preußen einen neuen Verbündeten gesucht, der dem Land dann 1864 bei der Niederschlagung eines polnischen Aufstandes half. Somit tendierten die Russen näher zu Preußen als zu Dänemark, sollte es zu einem Krieg kommen. England war der steigende Einfluss Preußens ein Dorn im Auge, denn es sah die europäische Ordnung und das Gleichgewicht gefährdet. Folglich war es Dänemark gegenüber freundlicher gesinnt als Preußen. Doch Königin Victoria hatte einen deutschen Prinzen geheiratet und konnte sich aus Loyalität zu ihrem Gemahl und zu Deutschland nicht auf dänische Seite stellen. Auch in Frankreich unter Napoleon III. bestand wegen seiner Aktivitäten in Lateinamerika kein Interesse an einem möglichen Eingreifen auf dänischer Seite.

Das Aufkommen einer nationalen Fühl- und Denkweise in den europäischen Staaten hatte auch beim dänischen Volk zu einer Mehrheit der Nationalliberalen geführt. Das Ergebnis war der sogenannte Spracherlass, in dem eine Danifizierung des deutschen Bevölkerungsanteiles beschlossen wurde: Die dänische Sprache sollte als alleinige offizielle Sprache in Verwaltung, Schule und Kirchen gelten. Der deutsche Bevölkerungsanteil Schleswigs sah darin einen brutalen Eingriff in seine Rechte, und diese erneute Unterdrückung wurde als „Dänenjoch“ bezeichnet.

Mit dem Argument, nicht der Deutsche Bund, sondern ausschließlich Preußen und Österreich hätten das Londoner Protokoll unterzeichnet, konnte Bismarck am 7. Dezember 1863 die deutschen Staaten auf einer Sitzung des Bundestages in Frankfurt davon überzeugen, dass ein Krieg gegen Dänemark allein eine Angelegenheit dieser beiden Staaten sei. Entscheidend für einen erfolgreichen Krieg wäre im übrigen, so Bismarck, die Isolation Dänemarks. In einem Schreiben an den dänischen König und dessen Regierung stellte Bismarck daraufhin diesem ein 48-stündiges Ultimatum mit dem Inhalt, ein Krieg sei nur zu verhindern, wenn Dänemark die Novemberverfassung zurückzöge.

Die preußische Heeresreform

Grundvoraussetzung für dieses selbstbewusste Auftreten Preußens war die Heeresreform vom 1. Februar 1860. Ohne diese Reform wäre ein kriegerisches Vorgehen des Staates nicht möglich gewesen.

Denn im Jahr 1858 hatte Prinz Wilhelm von Preußen, der zweite Sohn König Friedrich Wilhelms III. und seiner Frau Königin Luise, für seinen erkrankten Bruder die Regentschaft übernommen. Mit ihm war eine soldatisch denkende und fühlende Persönlichkeit an die Spitze des Staates getreten, wohingegen sein Vater völlig unmilitärisch gewesen war. Der neue Regent erkannte die Unzulänglichkeiten der preußischen Armee und setzte sich stark für eine Abhilfe ein.

Die Rekrutenquote war in den letzten 40 Jahren, seit dem Jahr 1820, um die Hälfte geschrumpft, obwohl die Bevölkerung seit 1820 um das Doppelte – auf 18 Millionen – angewachsen war. Das hätte im Mobilmachungsfalle ein total überaltertes Heer zufolge gehabt, in dem junge Männer nicht erfasst waren. Hatten Preußen 1820 noch 40.000 Soldaten weniger als Frankreich zur Verfügung gestanden, so betrug die Differenz zu Frankreich jetzt 200.000 Soldaten. Auch Österreichs Armee war stärker als die Preußens, und Russland verfügte über eine Truppenstärke von etwa einer Million Soldaten.

Das Heer aber war der Garant der preußischen Sicherheit und die Basis einer aktiven und gegebenenfalls expansiven preußischen Außen- und Machtpolitik. Eine neue, größere und verjüngte Armee, die aus Wehrpflichtigen bestand, sollte jetzt den Geist des Berufs- und Königsheeres übernehmen und Schule der Nation sein – ein in sich einheitliches, ausschließlich vom König abhängiges Gebilde. Dieses von einem Berufsoffizierkorps geführte stehende Heer vermochte nach der Ansicht des Prinzregenten seine Forderung eher zu erfüllen, als die mit bürgerlichem Leben und Denken so eng verbundene Landwehr mit Offizieren, deren Hauptinteresse zwangsläufig ihrem bürgerlichen Beruf zugewandt war.

Generalleutnant von Roon bezeichnete schon am 22. Juli 1858 in einer Reformdenkschrift die Landwehr als „politisch falsche Institution", der nur eine zweifelhafte Bedeutung für die äußere wie die innere Politik zuzuschreiben sei. Er begründete sein Urteil mit der Feststellung, dass jeder Landwehrmann durch die parlamentarische Regierungsform Wähler geworden sei. Dadurch stelle die Landwehr einen bürgerlichen Verein dar und nicht mehr eine ausschließlich auf Befehl und Gehorsam ausgerichtete Truppe. Hauptziel von Roons war die restlose Entbürgerlichung des Heeres. Die gesamte Rekrutenaushebung wurde der Linienarmee zugeteilt, während die Landwehr nur noch mit Besatzungs- und Etappenaufgaben beauftragt war.

Die preußische Militärreform sah eine Neuaufstellung von insgesamt 39 Infanterie- und 10 Kavallerieregimentern vor – und im Zusammenhang damit eine Erhöhung der jährlichen Rekrutenaushebung von 40.000 auf 63.000 Soldaten. Die Dienstzeit im aktiven Heer wurde mit drei Jahren fast verdoppelt, die Zeit in der Reserve auf fünf Jahre festgelegt. Für die Landwehr verlängerte man die Reservezeit auf elf Jahre. Dazu kam eine intensive Ausbildung der Offiziere und Unteroffiziere des Heeres.

Zwingend notwendig für die Durchsetzung all dieser Maßnahmen war eine Erhöhung des Militäretats. Nur so würde Preußen im Stande sein, seine politischen Interessen notfalls auch militärisch durchzusetzen. Die Mittel dazu hatte jedoch ausschließlich der Landtag bereitzustellen. Die Armee war ein Verfassungsobjekt, jedoch wegen ihres Budgets auf das Parlament und die Zustimmung der bürgerlichen Abgeordneten angewiesen.

Kriegsminister Albrecht von Roon

Am 5. Dezember 1859 ernannte der Regent Wilhelm den Mann zum Kriegsminister, der ihm geeignet erschien, die Vorlage für die Heeresreform beim Landtag durchzusetzen: Generalleutnant Albrecht Theodor Emil von Roon. Er wurde am 30. April 1803 als Sohn eines Offiziers und Gutsbesitzers in Pleushagen bei Kolberg geboren. Nach der Schulzeit in Berlin ging er ab 1816 in die Kadettenanstalt in Kulm in Westpreußen. 1821 erfolgte seine Ernennung zum Leutnant, 1824 besuchte von Roon die Allgemeine Kriegsschule in Berlin. Nach einer dreijährigen Mitarbeit im topographischen Büro kam er 1836 in den Generalstab. Ab 1844 wurde er Lehrer und Begleiter des Prinzen Friedrich Karl. 1849 nahm er am Feldzug gegen Baden teil, wurde 1851 Oberst, 1856 Brigadekommandeur, 1858 Divisionskommandeur und am 5. Dezember 1859 Kriegs- und Marineminister.

1836 heiratete Albrecht von Roon Anna Rogge in Groß Tirpitz bei Liegnitz. Sie war die Tochter des preußischen Militärpfarrers Wilhelm Rogge. Der Ehe entstammten drei Söhne und zwei Töchter. Nach der Reichseinigung erhob Kaiser Wilhelm I. den Feldmarschall in den Grafenstand und verlieh ihm den höchsten Orden Preußens, den Schwarzen Adler Orden mit Kette.

Der neue Kriegsminister erkannte zwar das Mitspracherecht der Abgeordneten des Landtages an, war aber derselben Meinung wie der Prinzregent, dass die Fragen der Heeresorganisation und der Truppenstärke als königliches Vorrecht der ausschließlichen Kommandogewalt des Königs oblagen.

Im Landtag stellte sich dann die Mehrheit der liberalen Abgeordneten auch nicht grundsätzlich gegen die Heeresreform. Eine Reihe von Abgeordneten hatte jedoch das Bild des Regenten als „Kartätschenprinzen“ noch vor Augen, der während der Revolution 1848/1849 auf das Volk schießen ließ. Sie sahen die Heeresreform als Teil der Innenpolitik an und vertraten den gegensätzlichen Stand-

Albrecht von Roon

punkt, nicht das stehende Heer, sondern die Landwehr, also einberufene Bürger, die auch in den Befreiungskriegen 1813/1815 Napoleon geschlagen hätten, sollten gefördert werden. Entscheidend sei eine Volksbewaffnung.

Im Gegensatz dazu wollten der Prinzregent und die Befürworter der Heeresreform – als Lehre aus der Niederlage gegen die französische Armee im Jahr 1807 – die stehende Armee bereits im Frieden, und nicht erst nach einer möglichen nächsten Niederlage durchsetzen.

Am 10. Februar 1860 lehnte dann der Landtag die Bereitstellung der für die Durchsetzung der Reform benötigten neun Millionen Taler ab. Es kam jedoch anschließend zu einem Kompromiss, wonach die Summe für lediglich ein Jahr bewilligt wurde, allerdings unter der Voraussetzung, dass die zweijährige Dienstzeit erhalten bliebe. Das Procedere wiederholte sich auch im nächsten Jahr, wieder wurde der Etat nur provisorisch genehmigt.

König Friedrich Wilhelm IV.

König Wilhelm I.

Am 2. Januar 1861 war der geistig umnachtete König Friedrich Wilhelm IV. gestorben, und der Prinzregent Wilhelm wurde am 18. Januar 1861 zum König Wilhelm I. von Preußen gekrönt. Er war vom Gottesgnadentum so überzeugt, dass er die Königskrone vom Altar hob und sie sich selber aufs Haupt setzte.

Nach der erneuten nur provisorischen Bewilligung des Militäretats löste der König den Landtag kurzzeitig auf.

Im Jahr 1861 entwickelte sich eine zunehmende Entfremdung der öffentlichen Meinung von Regierung und König, denn die liberalen Hoffnungen wurden in allen anstehenden Problemen enttäuscht. Gesetzesvorlagen der liberalen Parteien scheiterten am Widerstand des „Herrenhauses". Der neue König brachte Vorlagen auf dem Gebiet des Zivilrechtes ebenso zu Fall wie Gesetzesentwürfe, die das Steuerprivileg der Rittergüter beseitigen sollten.

Das sogenannte Herrenhaus hatte sich aufgrund der Auseinandersetzung zwischen König Friedrich Wilhelm IV, dem Ministerium und den Junkern, sowie den politischen Parteien in den Jahren 1850 – 1859 gebildet. Seinem Vorläufer, der Ersten Kammer, hatten die höchstbesteuerten sowie gewählten Mitglieder der größten Städte angehört. Diese mussten nach einer königlichen Verordnung vom 12. Oktober 1854 jetzt ausscheiden. Königliche Prinzen, Fürsten, Grafen und 90 Vertreter des preußischen Kleinadels – soweit sie über Grundbesitz verfügten – wurden daraufhin Mitglieder des Herrenhauses. Alle bürgerlichen Rittergutsbesitzer waren ausgeschlossen. Der König behielt sich das Recht vor, ausschließlich Personen seines Vertrauens auch zu erblichen Mitgliedern zu berufen. Das neue Herrenhaus war eine der gesetzgebenden Kammern, zugleich die Interessensvertretung der adligen Grundbesitzer – der preußischen Junker.

In liberalen Kreisen herrschte Empörung über diese Körperschaft, und der Historiker Heinrich von Treitschke schrieb darüber im Jahr 1872: „Es war als sollte mutwillig allen Rechtsanschauungen des demokratischen Jahrhunderts ins Gesicht geschlagen werden." [6].

Die Schrift des Berliner Stadtgerichtsrates Twesten „Was nun noch retten kann" trug noch zur Aufheizung und Aufreizung der Stimmung erheblich bei. Der Autor griff das preußische Herrenhaus an und bezeichnete den Chef des Militärkabinettes von Manteuffel als „unheilvollen Mann". Dieser fühlte sich beleidigt und forderte Twesten zu einem Pistolenduell, wobei letzterer mit einem Schuss in den Arm verletzt wurde. Bei der nächsten Landtagswahl erreichte Twesten ein Mandat in der „Deutschen Fortschrittspartei".

Neuwahlen am 6. Mai 1862 erbrachten der Regierung eine noch radikalere Niederlage. Der Etat für die Heeresreform wurde mit 308 Stimmen zu 11 Stimmen vom Landtag endgültig abgelehnt.

Als König Wilhelm I. im Kampf um diese Reform schon aufgeben wollte und sogar seinen Rücktritt erwog, sandte von Roon an Bismarck am 18. September 1862 ein denkwürdiges Telegramm mit dem Satz: „Periculum in mora. Depechez vous!" [7] Das war Anlass genug für Bismarck, von seinem Pariser Botschafterposten nach Berlin zurückzukehren, wo der König ihn als ultima ratio am 8. Oktober 1862 zum preußischen Ministerpräsidenten berief. Er war der einzige Kandidat, dem Wilhelm I. trotz seiner eigenen Bedenken und denen seiner Umgebung zutraute, seine Politik weiterzuführen und die Heeresreform doch noch durchzusetzen, auch ohne Budget und ohne Parlamentsmehrheit.

Bismarck schreibt in seinen „Gedanken und Erinnerungen", es sei ihm gelungen, König Wilhelm I. davon zu überzeugen, dass „es sich für ihn nicht um konservativ oder liberal in dieser oder jener Schattierung, sondern um königliches Regiment oder Parlamentsherrschaft handle und dass die letztere unbedingt auch durch eine Periode der Diktatur abzuwenden sei." [8]

Bismarck war der Initiator der sogenannten „Lückentheorie". Darin wurde erläutert, wie ein in der Verfassung nicht vorgesehener Fall für rechtswirksam zu erklären sei: Sollte eine der beiden gesetzgebenden Kammern durch eine Verweigerung der notwendigen Budgetmittel das Gleichgewicht der Gewalten außer Kraft setzen, so habe das Staatsministerium die Pflicht, ohne Haushaltsgesetz zu regieren.

Der König als gesetzgebende Gewalt erklärt die Zwischenzeit – bis die Kammer die angefallenen Ausgaben nachträglich billigt und für gesetzlich erklärt – als Rechtens. Doch die Lückentheorie sollte rechtfertigen, was sich rechtlich gar nicht rechtfertigen ließ: den Bruch der Verfassung. Als selbst Napoleon III. meinte, Bismarck während des Verfassungskonfliktes vor einer Revolution in Preußen warnen zu müssen, antwortete dieser selbstbewusst: „Die Revolution machen in Preußen nur die Könige." [9]

Ministerpräsident Otto von Bismarck

Otto Eduard Leopold von Bismarck-Schönhausen wurde am 1. April 1815 in Schönhausen nahe der Elbe bei Stendal, in der Provinz Sachsen, als Sohn des Rittmeisters Karl Wilhelm von Bismarck und dessen Ehefrau Luise, geborene Mencken, geboren. Er war Spross eines väterlicherseits alten Adels- und Junkergeschlechtes der Altmark. Seine bürgerliche Mutter stammte aus einer Familie von Gelehrten und hohen Beamten. Vom Vater ererbte Otto den Stolz auf seine Herkunft, von der Mutter seinen scharfen Verstand und den Sinn für rationales Handeln.

Der Erziehung seiner Mutter verdankte er, dass er eine für einen Landedelmann nicht übliche Bildung genoss und in den Staatsdienst eintreten sollte. Allerdings schrieb Bismarck später, dass er sich in seinem Elternhaus nie wirklich heimisch gefühlt habe. Während er der Mutter reserviert gegenüberstand, hat er den Vater geliebt. Im Alter von 6 Jahren schickte ihn die Mutter in ein Berliner Internat, in das hohe Beamte ihre Söhne gaben. Der dortige Drill und Zwang zur Disziplin prägte deutlich seinen Unwillen, Autoritäten anzuerkennen. 1830 besuchte er bis zum Abitur 1832 das humanistische Berliner Gymnasium „Zum grauen Kloster“.

1832 bis 1835 studierte er an der Universität Göttingen Rechtswissenschaften und schloss sich dem schlagenden Korps Hannovera Göttingen an, dem er Zeit seines Lebens als überzeugter Korpsstudent treu blieb. Sein Studium schloss er mit dem Ersten Staatsexamen ab, um anfangs am Berliner Stadtgericht als Referendar, später im Verwaltungsdienst tätig zu werden. Dann verliebte er sich in eine Engländerin, überschritt seinen Urlaub um mehrere Wochen und verlor dadurch sein Referendariat. Bei mehreren Besuchen von Spielcasinos machte er Schulden, die er später jedoch auf Heller und Pfennig zurückzahlte.

Als Einjährig-Freiwilliger trat er 1838 in das Garde-Jäger-Batail-

Revolutionäre nach Barrikadenkampf am 18. März 1848 in Berlin

lon ein, dann wurde er zur 2. Jägerabteilung versetzt und 1839 in die Reserve entlassen. 1841 erhielt er die Beförderung zum Secondeleutnant der Landwehrinfanterie, um ein Jahr später zur Kavallerie versetzt zu werden.

1845 wurde er Mitglied des Provinziallandtages von Pommern und unterstützte seinen Bruder bei dessen Tätigkeit als Landrat. 1843 bekam er über seinen Freundeskreis den Kontakt zu führenden konservativen Politikern, insbesondere zu den Brüdern Ernst Ludwig von Gerlach, dem Präsidenten des Magdeburger Appelationsgerichtes und konservativen Parteiführers, und zu General Leopold von Gerlach, dem Generaladjutanten des Königs.

1846 erhielt er sein erstes öffentliches Amt mit der Ernennung zum Deichhauptmann in Jerichow. 1847 wurde Bismarck als Vertreter der Ritterschaft der Provinz Sachsen Mitglied im Vereinigten Landtag. Dort fiel er in seinen ersten Plenarreden als strikt konservativer Politiker auf. Sein Betätigungsfeld in der Politik füllte ihn aus und kam

König Friedrich Wilhelm IV. von Preußen ernennt Bismarck am 18. August 1851 zum Gesandten im Bundestag in Frankfurt

Polnische Aufständische 1863

seinen Neigungen durchaus entgegen: „Die Sache ergreift mich viel mehr als ich dachte.“ [10] Schon bald machte er sich einen Namen in konservativen Kreisen, auch König Friedrich Wilhelm IV. wurde auf ihn aufmerksam. Nach einer religiösen Krise kehrte er im Jahr 1847 durch seine Heirat mit Johanna von Puttkamer zum lutherischen Glauben zurück.

Im Januar 1849 wurde er in die Zweite Kammer des preußischen Landtages gewählt und zog mit seiner Familie nach Berlin um. Als Sprachrohr der Ultra-Konservativen fiel er durch seine geniale, originelle und provokative Rednergabe, sowie durch seine abwägende und flexible Argumentation auf.

Die Revolution 1849 lehnte Bismarck entschieden ab. Auf Nachricht aus Berlin hin bewaffnete er in Schönhausen die Bauern und schlug vor, nach Berlin zu ziehen und die Revolution zu bekämpfen. Doch der in Potsdam kommandierende General von Prittwitz lehnte ab. Prinzessin Augusta nannte ihn daraufhin – aus welchem Grund auch immer – einen illoyalen Intriganten, womit sich Bismarck die lebenslange Ablehnung der späteren Königin zuzog.

Obwohl Bismarck keine diplomatische Ausbildung hatte, wurde er auf Betreiben von Leopold von Gerlach am 18. August 1851 durch König Friedrich Wilhelm IV. zum preußischen Gesandten im Bundestag in Frankfurt ernannt. Er selber hielt seine Stellung in Frankfurt für den wichtigsten Posten in der preußischen Diplomatie. Danach wurde er Gesandter in Petersburg und später in Paris. Auch dort zeigte er sich als scharfsinniger, einfallsreicher und leidenschaftlicher Diplomat mit ausgeprägtem Selbstbewusstsein. Politik war für ihn stetiger Kampf, ständig ohne Illusion, nur der Realität verpflichtet; zwar konservativ, gab er sich jedoch stets kritisch und ohne jeglichen Starrsinn. Maxime seines politischen Denkens war der Dienst am preußischen Staat, nur ihm fühlte er sich verpflichtet.

Die Machterweiterung Preußens wurde zum Kernpunkt seiner Politik. Zwangsläufig führte ihn seine Leidenschaft dabei in die Aussenpolitik. Die Deutsche Frage betrachtete er als Frage der europäischen Machtverhältnisse. Realistisch erkannte er, dass Deutschland nur in einem erweiterten neuen Verband unter preußischer Führung innerhalb Europas zu sichern sein würde. Sein erklärtes Ziel, die preußische Monarchie und den Ordnungsstaat zu erhalten und zu fördern, konnte jedoch nur mit einem mächtigen Militär erreicht werden. Zu diesem Zweck war er bereit, auch mit nationalen und liberalen Kreisen Bündnisse einzugehen.

Nach der Ernennung zum Ministerpräsidenten verstand er es sehr bald, dem König seine Vorstellungen vorzutragen und dessen Vertrauen zu erwerben, so dass Wilhelm I. in der Außenpolitik voll auf Bismarcks Linie einschwenkte. Dieser Erfolg war nicht leicht gewesen, da der neue Ministerpräsident starke Feinde, sogar in des Königs nächster Umgebung, hatte. Königin Augusta und ihre Ratgeber feindeten ihn an, ebenso wie das Kronprinzenpaar und die Coburger Verwandtschaft. Ständig wurde auf seinen Sturz hingearbeitet.

Österreich versuchte diese Situation für sich auszunutzen. Die Mittelstaaten nahmen gleichermaßen jede Möglichkeit wahr, sich gegen Bismarck zu stellen. In außenpolitischen Fragen hatte Bismarck mit Schwierigkeiten zu kämpfen, die seine Kräfte nahezu überforderten und ihn fast zur Verzweiflung brachten wegen der Unfähigkeit des Parlamentes, sein feines Geflecht in den Außenbeziehungen zu erkennen, geschweige denn ihm zu folgen.

So kam es in der Polen-Frage zum Eklat, als Bismarck in der sogenannten Alvenslebenschen Konvention [11] den Zar gegen polnische Revolutionäre unterstützte. Im Januar 1863 war ein polnischer Aufstand gegen russische Garnisonen in Polen ausgebrochen. In der russischen Gesellschaft kamen Tendenzen auf, die es Petersburg ermöglichen würden, Polen entgegenzukommen und einen autonomen polnischen Staat in Personalunion mit dem Zarenreich zuzulassen. Eine solche liberale Politik, deren Fürsprecher der russische Ministerpräsident Gortschakoff war, hätte eine Verbindung Russlands mit dem polenfreundlichen Paris bedeutet.

Bismarck sah darin eine unmittelbare Bedrohung Preußens, da er um den Besitz von Posen, Westpreußen und Danzig fürchtete. Er mobilisierte Ende Januar vier Armeekorps und sandte den Generaladjutanten Gustav von Alvensleben zum Zaren. Dieser schloss eine Konvention mit dem russischen Herrscher. Danach sollten die preußischen und russischen Truppenführer sich gegenseitig Beistand leisten für den Fall, dass polnische Insurgenten die Grenzen eines der Partner überschreiten würden. Die politische Bedeutung dieser Konvention war groß, denn sie band Russland und Preußen für die nächsten Jahre in Freundschaft zusammen. Außerdem war einer Annäherung Frankreichs an Russland ein Riegel vorgeschoben.

Für Napoleon III. trat damit eine Wende ein. Er wandte sich jetzt Österreich zu mit den Plänen einer Neuordnung. Danach sollte Polen wieder vereint werden und Venetien an Italien abgetreten werden. Dafür würde Österreich Schlesien erhalten, während die Rheinlande an Frankreich gingen. Preußen wollte man durch Sachsen und Hannover entschädigen.

Bismarck entzog sich dieser drohenden diplomatischen Offensive, indem er die Konvention im Einvernehmen mit Russland wieder aufhob und so den französischen Vorschlag ins Leere laufen ließ. Trotzdem blieb die russisch-preußische Freundschaft erhalten.

Der Abgeordnete Waldeck, bereits in der Nationalversammlung 1848 Vorsitzender des Verfassungsausschusses, erklärte später unter dem Beifall des gesamten Hauses, Bismarcks Konvention hätte den

Johanna von Bismarck, geb. von Puttkamer

Interessen Preußens schwer geschadet; die negativen Auswirkungen für Preußen wären einmalig in der Geschichte des Landes gewesen. Der Abgeordnete Twesten steigerte die Ablehnung der Bismarck'schen Politik noch – unter dem großen Beifall der gesamten Abgeordneten – mit der Äußerung, die Ehre der gegenwärtigen Regierung sei nicht mehr die Ehre Preußens. Bismarcks höhnische Antwort auf diese Angriffe erfolgte umgehend: „Würde ein selbstständiges Polen den Nachbarn noch im Besitz von Danzig und Thorn belassen? Die Neigung, sich für fremde Nationalitäten auf Kosten des Vaterlandes zu opfern, ist eine praktische Krankheitsform, die auf Deutschland beschränkt bleibt." [12]

Wie groß die Aversion gegen den Ministerpräsidenten im Parlament war, zeigte auch eine Aussage des berühmten Universitätsprofessors und Abgeordneten des Landtages Virchow, in der er forderte, man müsse dem König sagen, in welcher Gefahr Preußen schwebe. Bismarck habe in seiner ganzen Entwicklung für das, was im Herzen des Volkes vorgehe, kein Verständnis. Bismarck sei dem Bösen verfallen, von dem er nicht mehr loskomme. Im selben Jahr noch schickte Bismarck an Virchow eine Duellforderung mit Pistolen, als jener ihn der Lüge bezichtigte. Virchow lehnte jedoch ab.

Auch die Presse hatte der Ministerpräsident gegen sich, die sich nicht scheute, Verleumdungen über ihn zu verbreiten.

In der Schleswig-Holstein Frage hatte der neue Ministerpräsident ebenfalls mit Gegenspielern zu kämpfen. Als der holsteinische Bundestagsabgeordnete Bernhard von Bülow ihm vorwarf, er würde die Rechte der Herzogtümer nicht achten, hielt es Bismarck für klug, seine eigentlichen Ziele vor dem Gegner zu verbergen. Der nationalen Sache wollte er – durch Irreführung seiner Kopenhagener Gegenspieler – dienen mit der Aussage: „Ich bin viel zu sehr Preuße, als dass ich im Gefühl einen Unterschied zwischen Spanien, Bayern und Dänen mache." [13]

Als der Landtag in der Frage der militärischen Aufrüstung sich weiterhin querstellte, schickte der neue Ministerpräsident diesen kurzerhand in die Ferien mit der Begründung, die Krone habe nicht vor, sich in der Ausübung der Regierungsgeschäfte ständig behindern zu lassen. Allerdings war es Bismarck klar, dass eine Regierung ohne Parlament auf Dauer nicht möglich wäre, und er hoffte, dass seine Maßnahmen noch nachträglich durch den Landtag genehmigt würden.

Schließlich führte dann die Außenpolitik zur Lösung der Blockade nach dem Beginn der Kämpfe gegen Dänemark. Nach den ersten Siegen beendete die Begeisterung des Volkes die Oppositionshaltung des Landtages. Am 3. September 1864 genehmigte dann endlich die große Mehrheit der Abgeordneten in dem sogenannten Indemnitätsgesetz rückwirkend die Heeresreform.

Otto von Bismarck als Student

Preußens Elite

Der Adel der altpreußischen Stammprovinzen war bisher in allen Sparten des öffentlichen Lebens tonangebend gewesen. Das aufstrebende Bürgertum, dessen Aufstieg sich in der Regel über mehrere Generationen erstreckte, stellte dann im Laufe der Zeit den Nachschub für die preußische Elite. Es wurde nach und nach der alten Oberschicht angeglichen, geadelt, oder durch Heirat in die Erbaristokratie und in die militärische und politische Ebene des königlichen Preußens einbezogen. Der Adel war sowohl im Heer, als auch in der Verwaltung und in der Diplomatie das bestimmende Element. Zwischen dem Alt-Adel und dem aufsteigendem Bürgertum in den Neu-Adel gab es keine Gegensätze. Beide hatten die selben konservativen Ansichten. Die Aufsteiger wurden automatisch in den festgefügten Block der Elite des Gesamtadels aufgenommen und auf diese Weise feudalisiert.

Das Junkertum gewann dadurch geistig und kulturell wesentlich an Stärke. Denn im Gegensatz zu Staaten wie England, Frankreich und Russland ließ das langsame, jedoch kontinuierliche Übergehen der Bürgerlichen in den Adel eine gemeinsame Tradition und Kultur entstehen. Der Aufstieg erfolgte stets in gleicher Weise – vom Bauern oder Handwerker über den Lehrer und Pastor zur Verwaltungslaufbahn, zum Richter oder Offizier – bis hin zum Minister oder General. Auf diese Weise gelangte auch Clausewitz über das Pfarrhaus in die Oberschicht, ebenso wie Neidhard und die Familie des Generals von Steuben als ehemalige Kaufleute oder Pächter von Gütern.

Die Verleihung des Adelstitels durch den König förderte die begabten Elemente zum Wohle des Staates. Da der alte Adel mit vorbehaltsloser Toleranz die neue Elite integrierte, gelangten die hervorragendsten Führungspersönlichkeiten an die Spitze des Staates. So waren die Mütter des Reichskanzlers Fürst von Bismarck, des Kriegsministers Graf von Roon, wie die des Generalstabschefs und Gene-

Bismarck, Roon und Moltke

ralfeldmarschalls Graf von Moltke Bürgerliche. Diese Versippung des ost-elbischen Adels mit dem Bürgertum war zu einem hohen Prozentsatz in der preußischen Staatsführung anzutreffen.

Der Aufmarsch der Verbündeten

Als das bereits erwähnte 48-stündige Ultimatum Preußens an Dänemark von dessen Regierung nicht beachtet wurde, war der Kriegsgrund gegeben. Am 1. Februar 1864 marschierten preußische und österreichische Truppen in Schleswig ein und rückten bis zur Eiderlinie vor, in der Höhe von Kiel. Der Krieg um die Staatszugehörigkeit der Region Schleswig-Holstein hatte begonnen.

Die Truppenzusammensetzung wurde vom Deutschen Bund wie folgt festgelegt: 35.000 Preußen, ebenso viele Österreicher und je 6.000 Hannoveraner und Sachsen. Den Aufmarsch hatte der Generalstab geplant. Dabei wurden erstmals Eisenbahnfachleute hinzugezogen. Denn die österreichische Brigade, die nach dem österreichischen General Graf Gondrecourt benannt wurde, der als Brigadier am Feldzug teilnahm, verlud man in Prag in Eisenbahnzüge. Diese erreichten am 21. Dezember 1863 Hamburg. Die Hannoveraner rückten per Fußmarsch vor. So standen am 22. Dezember folgende Truppen zum Kampf bereit: die Hannoveraner Brigade bei Harburg, die Preußen bei Wittenberg, die Österreicher in Hamburg und die sächsische Brigade in Boitzenburg.

Die Gesandten Großbritanniens, Frankreichs und Russlands hatten zuvor den dänischen Ministerpräsidenten C.C. Hall gedrängt, Bismarcks Forderung zu erfüllen. König Christian IX. versuchte ebenfalls, seinen Ministerpräsidenten zur Zurücknahme der Verfassung zu bewegen, doch vergebens. Das anschließende Misstrauensvotum des dänischen Königs erzwang daraufhin eine neue Regierung in Dänemark unter Bischof Ditlev Gothard Monrad. Jedoch auch dieser, ein National-Liberaler, weigerte sich die Verfassung aufzugeben. Als er endlich doch noch zur Einsicht kam, war es zu spät, die Kriegsmaschinerie hatte sich bereits in Bewegung gesetzt.

Dänemarks Führung zeigte sich nicht in bester Verfassung. Der bei der Bevölkerung unpopuläre König galt als Deutschenfreund, der Kriegsminister Lundbye war physisch und psychisch krank, wurde später sogar schwachsinnig, und der Oberbefehlshaber der dänischen Truppen, General Christian de Meza, ein hypochondrischer Greis, vertrug keine Kälte.

Dennoch galt Dänemarks Ausgangslage für den Krieg eigentlich als gut. In Jütlands Süden verfügte das Land über das mit 70 km Länge größte Festungswerk Nordeuropas, das Danewerk. Es erstreckte sich von der Nordsee im Westen bis zur Mündung der Schlei im Osten. 27 große Erdschanzen waren mit 175 Kanonen bestückt, die meisten davon schwere Belagerungsgeschütze. Diese gewaltige Festung galt als unüberwindlich, allerdings hatte sie einen Schwachpunkt. Beide Flanken bestanden aus Wasser, das zwar einerseits einen natürlichen Schutz bildete, jedoch problematisch wurde, wenn im Winter das Wasser gefror. Dann konnte die Festung über das Eis umgangen werden und etwaige Feinde konnten in einem Vorstoß in den Rücken der Festung gelangen.

Im Dreijährigen Krieg hatte sich das Danewerk bestens bewährt, doch die Angriffe erfolgten damals im Sommer. Der jetzige Jahreswechsel 1863/64 war so kalt wie selten zuvor. Zudem hätten für die Verteidigung des Danewerkes 100.000 Soldaten zur Verfügung stehen müssen. Es waren aber auf dänischer Seite zu Beginn des Krieges nur 40.000 Mann unter Waffen. Außerdem bestand ein großer Mangel an gut ausgebildeten Offizieren.

Ditlev Gothard Monrad

Generalstabschef von Moltke und Feldmarschall von Wrangel

Auf preußischer Seite hatte General Helmuth von Moltke, eines der größten Genies der preußischen Militärgeschichte, bereits einen Umgehungsplan entworfen, um das dänische Heer einzukesseln.

Helmuth Karl Bernhard von Moltke, bekannt als „der große Schweiger", wurde am 26. Oktober 1800 in Parchim in Mecklenburg geboren; er stammte aus einem alten Adelsgeschlecht.

Der Vater, Friedrich von Moltke, stand im preußischen Militärdienst und war dann in verschiedenen Orten als Landwirt tätig. Danach führte ihn sein unstetes Leben nach Parchim zu entfernten Verwandten, dann nach Gut Gnewitz und Lübeck.

1816 trat Helmuth von Moltke in den dänischen Militärdienst ein, wo auch seine drei älteren Brüder als Kadetten in der Kadettenakademie in Kopenhagen Aufnahme fanden.

Helmuth von Moltke wurde am 20. Januar 1818 zum Seconde Lieutnant befördert. Er diente in einem dänischen Infanterieregiment in Rendsburg. Als vielversprechendes Talent bat er den dänischen König Frederik VI., ihm eine Ausbildung im damals schon äußerst schlagfertigen preußischen Heer zu gestatten, um nach seiner Rückkehr wertvolle Erfahrung in die Armee Dänemarks einbringen zu können.

Er entschied sich dann jedoch im preußischen Heer zu bleiben, um eine großartige militärische Karriere zu beginnen. Sein Mentor war der geniale Stratege Karl von Clausewitz. 1823 bis 1826 besuchte er die preußische Kriegsakademie und trat 1833 in den Großen Generalstab ein.

1835 erhielt er Urlaub für eine Bildungsreise in den Südosten Europas. Auf Wunsch des Sultans des Osmanischen Reiches wurde er 1836 bis 1839 als Instrukteur der türkischen Truppen abkommandiert. 1838 nahm er an einem Feldzug gegen die Kurden teil. 1837

Helmuth von Moltke

begleitete er den Sultan Mahmud II. in die Donaufürstentümer, wo er eine Verteidigungslinie gegen Russland plante und vier Festungen erbauen ließ. Er nahm außerdem an einem Feldzug gegen ägyptische Truppen und an der Entscheidungsschlacht in Nizip im Juli 1839 teil, die für die Türken verloren ging. Über die Zeit im Osmanischen Reich verfasste er ein Buch.

Am 20. April 1842 heiratete er Marie Burt.

Nach der Rückkehr erfolgte seine Ernennung zum Major und Adjutanten des Prinzen Karl Heinrich von Preußen. 1849 wurde er Chef des Generalstabes des IV. Armeekorps und als Generalmajor Chef des Generalstabes einer Armee.

1862 erhielt er den Auftrag, den Krieg gegen Dänemark zu planen, sowie 1866 den Österreich-Krieg und 1870 den Krieg gegen Frankreich. Sein Motto war: „Erst wägen dann wagen."

Seinen Plan für die Einkesselung der dänischen Streitkräfte formulierte er wie folgt: „Es kommt darauf an, gleich anfangs der dänischen Armee den Rückzug von Schleswig nach der nur drei Märsche entfernten Aufnahmestellung von Düppel zu verlegen, das heißt, ihr schon bei Flensburg zuvor zu kommen. Zu dem Angriff auf die Front muss daher eine gleichzeitig wirkende Umgehung durch ein selbstständiges Korps aller Waffen hinzutreten. Die Bedingung dafür ist einmal eine dem Gegner bedeutend überlegene Streitmacht, dann das Überschreiten entweder der Treene-Überschwemmung oder der Schlei. Man kann in beiden Richtungen demonstrieren, die letztere ist aber bei weitem die Entscheidendere. Ein Korps, oder selbst nur eine Division, die Missunde forciert, oder der es gelingt, weiter abwärts eine Brücke zu schlagen, würde hinter dem Lang-See gerade hinter dem Rücken des Feindes gehen oder wenigstens mit ihm gleichzeitig bei Flensburg eintreffen. Eine solche Division könnte, falls die ganze dänische Armee auf sie würfe, ohne allzu große Gefahr nach Angeln ausweichen; denn der Gegner vermöchte ihr nimmer zu folgen, wenn die Hauptarmee die Fühlung am Feind erhält. Gelingt es dagegen der dänischen Armee nach Düppel zu entkommen, so findet sie dort eine noch stärkere weil konzentriertere Stellung. Einen zweiten Brückenkopf, um zum Festland zurückzukehren, besitzen die Dänen in der Festung Fredericia. Die Beherrschung der See sichert ihnen die Verbindung zwischen Alsen und Fünen. Es scheint angemessen Düppel und Fredericia nur zu beobachten, die Armee aber derart versammelt

Friedrich Heinrich von Wrangel, preußischer Feldmarschall

zu halten, dass man dem wild vorgehenden Feinde mit Überlegenheit eine zweite Schlacht im freien Feld liefern kann, selbst wenn dies mit verwandter Front geschehen muss." (14)

Der Generalstäbler Moltke plante jedoch von Berlin aus und nicht vom Kriegsschauplatz.

Oberbefehlshaber der preußischen Truppen in Dänemark war seit 1848 Feldmarschall Friedrich von Wrangel – jetzt im Krieg gegen Dänemark 80 Jahre alt – zwar senil, doch einer der wenigen Generale mit Kriegserfahrung und daher als Oberbefehlshaber akzeptabel für Österreich.

Der 1784 in Stettin geborene Wrangel hatte schon als junger Kavallerie-Offizier unter Blücher gedient und war geprägt von den Freiheitskriegen gegen Napoleon. Als Oberbefehlshaber gelang es ihm, 1848 die dänische Festung Fredericia zu erobern und die Düppeler Schanzen zu erstürmen. Als im selben Jahr in Berlin die Revolution ausbrach, erhielt er den Auftrag, Berlin zu besetzen und die Nationalversammlung aufzuheben. Da sich Wrangel – was niemand für möglich gehalten hatte – dieser Aufgabe mit großem Geschick ohne Blutvergießen entledigen konnte, genoss er allgemein großen Respekt.

Im Umlauf war damals eine Anekdote, wonach Revolutionäre sogar anonym die Erhängung seiner Frau angedroht hätten, falls er in Berlin einmarschieren würde. Als er dann tatsächlich am 10. November 1848 an der Spitze seiner Truppen das Brandenburger Tor passierte, fragte Wrangel, der schon früh als ein Original galt und wie Blücher stets „mir" und „mich" verwechselte, seinen Adjutanten: „Ob se ihr wohl aufjehängt haben?" [15]

Militärische und diplomatische Kriegsvorbereitungen

Das I. Preußische Armeekorps stand unter dem Befehl des Generals der Kavallerie, Prinz Friedrich Karl. Es umfasste die 6. und die 13. Infanteriedivision mit je zwei Infanteriebrigaden, sowie eine weitere kombinierte Kavalleriedivision. Der Prinz hatte 1860 in einer für seine Zeit sehr modernen Denkschrift seine Ansichten vertreten, dass künftige kriegerische Erfolge nur dann zu erringen seien, wenn auf die bisherigen starren Formationen verzichtet werde und diese durch Selbstständigkeit von Führer und Mannschaften abgelöst würden. Das bedingte eine individuelle Ausbildung für jeden einzelnen Mann, beruhend auf körperlicher Stählung und eigenständigem Denken.

Das österreichische Korps unter Feldmarschall-Leutnant Baron Gablenz bestand aus vier Infanterie- und einer Kavalleriebrigade. Die österreichische Infanterie kämpfte noch in geschlossener Ordnung mit einem auf das Hinterladergewehr aufgepflanztem Bajonett. Im Gegensatz dazu war die Ausrüstung der preußischen Infanterie modern: ein Vorderladergewehr, das Zündnadelgewehr, mit erheblich vermehrter Schussfolge.

Dieser preußisch-österreichischen Armee stand das dänische Korps mit drei Infanterie- und einer Kavalleriedivision unter Generalleutnant de Meza gegenüber, insgesamt 55.000 Mann stark. Das dänische Heer litt unter einer Unterbesetzung im Unteroffizier- und Offizierkorps, und die Ausbildung seiner Soldaten war mangelhaft.

Am 23. Dezember 1863 überschritten die sächsischen und hannoveranischen Truppen die dänische Grenze, während die österreichischen Reserven noch in Hamburg, die preußischen in Lübeck blieben. Die Dänen zogen sich daraufhin kampflos bis an ihren damaligen Grenzfluss, die Eider, zurück.

Napoleon III. hatte seine Absicht, mit Österreich gegen Preußen eine Allianz einzugehen, bis in den November hinein nicht aufgegeben.

Als er dann erkennen musste, von Bismarck ausgespielt worden zu sein und die Entente der Donaumonarchie mit Preußen Tatsache geworden war, war sein Entsetzen groß. Bismarck dagegen empfand Stolz und Genugtuung über seinen Erfolg, Österreich als Verbündeten gewonnen zu haben. Der Franzosenkaiser startete dann noch einen letzten, wenn auch vergeblichen Versuch, Österreich von Preußen zu trennen, indem er dem österreichischen Monarchen in Aussicht stellte, sich für den Anschluss der Donaufürstentümer Moldau und die Walachei an Österreich einzusetzen. Franz Joseph müsste dafür der Teilung Belgiens in das Königreich Niederlande und Frankreich zustimmen. Als Entschädigung würde der König der Niederlande Teile Polens erhalten, während Österreich auf Venetien zu Gunsten Frankreich zu verzichten hätte. Der Lohn für Österreich wäre eine enge Verbindung mit Frankreich gewesen, die jegliche Vormachtstellung Preußens brechen sollte.

Als Napoleon III. seinen Plan dann endgültig als gescheitert ansehen musste, begann er Preußen zu umwerben und stellte ein Zusammengehen zu Dritt mit Russland in Aussicht. Napoleon III. sah eine kleindeutsche Lösung – ohne Österreich – nicht als Gefahr an; diese bot ihm vielmehr die Möglichkeit, am Rhein aktiv zu werden. Zugleich würde eine Auflösung des Deutschen Bundes Österreich von Italien isolieren. Als der französische Sondergesandte General Graf Fleury im Auftrag seines Monarchen jedoch in diesem Sinne Bismarck riet, sich mit der Unterstützung Frankreichs an die Spitze aller kleindeutschen Fürstentümer zu stellen, da erkannte dieser sofort Frankreichs hinterhältige Absicht. Zwar warf er Napoleon in scheinbarem Einverständnis die Rheingrenze betreffend einen Spielball zu mit den Worten: „Lieber sterben als unsere Besitzungen in Posen in Frage stellen zu lassen. Da würde ich noch eher unsere rheinischen Provinzen abtreten.“ [16] In Wirklichkeit dachte er gar nicht daran, auch nur einen Meter preußischen Bodens aufzugeben, geschweige denn sich von Österreich trennen zu lassen. Dem österreichischen Gesandten gegenüber brachte er zum Ausdruck, der Verlust der Rheinprovinzen wäre für Preußen eine Schmach, der von Westpreußen und Posen der Todesstoß.

Bismarcks Ziel war es jedoch, mit diplomatischem Geschick das Gleichgewicht zwischen Frankreich einerseits, und das zwischen England und Russland andererseits, zu halten und sich Frankreich als Gegenpol zu England zu sichern, ohne sich mit einer der Großmächte auf eine gemeinsame Aktion einzulassen. England gegenüber spielte er seinen angeblichen Wunsch aus, Dänemark unberührt zu lassen. Andererseits baute er eine Rückversicherung zum Deutschen Bund und zu Österreich auf. Diesem diplomatischen Meisterstück verdankte er wiederum freie Hand im Streit mit Dänemark in der Schleswig-Holstein Frage. Eine Intervention des Deutschen Bundes in Holstein und Lauenburg musste unbedingt vermieden werden. Bismarcks ganzes Augenmerk war in dieser Situation darauf gerichtet, den Zusammenhalt mit Österreich zu stärken.

Gleichzeitig war es jedoch für ihn von Wichtigkeit, Napoleon davon zu überzeugen, dass er den Zusammenhalt mit Österreich gar nicht beabsichtige. Denn weitsichtig sah er voraus, Frankreich nicht in allzu ferner Zeit zu brauchen, wenn der Dualismus mit Österreich nach einem Sieg über Dänemark zerbrechen sollte.

Frankreich wiederum war nicht interessiert an einer Konferenz, die ausschließlich Schleswig-Holstein zum Thema hatte. Sein Interesse galt vornehmlich einem Landausgleich im Rheingebiet.

England gegenüber spielte Bismarck den Gegner des Herzogs von Schleswig-Holstein, bzw. den friedlichen Unparteiischen, um Englands Eingreifen in den Konflikt zu verhindern. Mit meisterlichem Können gelang es ihm, sich keiner der Großmächte auszuliefern, gleichzeitig aber einen Keil zwischen England und Frankreich zu treiben.

Die von Russland gezeigten Schlichtungsversuche in der Schleswig-Holstein Frage wurden von Dänemark falsch ausgelegt und bewirkten bei der dänischen Bevölkerung eine radikal nationale Haltung, auf die die Politik gegen ihren Willen Rücksicht nehmen musste. Damit folgte Dänemark genau der Vorausschau Bismarcks und gab den Anlass zum Krieg.

Doch Bismarck musste auch im eigenen Lande kämpfen. König Wilhelm I., der die Olmützer Niederlage noch nicht überwunden hatte, wollte Bismarcks enger Zusammenarbeit mit Österreich nicht folgen; er fürchtete eine noch weitergehende Majorisierung der Habsburger Vorstellungen im Deutschen Bund, die Österreich von jeher anstrebte. Auch der Kronprinz verurteilte Bismarcks „infame Politik“, die Deutschlands Ehre und sein Recht zertrete. Trotzdem setzte sich

Christian de Meza, dänischer General

Bismarck gegen den König und den Kronprinzen durch. „Ich will nicht", sagte er im Ministerrat, „den Handschuh ins Dunkel werfen, ohne zu wissen, wer ihn aufheben wird. Ich kann mich nicht zugleich den höflichen Betrachtungen Frankreichs, den heftigen Vorwürfen Englands, den väterlichen Ermahnungen Russlands und endlich der Kälte und dem Abfall Österreichs aussetzen, das versucht sein könnte, sich gemäßigt auf unsere Kosten zu zeigen. Ich werde keinen Schritt ohne Österreich tun und ohne dass es unser Wagnis und unsere Gefahren teilt." [17]

Im Grunde kam es Bismarck darauf an, das Band zu durchschneiden, durch das die Mittelstaaten an Österreich gebunden waren. Dem schärfsten Gegner Österreichs gegenüber, dem Gesandten Italiens, sagte er, er werde ohne Hast und ohne Konjunkturalpolitik die Schleswig-Holsteinische „Suppe langsam kochen lassen, bevor sie serviert wird", und im übrigen der Deutschen Frage nicht vorgreifen. Er ließ aber keinen Zweifel daran, die beiden Herzogtümer endgültig für Preußen zu gewinnen: „Die ‚Up ewig Ungedeelten' müssen einmal Preußen werden. Das ist das Ziel nach dem ich steuere; ob ich es erreiche steht in Gottes Hand." [18}

Österreich hatte sich durch seine kompromisslose Bindung an Preußen seine bisher stärksten Freunde, die Kleinstaaten Süddeutschlands, und an ihrer Spitze Bayern, zu Gegnern gemacht. In ganz Süddeutschland wurde Österreich die de facto-Aufgabe der Präsidialmacht im Bund als Verrat an Deutschland ausgelegt. Mittlerweile wurde der Kaiserstaat sogar wegen seines Abfalls vom „Dritten Deutschland" mehr angefeindet als selbst die Preußen. Die Kleinstaaten hatten dabei völlig übersehen, dass sie sich selbst blind aus jeder Entscheidung in der Schleswig-Holstein Frage ausgeschlossen hatten, und damit den beiden Großmächten ermöglichten, die Rechte des Bundes auf Schleswig zu annullieren. Auch durch die Bestreitung der Bundeskompetenz in der Erbfrage war die Majorisierung Österreichs und Preußens gestärkt worden. Die beiden Länder traten folglich jetzt als europäische Großmächte auf den Plan. Der Bund war ins Abseits gedrängt, obwohl Holstein Bundesgebiet war.

Am 16. Januar 1864 stellte Bismarck das genannte Ultimatum an Dänemark. Als Bayern und Sachsen den österreichischen Truppen den

Durchzug durch ihr Staatsgebiet versagten, wurde Österreich gezwungen, seine Truppen den Umweg über Breslau und mit der Eisenbahn von Berlin nach Hamburg nehmen zu lassen. Aber als auch noch der Bund signalisierte, er würde den Durchmarsch durch Holstein verbieten, einigten sich Kaiser Franz Joseph und König Wilhelm I. darauf, notfalls diesen Durchzug mit Waffengewalt zu erzwingen. Es war dann Bayerns Einlenken zu verdanken, dass eine Eskalation des Streites vermieden wurde und preußische Truppen, wie bereits berichtet, in Hamburg und in das Oldenburgische Fürstentum Lübeck und in Holstein einrücken konnten.

England versuchte dann noch, den Vormarsch an der Eider zu stoppen und verlangte, das Ultimatum auf vier Wochen zu verlängern. Doch Bismarck erkannte, dass England nicht eingreifen würde und drohte mit einem Zusammengehen mit Frankreich und darüber hinaus mit einem Hilfeersuchen an Russland. Frankreich verharrte abwartend und beschränkte sich darauf, Petersburg zu einem Protest zu bewegen. Als dann in England die Torie-Partei ein militärisches Eingreifen verlangte, beeilte sich Bismarck eine Erklärung abzugeben, wonach Österreich und Preußen an der Integrität der dänischen Monarchie so lange festzuhalten gedächten, als sich keine fremde Macht in die Auseinandersetzung einmischen würde.

Krieg gegen Dänemark

„In Gottes Namen drauf“ lautete die Order Marschall Wrangels am Abend des 31. Januar 1864. Die preußisch-österreichischen Truppen griffen daraufhin den dänischen Brückenkopf bei Missunde an, einem alten Fischerdorf, an einem historischen Übergang an der Südseite der Schlei gelegen. Wegen des starken Abwehrfeuers der Dänen wurde der Vormarsch der Truppen gestoppt. Um große Verluste zu vermeiden, brach Prinz Friedrich Karl den Angriff dann vollständig ab; eine kluge und mutige Entscheidung, die viele Menschenleben rettete. Die Verluste der Preußen betrugen trotzdem noch 33 Tote und 170 Verwundete, die der Dänen 140 Tote.

Die Preußen versuchten daraufhin, bei Arnis und Kappeln über die Schlei zu kommen. Vor Missunde ließen sie ein Bataillon zurück.

Am 3. Februar eroberten Truppen der österreichischen Spitzenbrigade des Grafen Gondrecourt eine feindliche Vorpostenstellung bei Jagel-Oberselk und erstürmten die beherrschende Bergkuppe des Königsberges. Damit erhielten sie Einblick in das Danewerk.

Feldmarschall Wrangel folgte nicht Moltkes Plan, innerhalb von zwei bis drei Tagen in einem kraftvollen Vorstoß das dänische Heer zu umgehen, einzukesseln und zu schlagen. Stattdessen verschaffte er dem Feind Zeit zur Entwicklung seiner Verteidigung, indem er frontal gegen das Danewerk vorging. Der preußische Prinz Friedrich Karl, ein Neffe des Königs, sollte sich auf die linke dänische Flanke zubewegen, das österreichische Heereskorps unter General Gablenz bekam das Zentrum zugeteilt, während das III. Preußische Armeekorps auf den rechten Flügel der Dänen zumarschierte. Dann begannen die Heere mit einer Kanonade, die auf beiden Seiten Opfer kostete. Als Feldmarschall Wrangel erkennen musste, dass Moltkes Plan einer Umgehung doch wohl die bessere Alternative gewesen wäre, befahl er dem Prinzen Friedrich Karl, die in der Mündung noch nicht ganz zugefrorene Schlei zu überqueren, um in die Flanke des Gegners zu stoßen.

Dazu mussten 100 Ruderboote beschafft werden. Das Gros der Truppen sollte im Zentrum vorgehen. Dann zögerte Wrangel allerdings wieder, da ihm das Risiko dieses Vorhabens doch zu groß erschien.

Dadurch verschaffte er den Dänen unter de Meza jedoch die Zeit, um einen gewagten Plan umzusetzen. In der Dunkelheit verließ sein gesamtes Heer, ohne dass es der nur 100 m vor der Festung liegende Gegner bemerkte, seine Stellungen. 40.000 Mann, 10.000 Pferde, 121 Feldgeschütze und sämtliche Munition, ebenso 33 der 175 Festungskanonen des Danewerkes zogen unbemerkt ab. Die verbleibenden Festungskanonen wurden unbrauchbar gemacht. Hauptgrund für diese Entscheidung waren Schnee und Eis und fehlende Unterkünfte für die frierende Truppe in der Festung.

Der dänische König und der Kriegsminister wurden von diesem Entschluss vorher nicht informiert. Viele dänische Offiziere und Soldaten sahen die Entscheidung allerdings als feige Flucht an. Dennoch war der geordnete Rückzug für die Dänen ein erfolgreiches Unterfangen, denn er bewirkte bei den Alliierten ein Gefühl der Enttäuschung und der Niedergeschlagenheit. „Wir wurden schändlich zum Narren gehalten“ [19] räumte der preußische General Goeben später ein. Am nächsten Morgen verfolgte dann eine Truppe preußischer Husaren auf völlig vereisten Straßen eine Nachhut der dänischen Kolonne, was bei dieser einige Verwirrung stiftete.

Die Nachricht über den ihrer Meinung nach unnötigen Rückzug löste jedoch auch bei den Bürgern der dänischen Hauptstadt Verärgerung und Trauer aus. Die sich bis zur Wut steigernden Rachegefühle gegen den König und den Ministerpräsidenten Monrad und gegen den Generalobersten führten daraufhin zu gewalttätigen Demonstrationen vor dem Regierungssitz Christiansborg und dem Schloss des Königs Amalienborg. Die Polizei hatte alle Mühe, gegen die Ausschreitungen vorzugehen. Dazu kamen Gerüchte auf, König Christian IX. hätte sich mit dem deutschen Kanzler Bismarck insgeheim abgesprochen.

Der König und sein Ministerpräsident befanden sich zur Zeit des Rückzuges in Sonderborg. Als sie dann endlich über die vollendeten Tatsachen informiert wurden, fuhren sie augenblicklich per Schiff nach Flensburg zu de Meza.

In Kopenhagen hatten die Aufstände inzwischen den Charakter

einer Revolution angenommen. Das veranlasste Monrad und Kriegsminister Lundbye, General de Meza sofort nach Kopenhagen zu beordern, um ihn zur Verantwortung zu ziehen. Dort schien Monrad allerdings seine noch tags zuvor gegebene Zustimmung zum Rückzug vergessen zu haben.

Die dänischen Truppen hatten nach ihrem Rückzug die Stellungen der Festung beim Ort Düppel, sowie die Festung Fredericia bezogen und standen damit besser gestärkt da. Anstatt aber aus dieser Situation heraus Verhandlungen mit dem Gegner zu beginnen, machten die Dänen erst einmal General de Meza und seinem Stabschef Kaufmann einen Schauprozess in Kopenhagen, mit dem Resultat, dass der tapfere General de Meza abgesetzt und durch den schwachen General Gerlach als Oberbefehlshaber ersetzt wurde – absolut zu unrecht. Schließlich hatte General de Meza mit seinem strategisch richtigen Entschluss die dänische Armee vor dem sicheren Untergang im Danewerk gerettet und die verbündeten deutschen Streitkräfte an einem schnellen, vernichtenden Schlag gehindert. Seiner Regierung wäre damit die politische Handlungsfähigkeit geboten worden, den Krieg diplomatisch zu beenden.

Entscheidung auf den Düppeler Schanzen am 18. April 1864

Der neue militärische Standort der Dänen, Düppel, war keine Festung im eigentlichen Sinne mit Vorwerken, sondern eine Feldstellung auf einem Höhenzug. Außerdem befand sie sich noch nicht ganz in fertigem Zustand, da sämtliche finanziellen Mittel in den Ausbau des Danewerkes geflossen waren. Fieberhaft wurde Düppel jetzt in wenigen Wochen von 20.000 Soldaten und verpflichteten Zivilisten zur Verteidigungsanlage ausgebaut. Die Möglichkeit dazu verschafften ihnen unfreiwillig die Gegner Preußen und Österreich, da diese sich nicht einigen konnten, ob sie zuerst Düppel oder Fredericia angreifen sollten, wobei wertvolle Zeit verstrich. Feldmarschall Wrangel verhinderte zusätzlich einen sofortigen Sturm auf die Düppeler Schanzen mit den Worten: „Eine etwaige Erstürmung der Verschanzung darf jedoch nicht stattfinden, bevor nicht das feindliche Geschütz zum Schweigen gebracht ist und überhaupt das Gelingen des Sturmes sicher vorauszusehen ist." [20] Ein Angriff auf die dänische Verteidigungsanlage erschien auch dem Prinzen Friedrich Karl, der nach Wrangel Befehlshaber dieses Abschnittes wurde, zu risikoreich. Er befahl daher lediglich eine Belagerung und das Graben von Stellungen vor der Schanze.

Dennoch lag die eigentliche Initiative bei den Preußen, denn der laufende Prozess gegen de Meza hatte die dänische Führung unter dem entschlusslosen Oberbefehlshaber Generaloberst Gerlach gelähmt.

Ein schneidiger Ausfall der Dänen hätte möglicherweise Erfolg haben können, aber er unterblieb.

Am 12. Februar traf Moltke aus Berlin im Hauptquartier der Alliierten in Flensburg ein, mit der Absicht, die Angriffsvorbereitungen auf die Düppeler Schanzen zu koordinieren.

Zudem wollte er politische Meinungsverschiedenheiten ausräumen, denn Wrangel hatte als Oberkommandierender einen Vormarsch der preußischen Truppen über die Grenzen Schleswigs in das

Friedrich Karl Prinz von Preußen

dänische Kernland, sowie die Besetzung der im Jütland liegenden Stadt Kolding geduldet, die sich kampflos ergab. In Wien fürchtete Kaiser Franz Joseph deshalb ein bevorstehendes Eingreifen neutraler Mächte, wenn – wie geschehen – dänische Kernterritorien in den Krieg einbezogen würden. Doch Bismarck versuchte, dem Kaiser mit Hilfe von General und Chef des Militärkabinetts, Edwin von Manteuffel, diesen Gedanken auszureden. Doch Wrangel erhielt den Befehl des preußischen Königs, einen weiteren Vormarsch zunächst einzustellen. Manteuffel gelang es tatsächlich, die Bedenken des Kaisers zu zerstreuen. Wien bestand jetzt sogar auf der Einnahme der Düppeler Schanzen und Besetzung von Alsen.

Am 15. März begannen preußische Kanonen mit der Beschießung der Düppeler Schanzen von der Halbinsel Broacker aus.

Auch Wrangel wurde ermächtigt, weiter in Jütland vorzugehen, um einem gegnerischen Angriff von Fredericia zuvorzukommen. Am 8. März schloss die preußische Garde von Kolding aus Fredericia ein.

Immer eindringlicher verlangte auch Berlin ein weiteres Vorgehen des Prinzen Friedrich Karl, der wegen seiner stets getragenen roten Husarenuniform der „Rote Prinz“ genannte wurde. Am 17. März befahl der dänische Generaloberst Gerlach einem Regiment in Stärke von 3.000 Mann, die Ortschaften Düppel und Radebeul, westlich der Schanzenreihe, von feindlichen Truppen zu säubern. Das gab dem Roten Prinzen die Chance, seinen Vorteil auszuspielen. Erstmalig konnten die Preußen jetzt ihre dem dänischen Hinterladergewehr überlegenen Zündnadelgewehre einsetzen. Es gelang den preußischen Truppen, ihren Gegnern größere Verluste zuzufügen und den Angriff abzuwehren. Der Erfolg für Preußen war ein erheblicher Geländegewinn vor den Schanzen.

Ein daraufhin von preußischen Truppen vorgetragener weiterer Sturm auf die Schanzen am 28. März blieb jedoch stecken. Jetzt ließ der Preußenprinz sämtliche verfügbaren Kanonen vor den Düppeler Schanzen zusammenziehen und eingraben. Es galt die dänische Artillerie zum Schweigen zu bringen. Das Einsetzen eines gewaltigen Kanonenfeuers von preußischer Seite aus zeigte dann wieder Erfolge. Die größte dänische Schanze, von den Verbündeten „Malakoff des Nordens“ nach der Hauptbefestigung in Sewastopol genannt, versank in Schutt und Asche. Am 11. April eroberten preußische Truppen dann noch zwei weitere Schanzen und eine Reihe von Schützengrä-

Erstürmung der Düppeler Schanzen

ben. Doch der von den Dänen angespannt erwartete Hauptsturm blieb aus. Stattdessen wurde das preußische Kanonenfeuer nochmals gesteigert.

Nur ein schneller Sieg konnte Bismarcks Stellung als Kanzler nach den Auseinandersetzungen mit dem Landtag festigen und die starken politischen Turbulenzen beruhigen. Die zu einem Kriegsrat zusammengerufenen preußischen Generäle zögerten noch, das Risiko eines Sturmangriffs schien ihnen zu hoch. Doch der Rote Prinz setzte sich jetzt endlich durch, und er legte den Angriff auf den 18. April, 10 Uhr fest.

Nicht nur Bismarck als Politiker, sondern alle Verbündeten brauchten dringend einen Erfolg, denn bereits am 12. April sollte in London eine Konferenz der Großmächte eröffnet werden. Es war zu erwarten, dass diese sich in den Krieg einmischen würden, was einen weiteren Vormarsch und einen geplanten Sieg unmöglich gemacht hätte.

Und wieder war es Bismarck, der durch kluge Politik und den

Einsatz von Finessen und Vernebelung in letzter Minute die Konferenzeröffnung auf den 20. April verschieben konnte, um Zeit zu gewinnen. Gegenüber dem Kronprinzen äußerte er seine Gedanken folgendermaßen: „Wir werden die Eröffnung schwerlich über den 20. April hinaus aufhalten können. Ich glaube, dass wir Düppel nehmen müssen. Das Ansehen, die europäische Bedeutung Preußens, ruhen unter jetzigen Umständen auf den Leistungen und Erfolgen unserer Armee. Unsere Stellung in der Konferenz, wenn ich auch glaube, dass letztere zu einem Ergebnis führen werde, ist eine andere, wenn wir die Dänen ganz vom Festland wenigstens vertrieben haben. Sie ist eine noch bessere, wenn wir ganz Jütland im Besitz haben.“ [21]

Eine den Angriffsbeginn betreffende Depesche des Roten Prinzen an seinen Oheim, König Wilhelm I., ging zur selben Stunde nach Berlin ab. Sieben Tage blieben dem Prinzen jetzt zur Vorbereitung des Sturmangriffes. Sieben Tage und Nächte pflügten preußische Kanonen die Erde rund um die Düppeler Schanzen mit Granaten um, die zum Grabe unzähliger dänischer Soldaten wurden.

In den frühen Morgenstunden des 18. April erhielt dann jeder Soldat der preußischen Sturmtruppen ein Strohbündel, das helfen sollte, den nassen und glatten Boden des Höhenzuges zu überwinden; außerdem einen Sandsack als Brustwehr, um sich dahinter zu verschanzen, falls der Angriff zum Stehen kommen sollte.

Um 10 Uhr schweigen endlich die Kanonen vor den Schanzen. Die jetzt unheimliche Stille wird nur von den Vorwärts-Befehlen der Offiziere unterbrochen. Gewehrfeuer und Kartätschen der Gegner reißen erste Lücken in die vorstürmenden preußischen Reihen. Eine preußische Militärkapelle unter dem Dirigenten Gottfried Piefke, den Prinz Friedrich Karl später einen „Musikhelden“ nennen sollte, spielen im vorderen Schützengraben den eigens von ihm komponierten Düppeler Marsch – und kurz danach „Heil dir im Siegerkranz“. Angeblich hat ihm dabei eine feindliche Kugel den Taktstock aus der Hand geschlagen. 10.000 Preußen stürmen im Hauptabschnitt gegen 12.000 dänische Verteidiger. Insgesamt waren 46 Infanterie- und 6 Pionierkompanien beteiligt.

Vor der Insel Helgoland startet zur gleichen Stunde ein Seegefecht, das die dänische Marine zwar gewinnt, doch kann dieser Erfolg die Entwicklung auf dem Festland nicht mehr verändern.

Johann Gottfried Piefke, „der Musikheld“

Mythos der Schlacht um die Düppeler Schanzen wird der tapfere aufopferungsvolle Einsatz des preußischen Pioniers Carl Klinke aus dem III. Brandenburger Bataillon, der eine nicht fallen wollende Palisade durch die Zündung eines Sackes Pulver auf seinem Rücken zum Einsturz bringt, wobei er selbst zu Tode kommt. Seinen Kameraden ermöglicht er jedoch damit das weitere Vorstürmen. Klinke wird damit zum Helden, und Denkmäler künden von seinem Opfertod. Er soll gerufen haben: „Ick bin Klinke. Ick öffne dit Tor."

Verbissen wogt die Schlacht hin und her, Mann gegen Mann im Kampf mit den Bajonetten. Auch das Eingreifen des dänischen Panzerschiffes „Rolf Kracke" mit seiner schweren Schiffsartillerie kann den preußischen Angriff nicht wirksam behindern, ebenso wenig wie der Gegenstoß der 8. Dänischen Brigade. Nach vierstündigem Kampf ist Düppel endgültig verloren, die Brücken zum Festland sind verbrannt.

Die preußischen Verluste betrugen 1.201 Mann, davon 263 Gefallene. Bei den Dänen waren es 4.884 Mann, davon 898 Gefallene. Unter den gefallenen Preußen war auch der preußische Generalmajor Eduard von Raven zu beklagen, dem Wilhelm I. noch auf dem Sterbebett den Orden Pour le Mérite verlieh.

Der dänische Kanonier Diderik Johansen schreibt in seinem Kriegstagebuch, das unter dem Titel „Vom Krieg 1864" veröffentlicht wurde, dass in beiden Armeen zwischen Dänen und Preußen nicht nur Hassgefühle geherrscht hätten. So schildert er unter anderem eine Begegnung von dänischen und preußischen Soldaten in einer Gefechtspause. „Dabei gehe es recht freundschaftlich zu. Man habe brüderlich die Marschverpflegung untereinander geteilt."

Prinz Friedrich Karl kabelte nach dem Sieg an seinem König: „Ich lege zehn Schanzen Ihrer Majestät zu Füßen" [20], woraufhin der Jubel in Berlin kein Ende nehmen wollte.

Eine bedeutende Neuerung während der Schlacht auf den Düppeler Schanzen erfolgte durch die Delegierten Louis Appia und Charles van der Velde, die den ersten internationalen Einsatz des Roten Kreuzes in einem Krieg organisierten. Dem vorausgegangen war ein „Internationales Komitee für die Hilfe von Verwundeten" in Genf unter Henri Dunant. Appia wurde zu den Preußen und Österreichern und

Otto von Bismarck in Kürassier-Uniform

Kaiser Wilhelm I.

Kaiserin Augusta

Kronprinz Friedrich Wilhelm von Preußen

Kaiser Franz Joseph I.

Kaiser Napoleon III. von Frankreich

Kaiserin Eugénie von Frankreich

Alexander II. Zar von Russland

van der Velde zu den Dänen geschickt. Appia erhielt zu diesem Zweck von dem deutschen Oberkommandeur einen Brief, der es ihm erlaubte, sich im Operationsgebiet frei zu bewegen und Verwundete zu versorgen. Er arbeitete mit Zugang zu allen Verbandsplätzen als Kriegschirurg. Er trug eine Armbinde, auf der auf weißem Grund ein rotes Kreuz aufgeheftet war, und war unbewaffnet. Der Einsatz von van der Velde dagegen gestaltete sich schwieriger; ihm wurde von den dänischen Offizieren offen misstraut, und er durfte sich demzufolge nicht frei bewegen. Dennoch bezeichnet man die Düppeler Schanzen als die Geburtsstätte des Roten Kreuzes.

Doch noch war das Töten nicht beendet. Die Insel Alsen, ein Teil Schleswigs, war nach wie vor im Besitz Dänemarks. Dabei hatte Bismarck in den Friedensgesprächen auf der vom 25. April bis zum 25. Juli 1864 stattfindenden Londoner Konferenz Dänemark ein großzügiges Angebot gemacht: Dänemarks Landesgrenzen würden garantiert – tatsächlich hatten diese bis weit über hundert Jahre noch Bestand – Schleswig dagegen sollte nach seinen Sprachgrenzen geteilt werden. Das Angebot genügte dem dänischen Ministerpräsidenten Monrad jedoch nicht, und die Friedensverhandlungen scheiterten.

Als Konsequenz daraus fand die Schlacht von Alsen am 29. Juli 1864 statt. Nach dem Übersetzen über den Alsensund brach das preußische Heer in einem kühnen Überraschungsangriff den dänischen Widerstand vernichtend. 3.000 Dänen fielen oder wurden gefangen genommen. Die Preußen hatten Verluste von 373 Toten und Verwundeten zu beklagen.

Der Seekrieg Dänemarks

So unterlegen die dänischen Infanteriewaffen den preußischen waren, so überlegen waren die Seestreitkräfte Dänemarks. Verfügten die Preußen in der Ostsee über nicht mehr als 23 dampfbetriebene Kriegsschiffe mit 117 Geschützen, dazu 22 Ruderkanonenboote mit 40 Geschützen und über drei Segelschiffe, so waren die Dänen auf See erheblich stärker gerüstet. Deren Flotte bestand aus 31 Dampfschiffen mit 387 Geschützen, zehn Segelschiffen und 50 Ruderkanonenbooten mit 80 Geschützen. Allerdings waren bei Kriegsbeginn nur 26 Kriegsschiffe mit 363 Geschützen sofort einsatzbereit.

Erste Kriegshandlung der dänischen Seekriegsleitung sollte eine Blockade der deutschen Häfen Cammin, Wolgast, Greifswald, Stralsund und Swinemünde sein. Ein dänisches Geschwader erhielt den Befehl, das Ein- und Auslaufen von deutschen Handelsschiffen zu verhindern. Doch für eine vollständige und dauerhafte Sperrung war das vor Rügen liegende dänische Geschwader nicht stark genug. Ein zweites dänisches Geschwader kreuzte vor der Ostseeküste Schleswig-Holsteins, ein drittes in der Nordsee vor der Westküste in Höhe der Nordfriesischen Inseln.

Die stärkste deutsche Seemacht dagegen war Österreich, dessen Flotte allerdings im Mittelmeer stationiert war. Bei Kriegsbeginn wurde ein Geschwader von neun Kriegsschiffen mit 246 Geschützen auf die lange Reise in Richtung Nordsee geschickt. Jedoch war mit einem Eintreffen des Geschwaders nicht vor Mai 1864 zu rechnen.

Der erste Offizier des preußischen Geschwaders, Kapitän Jachmann, erhielt dann vom Oberbefehlshaber der preußischen Flotte, Prinz Adalbert von Preußen, den Befehl, mit einigen Korvetten und Kanonenbooten vom Hafen Greifswald in Richtung der kleinen Insel Ruden zwischen Usedom und Rügen zu fahren und sich dort mit einem zweiten, preußischen Geschwader zu vereinen. Beide Geschwader verfügten zusammen über 60 Geschütze. Sie wurden bald in heftige Gefechte mit dänischen Schiffen mit 168 Geschützen verwickelt.

Aus einer Entfernung von ca. 2.500 Metern hatte das preußische Dampfschiff „Arcona“ mit seiner Bugkanone das Feuer eröffnet. Da die „Arcona“ jedoch in der Feuerkraft den dänischen Schiffen unterlegen war, musste sie sich nach Süden zurückziehen, lieferte sich aber in diesem ersten Seegefecht des Krieges noch ein Kanonenduell mit den verfolgenden dänischen Kriegsschiffen. Fünf tote preußische Seeleute und 19 Verwundete waren zu beklagen. Weitere Gefechte folgten mit wechselndem Ausgang. Kapitän Jachmann wurde Konteradmiral.

Einer der für die Dänen erfolgreichsten Einsätze war der des dänischen Kriegsschiffes „Rolf Krake“ mit gut sitzendem Feuer auf die Landtruppen vor der Flensburger Förde am 18. Februar 1864. Der letzte Ostsee-Einsatz vor dem späteren Waffenstillstand ereignete sich am 12. Mai vor Swinemünde.

Als die preußische Seekriegsführung dann erfuhr, dass englische Schiffe den Dänen zur Hilfe gekommen waren, befürchtete man ein offenes Eingreifen der Engländer in den Seekrieg. Die englische Flotte wurde bereits im Kanal zusammengezogen und ein Geschwader aus portugiesischen Gewässern zurückgerufen. Am 9. Mai 1864 kam es zu einem großen Seegefecht bei Helgoland zwischen Alliierten und dänischen Flotteneinheiten, das von dänischer Seite als „einziger wirklicher Sieg des Krieges“ bezeichnet wurde.

Schlachtschiff „Rolf Krake“

Der Friedensvertrag von Wien

Verzweifelt wollte König Christian IX. über den belgischen König Leopold noch die Rettung von Schleswig und Holstein für Dänemark erreichen, indem er versuchte, Dänemark als Mitglied in den Deutschen Bund aufnehmen zu lassen. Doch Bismarck durchschaute sein Spiel und war sich mit dem österreichischen Außenminister Johann von Rechenberg einig, dass eine solche Lösung keinerlei Vorteile für die Verbündeten habe. Bismarck argumentierte erfolgreich, dass Frankreich niemals bereit sei, eine Aufnahme Dänemarks in den Deutschen Bund hinzunehmen. In Frankreich entstünde in diesem Falle den Verbündeten ein mächtiger Feind, da das Land den Krieg gegen Dänemark als Eroberungskrieg ansehen würde.

Als Bismarck am 22. Juli 1864 in Wien zu Friedensverhandlungen eingetroffen war, stellte er fest, dass Österreich seine Flotte nicht in die Ostsee entsenden würde, sondern Preußen alleine vorgehen lassen wollte. Wichtiger allerdings war, dass England sich damit abzufinden gedachte, dass Deutschland sich jetzt zwischen den zwei Meeren festsetzen werde und damit die Voraussetzung für eine deutsche Flotte gegeben war. Obwohl der Hass der englischen Bevölkerung gegen Deutschland und Bismarck fortbestand, trat die Insularmacht in eine Phase der Selbstisolierung und der Nichtintervention ein. Wirtschaftliche Interessen und interne Reformbestrebungen standen für die Regierung jetzt im Vordergrund.

Frankreich hätte es dagegen gerne gesehen, wenn es zu einem Waffengang zwischen England und Deutschland gekommen wäre, um seine Vorteile daraus zu ziehen. Die Monarchen-Zusammenkünfte von Zar Alexander mit König Wilhelm I. in Berlin, von Zar Alexander mit Kaiser Franz Joseph in Kissingen und später von Kaiser Franz Joseph mit König Wilhelm I. am 21. August 1864 im Schloss zu Schönbrunn ließen in Frankreich allerdings die Befürchtung vor dem Wiedererstehen der Heiligen Allianz aufkommen. Doch letztlich konnte sich Bismarck sicher sein, dass Frankreich die Friedensverhandlungen nicht ernstlich stören würde.

Umgehend begann er deshalb mit Dänemark zu verhandeln, wobei er den österreichischen Minister in den Hintergrund drängte. Am 1. August 1864 wurde dann der Präliminarfrieden mit Dänemark geschlossen. König Christian musste die drei Herzogtümer an den Kaiser von Österreich und den König von Preußen abtreten und sich verpflichten, alle künftigen Verfügungen der beiden Monarchen die Herzogtümer betreffend anzuerkennen. Damit hatte Bismarck sein Ziel erreicht und konnte sich in den finanziellen Belangen großmütig zeigen. So wurden die Kriegskosten nicht Dänemark, sondern den Herzogtümern aufgelastet.

Am 30. Oktober 1864 kam es dann in Wien zur Unterzeichnung des Friedensvertrages mit Dänemark, das auf die Herzogtümer Schleswig und Holstein, sowie Lauenburg verzichten musste. Damit verlor Dänemark fast 1 Million Einwohner und ein Drittel seiner Fläche und sank zum Kleinstaat ab.

Als Bismarck daraufhin seinen in Gastein weilenden König aufsuchte, waren sich der Monarch und sein Ministerpräsident darin einig, dass der Friedensvertrag besonders in einem Punkt die kühnsten deutschen Hoffnungen übertroffen hatte: Schleswig-Holstein war ab sofort kein europäisches Problem mehr, sondern eine rein deutsche Angelegenheit.

Einmütig wandten sich Preußen und Österreich gegen den Deutschen Bund, als dieser dann noch Ansprüche auf Beteiligung stellte – ganz im Sinne Bismarcks, einen Riegel vor den „Missbrauch der kleinstaatlichen Bundesmajoritäten" zu schieben.

Nach dem Motto „der Krieg frisst seine Kinder" mussten die Protagonisten Dänemarks abtreten. Generaloberst Gerlach wurde – wie sein Vorgänger de Meza – abgesetzt, Kriegsminister Lundbye davongejagt und Ministerpräsident Monrad ins Exil geschickt.

Auch Feldmarschall Wrangel war noch vor dem Ende der Kämpfe abgesetzt worden, weil er sich dem Primat der Politik nicht unterordnen wollte.

Vertrag von Gastein – Zerfall des Bündnisses mit Österreich

Österreich unterstützte den Plan, die drei Herzogtümer in einem eigenständigen Staatsgefüge zusammenzufassen. Auch Bismarck ließ in den Mittelstaaten und im Kaiserreich die Hoffnung aufkommen, dass Preußen einem solchen Konstrukt zustimmen würde, sofern es mit dem Bundesrecht in Einklang stünde.

Der Vorschlag des preußischen Kriegsministers von Roon lautete: den Herzogtümern jegliche Souveränität in allen Militärfragen – sowohl bei der Marine als bei den Landtruppen – zu entziehen und auch eine Landesverteidigung nicht zuzulassen. König Wilhelm wollte jedoch, dass die Schleswig-Holsteinischen Untertanen zum preußischen Fahneneid verpflichtet werden sollten und versagte seine Zustimmung. Dagegen konnte sich Bismarck nicht wehren.

Am 22. Februar 1865 stellte Ministerpräsident Bismarck daher unverblümt seine Forderung: Der neue Staat müsse unauflöslich mit Preußen verbündet werden, sowohl auf politischem, wie auch auf militärischem Gebiet. Der Küstenschutz solle Preußen übertragen werden, Rendsburg sei zur Bundesfestung auszubauen, an der Kieler Bucht müsse Preußen das Recht zugesprochen werden, einen Kriegshafen anzulegen, ebenso an den beiden Mündungen des Nord-Ostsee-Kanals. Der Kanal solle der Oberaufsicht Preußens unterstellt werden. Außerdem müsse der neue Schleswig-Holsteinische Staat Mitglied des Zollvereins werden.

Lauenburg wurde von diesen Forderungen Preußens ausdrücklich ausgenommen, da Preußen Lauenburg wie selbstverständlich als sein Eigentum ansah. Ebenso wenig wurden etwaige Rechte des Deutschen Bundes auf den neuen Staat seitens Otto von Bismarck angesprochen.

Wien erkannte sofort, dass ein solcher Staat – wie Bismarck ihn sich vorstellte – über keinerlei Hoheitsrechte verfügen würde. Von einer Souveränität konnte also keine Rede mehr sein. Folglich erklärte

Kaiser Franz Joseph die preußischen Forderungen für unannehmbar. Österreich erkannte als Maximum an Zugeständnissen Rendsburg als Bundesfestung und Kiel als Kriegshafen an.

Die strikte Ablehnung des Kaiserreichs, einem Staat Schleswig-Holstein zuzustimmen, kam Bismarck dabei gar nicht ungelegen. Konnte er doch damit seinem König klar vor Augen führen, dass Österreich die Bedeutung Preußens innerhalb Deutschlands niemals anerkennen würde.

Auch die Mittelstaaten erklärten ihre Ablehnung und gaben zu bedenken, dass Österreich – sollten die preußischen Vorstellungen in die Realität umgesetzt werden – seine Vormachtstellung verlieren und damit den Deutschen Bund der Vernichtung preisgegeben würde.

Bayern stellte sich ebenfalls gegen die preußischen Forderungen, auch wenn es in den Festungsplänen Rendsburg und Kiel nachzugeben bereit war.

Russland sprach in diesem Zusammenhang von einem Vasallenstaat, den Preußen mit den zwei Herzogtümern schaffen wolle. Und Zar Alexander erhob bei König Wilhelm I. Einspruch.

England wiederum wollte die Rechte der beiden Herzogtümer nur unter dem Vorbehalt der Rechte des Bundes anerkennen.

Frankreich hingegen versuchte zu seinem Vorteil ein Doppelspiel, indem es einen Keil zwischen die Verbündeten und auch zwischen die Mittelstaaten trieb.

Während der politischen Krise im Juli 1865, in der sich abzeichnete, dass ein selbstständiger Staat der beiden Herzogtümer nicht darzustellen war, wurde in Preußen mit Macht militärisch aufgerüstet. Der Finanzbedarf Preußens für einen Krieg war auch ohne Kreditbewilligung durch den Landtag zu decken. Aufgrund von Verkäufen – zum Beispiel der Köln-Mindener-Eisenbahngesellschaft – und mit älteren Krediten vom Abgeordnetenhaus betrug der Kassenstand 60 Millionen Taler, was allerdings nur für einen Krieg von maximal sechs Monaten reichte.

Der Schwerpunkt der Verteidigungsanstrengung hatte zunächst im Westen gelegen. Nur dort waren die Festungen mit modernen Geschützen mit gezogenem Lauf ausgestattet, da die Gefahr einer Auseinandersetzung mit Napoleon III. bei allen Befürchtungen im Vordergrund gestanden hatte. Erst danach wurde die Neuausstattung der Feldartillerie mit vier pfündigen Gussstahlkanonen, anstatt der bisherigen Haubitzen, vorangetrieben. Wien schätzte die preußische Heeresbewaffnung auf 250 Feldbataillone mit einer Personalstärke von 260.000 Mann inklusive der Offiziere ein. Dazu kamen 200 Schwadrone mit etwa 30.000 Pferden und ungefähr 850 bespannte Geschütze, sowie die Landwehr.

Die österreichische Streitmacht dagegen verfügte über 280 Feldbataillone mit 290.000 Mann, 200 Schwadrone mit ebenfalls 30.000 Pferden und über 1.000 bespannte Geschütze, sowie Grenz- und Reservetruppen. Die Österreicher erkannten zwar die Feuerüberlegenheit der Zündnadelgewehre der preußischen Infanterie, meinten aber, diese preußischen Vorteile durch eine bessere Qualität in der österreichischen Artillerie ausgeglichen zu haben. Man sah sich allgemein in gleicher Stärke mit den preußischen Truppen, auch wenn der ewige schlechte Zustand der Staatsfinanzen die einst übermächtige kaiserliche Armee in der letzten Zeit erheblich geschwächt hatte.

Der Generalstab Österreichs sah wegen der Finanzkrise ein Hinausschieben seiner Offensivoperationen als Schwäche an und drängte zur Eile. Mitte November müsste der Angriff erfolgen, wenn er Erfolg haben sollte, um in Berlin oder Breslau zu enden.

Bismarck hingegen wollte Zeit gewinnen und brachte erst einmal eine Aufteilung der Herzogtümer ins Gespräch. Dabei ging er so diplomatisch vor, dass der österreichische Gesandte diesen Vorschlag in Wien als seinen eigenen vortrug. Beide Parteien trafen sich daraufhin in Gastein, um über das Schicksal der Herzogtümer zu beraten.

Am 14. August 1865 wurde zwischen Preußen und Österreich dann der Vertrag von Gastein unterzeichnet, der große Vorteile für Preußen brachte. Beide Mächte vereinbarten darin, die Herrschaft über die Herzogtümer nicht gemeinsam auszurichten, sondern geografisch zu teilen. Bismarck vollendete seinen diplomatischen Erfolg, als es ihm gelang, in den endgültigen Vertragstexten die Passage einzufügen „unbeschadet der Fortdauer dieser Rechte beider Mächte an der Gesamtheit beider Herzogtümer." [23] Dem König von Preußen wurde die Oberhoheit für Schleswig, diejenige für Holstein dem österreichischen Kaiser übertragen. Das Herzogtum Lauenburg erwarb Preußen durch eine Zahlung von zweieinhalb Millionen Talern an Österreich. Dafür verpflichtete sich Österreich, zusammen mit dem Deutschen Bund die Aufstellung einer deutschen Flotte voranzutrei-

Ernst Ludwig von Gerlach

ben. Kiel sollte Bundeshafen werden. Diese Bundesflotte bedeutete naturgemäß eine Stärkung Preußens. Marinetruppen wurden in Kiel stationiert und Befestigungen dort angelegt. Zugleich fiel die Entscheidung zum Bau des Nord-Ostsee-Kanals. Österreich gab zudem Zustimmung zum Beitritt Schleswigs und Holsteins zum Zollverein.

Bereits vor der Gasteiner Abmachung hatte Bismarck in aller Deutlichkeit klar gemacht, dass Preußen nicht bereit war, im Vertrag das geringste Opfer zu bringen. Jegliches Entgegenkommen müsse klar bei Österreich liegen.

Noch während Bismarck im Kurort des preußischen Königs in Gastein mit dem Vertrauensmann des österreichischen Kaisers, Graf Blome, verhandelte, fragte er vorsorglich in Florenz und Paris an, wie Italien und Frankreich sich im Falle einer kriegerischen Auseinandersetzung mit Österreich verhalten würden. Ganz offensichtlich hatte Bismarck bei seinen Verhandlungen einen möglichen Krieg gegen Österreich mit ins Kalkül gezogen, zu dessen finanzieller Voraussetzung er sich bereits mit dem Bankier Bleichröder einig geworden war, ohne allerdings einen Beschluss des Parlaments vorher eingeholt zu haben.

Schon während seiner jahrelangen Tätigkeit als preußischer Bundestagsabgeordneter in Frankfurt hatte Bismarck seine einstige freundliche Haltung Österreich gegenüber geändert. Er erkannte, dass in Deutschland wegen der Ansprüche Österreichs kein Platz für zwei Großmächte war. So schrieb er am 20. Dezember 1853 an Ernst Ludwig von Gerlach, dem einflussreichen Wortführer der Konservativen: „Wir können uns auf die Dauer nicht vertragen, wir atmen einer dem anderen die Luft vom Munde fort, einer muss weichen oder der andere gewichen werden." [24] Damit wollte Bismarck zum Ausdruck bringen, dass natürlich Österreich zu weichen habe, um Preußen die notwendige Atemluft zu gewähren. Dass Wien letztendlich auf die in der Ratifizierung geforderten Zugeständnisse einging, untergrub allerdings seine Position in der Schleswig-Holstein Frage. Die Ergebnisse der Verhandlungen waren ein eindeutiger Triumph für Berlin und seinen Ministerpräsidenten.

Auch der Hof sah dieses so und zeigte durch Bismarcks Erhebung in den Grafenstand am 15. September 1865, wie hoch die preußische Krone die Leistung ihres Ersten Ministers einschätzte.

Gleichzeitig war jetzt die Möglichkeit gegeben, das Kaiserreich jederzeit in einen neuen Konflikt hineinzuziehen. Österreich hatte mit dem Entschluss, die großdeutsche Bundesreform aufzugeben, einen hohen Preis bezahlt, um damit für sich selbst den Rücken für eine Lösung des Ungarnkonfliktes frei zu bekommen.

Für Preußen brachte der Vertrag von Gastein den zusätzlichen Vorteil, dass das Kaiserreich künftig nicht mehr imstande war, das Schicksal der beiden Herzogtümer dem Deutschen Bund zu übertragen. Falls es wegen der Herzogtümer zu kriegerischen Auseinandersetzungen kommen sollte, gab der Vertrag Bismarck zusätzlich die Möglichkeit, Österreich ins Unrecht zu setzen, denn die Österreicher hatten sich vertraglich verpflichtet, in der Verwaltung von Holstein jegliche Vorgänge, die zur Unterdrückung preußischer Rechte in Holstein führen könnten, zu vermeiden.

Am 14. August 1865 schrieb Bismarck an seine Frau: „Ich habe einige Tage nicht Muße gefunden um Dir Nachricht zu geben. Blome ist wieder hier und wir arbeiten eifrig an Erhaltung des Friedens und Verklebung der Risse im Bau." [25} Mit der Verklebung der Risse hat er sicherlich noch die Möglichkeit einer friedlichen Koexistenz mit Österreich gesehen. Eine zu mangelhafte Ausrüstung für einen Krieg mit dem Kaiserreich wäre kein Grund gewesen für diese Ansicht, ebenso wie eine zu schlechte Vorbereitung auf politischer Ebene. Denn England war von Bismarck neutral gestellt worden und hatte demzufolge auch ein Unterstützungsansuchen Österreichs mit kühler Ablehnung beantwortet.

Allerdings zeigten Frankreich und Italien während der Gasteiner Tage keinerlei Sympathie für die Haltung Preußens. Diese Tatsache übte zwar für den Ministerpräsidenten keinen direkten Zwang zu seiner friedfertigen Haltung aus, trug aber doch zu dessen Entschluss bei, es noch nicht zu einer kriegerischen Auseinandersetzung mit Österreich kommen zu lassen. Napoleon III. sah sich in seinem Bestreben für eine Volksbefragung der nordschleswigschen Bevölkerung in der Rolle eines Schiedsrichters; wobei es völlig offen war, welche Forderung er der jeweiligen siegreichen Partei zu stellen beabsichtigte.

Im Deutschen Bund waren die beiden Mächte Preußen und das Kaiserreich Österreich Konkurrenten. Bis zur Revolution 1849 galt der Bund nur deshalb als lebensfähig, weil Preußen bereit war, das Vorrecht Österreichs anzuerkennen und man sich in wichtigen Fragen einigen konnte. Unter dem Druck der Österreicher hatte Preußen seine Pläne für eine kleindeutsche bundesstaatliche Einheit aufgegeben. Doch jetzt forderten der König von Preußen – und besonders der Kronprinz – eine Gleichstellung im Deutschen Bund und die militärische Führung in Norddeutschland. Als Gegenreaktion versuchte das Kaiserreich umso mehr, seine vorherrschende Präsidialmacht im Deutschen Bund auszubauen und diese zu einer unantastbaren Zentralgewalt zu erheben. Sollte es den Österreichern gelingen, in den Fragen, die Einstimmigkeit erforderten, Majoritätsbeschlüsse entscheiden zu lassen, dann wäre die preußische Machtstellung gefährdet gewesen. Wenn jedoch der Vielvölkerstaat Österreich von seinem absolutistischen in einen liberalen Kurs wechselte – wie dieser von der öffentlichen Meinung Deutschlands gefordert wurde – konnte dieses den jetzigen Status der Rivalität der beiden Mächte nur verschärfen.

Doch Wien betrachtete Preußen nach wie vor nur als zweitrangig im Deutschen Bund. Der österreichische Gesandte in Berlin, Freiherr Prokesch von Osten, hatte sich schon im Frankfurter Präsidium 1850 dafür eingesetzt, Preußens Macht zu brechen. Damals wollte er das Land Sachsen auf Kosten Preußens vergrößern und damit Preußen verkleinern. Während des Krimkrieges versuchte er, die Westmächte für dieses Ziel zu gewinnen.

Preußen sollte darüber hinaus gezwungen werden, an die Seite des Zaren zu treten, damit Österreich es im Bunde mit Frankreich niederwerfen und Schlesien zurückerobern konnte. „Um diesen Preis mag immerhin Frankreich die Rheinlande nehmen. Was liegt uns daran ob sie deutsch oder französisch sind“ [26], war die verräterische offizielle Meinung der österreichischen Regierung.

Der Krimkrieg

Der Krimkrieg bot Preußen die Gelegenheit, außenpolitisch aus dem Schatten Österreichs herauszutreten. 1853 war dieser Krieg zwischen Russland und der Türkei ausgebrochen, in den im März 1854 auf türkischer Seite auch England und Frankreich eingriffen. Zar Nikolaus I. wollte seine Machtstellung nach der erfolgreichen Niederschlagung der Revolution erweitern und sein Reich zwischen dem Schwarzen Meer und dem Mittelmeer bis an den Bosporus ausdehnen, um sich damit einen Zugang zum Mittelmeer zu sichern.

Für England ging es in diesem Krieg in erster Linie um die Sicherung seiner Interessen im östlichen Mittelmeer und für Napoleon III. um Prestigegewinn durch militärische und außenpolitische Erfolge.

In Preußen waren die Ansichten geteilt. Eine gemäßigt konservative Richtung um Moritz von Bethmann-Hollweg wollte an der Seite Englands und Frankreichs in den Krieg eintreten – was auch der Politik von König und Kronprinz entsprach –, um dadurch die Möglichkeit zu schaffen, Deutschlands Einigung unter Ausschluss Österreichs voranzutreiben. Die Altkonservativen dagegen lehnten einen Bruch mit dem bisher verbündeten Russland ab; für sie galt Frankreich nach wie vor als Hauptfeind.

Der preußische Ministerpräsident von Manteuffel versuchte so lange wie möglich, Preußen neutral zu halten. Als es jedoch im April 1854 zum Abschluss eines Schutz- und Trutzbündnisses zwischen seinem Land und Österreich kam, forderte Kaiser Franz Joseph von Russland die Räumung der Donaufürstentümer Moldau und Walachei. Daraufhin schien die Neutralität nicht mehr zu halten zu sein.

Jedoch erst als der österreichische Außenminister Graf Buol im Dezember 1854 einen Bündnisvertrag mit England und Frankreich abschloss, erreichte der preußische Gesandte Otto von Bismarck beim Bundestag in Frankfurt eine Mehrheit gegen die Mobilmachung der Bundestruppen und stoppte die antirussischen Interessen. Mit diesem

Der Krimkrieg
Erstürmung der Festung Malakow durch General Mac Mahon und seine Zouaven (Hilfstruppe aus Nordafrika)

seinem ersten großen außenpolitischen Erfolg schuf der märkische Junker die Grundlage für eine spätere Bündnispolitik mit der Großmacht Russland.

Durch das nunmehr neutrale Deutschland wurde der Vormarsch der Alliierten auf dem Landweg verhindert, so dass die kriegerischen Handlungen Englands und Frankreichs gegen Russland sich in der Hauptsache auf eine Belagerung der Festung Sewastopol von See her beschränkten. Diese Belagerung dauerte fast zwölf Monate – vom 17. September 1854 bis 9. September 1855. Als die Vorräte an Verpflegung und Munition in der Festung zu Ende gingen, war ihre Kapitulation die Folge.

Im Frieden von Paris wurde daraufhin das Zarenreich gezwungen, in eine Entmilitarisierung des Schwarzen Meeres einzuwilligen. Damit fand die russische Interventionspolitik im Mittelmeerraum ein Ende, deren Höhepunkt die Niederwerfung der ungarischen Revolution im Sommer 1849 gewesen war.

Preußen hingegen hatte das ehemals gute Verhältnis zwischen Österreich und Russland erfolgreich durchkreuzt und konnte in Zukunft auf Russland als Verbündeten hoffen.

Während Österreich geschwächt wurde, stand die Hegemonialmacht Frankreich als eigentlicher Sieger da.

Zu den Gewinnern des Krimkrieges zählte aber auch Bismarck selbst, der seinem Land einen größeren Handlungsspielraum ermöglicht hatte, indem er Preußen aus der Abhängigkeit Österreichs und auch Russlands befreite. Preußens Bedeutung als europäische Großmacht war durch die kluge Realpolitik Bismarcks zweifelsfrei gewachsen.

Preußens Widerstand gegen die Vormachtstellung Österreichs

Kaiser Franz Joseph hatte den Versuch unternommen, die Mittelstaaten auf Kosten Preußens zu vergrößern. Doch durch das resolute Auftreten Bismarcks im Mai 1851 als Abgeordneter in Frankfurt hatte die österreichische Offensive ein jähes Ende gefunden. Noch in seinen Erinnerungen bemerkte Bismarck: „Mir hat immer als Ideal eine monarchische Gewalt vorgeschwebt, welche durch eine unabhängige, nach meiner Meinung ständische oder berufsgenossenschaftliche Landesvertretung soweit kontrolliert wäre, dass Monarch oder Parlament den bestehenden gesetzlichen Rechtszustand nicht einseitig, sondern nur communi consensu [27] ändern können, bei Öffentlichkeit und öffentlicher Kritik aller staatlichen Vorgänge durch Presse und Landtag." [28] Doch wäre es ein Fehler, aus diesen Worten etwa Bismarcks Grundeinstellung zu einer liberalen Opposition ableiten zu wollen. Hinsichtlich der Rolle des grundbesitzenden Adels und der Erkenntnis der Reformbedürftigkeit ständiger patriarchalisch strukturierter Agrarverfassung lagen seine und die Auffassung der Opposition weit auseinander.

Lediglich in dem Wunsch nach einer tiefgreifenden Änderung der Staatsverfassung taten sich Gemeinsamkeiten auf, die die Grundlage für Bismarcks künftige Politik und die seiner Freunde bildeten.

Eine von gesellschaftlichen Bindungen losgelöste Überparteilichkeit und Gerechtigkeit im Staate und ein allein dem Allgemeinwohl verpflichtetes Fürstentum sollte Bismarcks Maxime werden, von der aus es politisch zu handeln galt. Diese Rechtfertigung des Absolutismus, die der modernen Auffassung der Aufklärung entsprach, stellte den Staat über die Gesellschaft. Sie war dem Gedanken der Gleichheit vor dem Gesetz und der Wohlfahrt des Gemeinwesens, sowie der freien Entwicklungsmöglichkeit des Einzelnen verpflichtet.

Bereits zu Beginn seiner Frankfurter Laufbahn als Bundesgesandter hatte Bismarck klar zum Ausdruck gebracht, dass er kein

Fürst Felix zu Schwarzenberg

Anhänger der deutschen Nationalbewegung war und sich um eine Verständigung mit Österreich ehrlich bemühte. Das überzeugte auch den Österreichfreund und Generaladjutanten des Königs, Leopold von Gerlach, und bewog ihn, den exzellenten Rhetoriker Bismarck dem König für den wichtigen Posten der außenpolitischen Vertretung zu empfehlen. Dabei verhehlte Bismarck nicht, auch Anhänger des Deutschen Bundes zu sein. Allerdings standen für ihn die Interessen Preußens immer an erster Stelle.

Damit geriet er zwangsläufig häufig mit dem Primat Österreichs in Kollision. Schon im Juni 1851 als Frankfurter Gesandter hatte er seinem Freund Hans von Kleist-Retzow unverblümt seine Meinung zur Österreich-Politik mitgeteilt: „Die Österreicher sind und bleiben falsche Spieler, und ich glaube nicht, dass wir mit ihrem maßlosen Ehrgeiz und ihrer von jedem Rechtsbegriff baren inneren und äußeren Politik jemals zu einem aufrichtigen Bund mit ihnen gelangen, sie reservieren sich stets den Löwenanteil und führen die Einigkeit nur dann im Munde, wenn es ihren Zwecken oder die Vereitelung der unseren dient; wenigstens solange Schwarzenberg Minister ist, hoffe ich auf keine bessere Einsicht bei ihnen.“ [29] Daraus geht eindeutig Bismarcks Streben nach einem Dualismus hervor, der es Preußen ermöglicht hätte, in Norddeutschland nach Hegemonie zu streben.

Der von Bismarck erwähnte Felix Fürst zu Schwarzenberg war Nachkomme eines schon im 17. Jahrhundert in den Reichsfürstenstand erhobenen reichen Magnatengeschlechtes. Nach einer wechselvollen Laufbahn als Offizier und Diplomat wurde er 1848 im Alter von 50 Jahren an die Spitze des österreichischen Staates berufen, wo er einen modernen, bürokratisch organisierten deutschen Zentralstaat schaffen wollte. Auf sein Drängen hin wurde der erst 18-jährige Erzherzog Franz Joseph, ein Neffe des bisherigen Monarchen, im Dezember 1848 zum Kaiser erhoben. Drei Monate später erhielt das Land nach Auflösung des revolutionären Reichstages eine einheitliche, spezifisch auf Österreich ausgerichtete Verfassung, die allerdings nur zwei Jahre Bestand hatte.

Schwarzenberg forderte nun nachdrücklich Österreichs Eintritt in den Zollverein. Württemberg, Bayern, Hessen, Darmstadt und Nassau waren aus politischen Motiven entschiedene Parteigänger Österreichs. Sie wollten den Zollverein 1865 nur erneuern, wenn Österreich beitrat, andernfalls planten sie einen wirtschaftlichen Sonderverein. Die Mehrheit der österreichischen Industriellen erklärte sich jedoch gegen einen Beitritt Österreichs zum Zollverein. Sie fürchteten, dass ein solcher Schritt die Industrialisierung Österreichs hemmen würde.

Wirtschaftliche Interessen standen für Schwarzenberg mit an erster Stelle. Davon zeugt ein Schreiben an seinen Kaiser: „Zu den wirksamsten Mitteln, welche der Regierung Euer Majestät zu Gebot stehen, um ihren Einfluss im deutschen Lande für die Dauer zu behaupten und zu vermehren, gehört ohne Zweifel eine tätige Beteiligung an der Pflege der gemeinsamen materiellen Interessen Deutschlands." [30] Damit wollte Schwarzenberg seine Ansicht zum Ausdruck bringen, dass Österreich neben der Politik auch nachhaltigen Einfluss auf die gesamte Wirtschaft des Deutschen Bundes nehmen sollte.

Schon in Frankfurt hatte Bismarck keine Zweifel darüber aufkommen lassen, dass er befürchtete, Österreich würde zur Zementierung seines Führungsanspruches im Deutschen Bund nicht davor zurückschrecken, Frankreich und Russland auf seiner Seite gegen Preußen in Stellung zu bringen. Darüber hinaus werde das Land seine führende Stellung im Bund dazu benutzen, Deutschland in Kriege zu verwickeln, die seinen Interessen konträr gegenüber stünden, so mutmaßte Bismarck.

Noch war Berlin jedoch nicht bereit, Bismarcks Befürchtungen bezüglich der Vormachtstellung Österreichs ernst zu nehmen, geschweige denn, Konsequenzen daraus zu ziehen. Bismarcks schärfste Waffe gegen Österreich war dann die Drohung, bei einer Unterdrückung Preußens aus dem Deutschen Bund auszutreten. Erst nach und nach gelang es ihm, auch Manteuffel dazu zu bringen, den Gedanken einer ernsthaften Bedrohung Preußens ins Kalkül zu ziehen, sowie den Kronprinzen davon zu überzeugen, dass eine Bündnismöglichkeit mit Frankreich und Russland gegen Österreich in letzter Konsequenz zu überlegen sei. Der Krimkrieg hatte gezeigt, dass Preußens Militärmacht einer dringenden Reform bedurfte. Dazu müsse nach Meinung Bismarcks ein neuer Deutscher Bund geschaffen werden, in dem Preußen das Präsidium zu übernehmen habe. Neben dem Zollverein solle auch das gesamte Militärwesen dann in der Hand des Präsidiums liegen.

Als antipreußische Agitationen in Schleswig bekannt wurden, verlangte der preußische König von Österreich, den Augustenburger Herzog Prinz Friedrich abzusetzen, doch Österreich stellte sich schützend vor diesen und lehnte ab. Ein erster Anlass für eine tiefgreifende Verstimmung.

Zu einer Sitzung des Kronrates am 28. Februar 1865 wurde dann der preußische Gesandte Graf von der Goltz, ein Bruder des kaiserlichen Stadthalters in Holstein, geladen. Der König, der Österreich als Preußens „natürlichen Alliierten" bezeichnete, erhob den Vorwurf, dass man in der österreichischen Presse Gehässigkeiten gegen ihn verbreite. Außerdem beklagte er sich, dass Österreicher diese Gehässigkeiten mit finanziellen Mitteln auch in der deutschen Presse unterstützten. Erbost drohte er weiter, falls Preußens Ehre ernstlich verletzt würde, wäre er genötigt, sich um Verbündete in Frankreich und Italien zu bemühen, was zu einem Krieg führen könne. „Es ist nicht die Absicht einen Krieg gegen Österreich zu provozieren, aber wir haben unsere Schritte fortan zu machen, ohne davor zurückzuschrecken, dass ein solcher Krieg die Folge davon sein kann" [31], führte der König aus.

Anschließend heizte Bismarck die Stimmung mit einer Brandrede weiter auf: Österreich habe aus Eifersucht, dass Preußen an die Spitze Deutschlands treten wolle, den Preußischen Hof von jeher bekämpft. Obwohl für die Führung ungeeignet und selber dazu nicht in der Lage, hätten die Österreicher Preußen den Führungsanspruch nie gegönnt, sondern diesen mit aller Macht zu verhindern versucht. Jedoch Preußen, so Bismarck weiter, „ist die einzige lebensfähige politische Schöpfung, die aus den Ruinen des alten deutschen Reiches hervorgegangen ist." [32] Auf dieser Erkenntnis beruhe sein berechtigter Anspruch, an die Spitze Deutschlands zu treten. Der Deutsche Bund sei nur zu dem Zweck gegründet worden, das Land gegen Frankreich zu verteidigen und habe niemals eine geeinte Nation ersetzen können. Damit hatte Bismarck klar formuliert, warum ein Kampf gegen Österreich nötig sei. Voraussetzung dafür allerdings wäre: erstens eine Annäherung an die liberale preußische Opposition, zweitens die Erreichung einer wohlwollenden Neutralität Frankreichs und drittens die Sicherung der Grenzen gegen England und Russland. Preußen habe außerdem die Pflicht, so Bismarck weiter, seine Interessen in den Herzogtümern und in der deutschen Frage ohne Rücksicht auf einen Bruch oder einen Krieg mit den Verbündeten durchzusetzen. Er schlage vor, General Moltke nach Italien zu senden, um ein Bündnis abzuschließen für den Fall, dass Preußen losschlagen müsse. Damit wurde der Ton Preußens immer schärfer.

Ergebnis des Kronrates vom 29. Mai 1865 war, dass Preußen tatsächlich jetzt alle Vorbereitungen für eine kriegerische Auseinandersetzung mit Österreich in Angriff nahm, mit dem Ziel einer Annektion der Herzogtümer durch Preußen.

Dennoch machte Bismarck noch einen weiteren Versuch, sich mit Österreich nicht nur über die Herzogtümer, sondern allgemein über die deutsche Frage zu verständigen. Dabei war er diplomatisch bemüht, kein weiteres Öl ins Feuer zu gießen und Österreich – soweit wie er es nur vertreten zu können glaubte – entgegenzukommen. Dem österreichischen Außenminister Mensdorff gegenüber äußerte er seinen Friedenswillen: „Wir können ja kein Land beschaffen für Österreich statt der Herzogtümer, wenn kein Land da ist. Österreich soll etwas wollen, wir helfen zu allem, wir erobern gleich Italien, wir erobern für und mit Österreich was es will.“ [33]

Am 8. April 1866 verzeichnete der von Bismarck vorgeschlagene Besuch des Generalmajors Moltke in Italien den Erfolg, dass ein auf drei Monate befristeter Vertrag mit Preußen geschlossen wurde, in dem Italien sich verpflichtete, für den Fall eines Krieges zwischen Österreich und Preußen mit seinen Streitkräften Österreich anzugreifen. Ausdrücklich wurde dagegen vereinbart, dass Preußen im Falle einer italienischen Aggression gegen Österreich nicht einzugreifen habe.

Sofort nach Vertragsabschluss brachte Preußen im Frankfurter Bundestag den Antrag auf Reform des Deutschen Bundes ein: „Wenn Deutschland in derjenigen Verfassung, in welcher es sich gegenwärtig befindet, der europäischen Krise entgegengehen sollte, so wird es entweder der Revolution oder einer Fremdherrschaft verfallen.“ [34] Ziel der Reform sei es, die direkte Wahl und das allgemeine Stimmrecht einzuführen, da es „an der ausgleichenden und treibenden Kraft des nationalen Geistes fehle“, appellierte Preußen darüber hinaus an die Zustimmung sämtlicher Mitverbündeter.

Immer hatte Bismarck, dessen Überlegenheit darin bestand, dass sich bei ihm Kühnheit und Vorsicht paarten, als geborener Staatsmann das

Ganze des europäischen Kräftespiels im Auge. Auf jede Veränderung musste er reagieren, um diese dann stets zu Gunsten seines Landes Preußen zu nutzen.

Ihm war bewusst, dass Österreich seinen Anspruch auf die Herzogtümer schon wegen der großen Entfernung nicht auf Dauer halten konnte. Auch im Falle einer Annektierung Schleswig-Holsteins durch Preußen sah er keine Gefahr, die österreichische Armee werde zuschlagen. „Wenn Österreich unser Bundesgenosse bleiben will", sagte er, „muss es uns Platz machen." [35]

Die Schleswig-Holsteinische Frage sollte nach Preußens Vorschlag durch folgende Abmachung geregelt werden: Preußen und Österreich würden ihre Souveränitätsrechte an den beiden Herzogtümern an den Prinzen Friedrich Karl von Hohenzollern abtreten. Preußen verzichte damit für alle Zeiten auf eine Annektierung. Eine Kriegsentschädigung von 20 Millionen Talern sei seitens der Herzogtümer an das Kaiserreich zu zahlen. Österreich solle darüber hinaus als Einflusszone die süddeutschen Bundeskontingente, Preußen die norddeutschen zugesprochen werden. Preußen erhalte außerdem das Recht, Rendsburg militärisch zu besetzen. Dagegen würde Österreich zugestanden, in Rastatt, das von preußischen Truppen zu räumen sei, mit seinen Truppen einzuziehen. Preußen erhalte den Kieler Hafen mit den angrenzenden Landstrichen. Österreich werde im Gegenzug für die Aufgabe seiner dortigen Kondominalrechte mit einer Entschädigungszahlung von 10 Millionen Talern abgefunden.

Diesen Vertragsentwurf legte Gablenz am 3. April in Wien vor. Als er mit dem Eindruck einer möglichen Zustimmung wieder bei Bismarck vorsprach, meinte dieser, Preußen sei mit seiner Großzügigkeit wohl doch zu weit gegangen und forderte die Herabsetzung der Entschädigungssumme auf 5 Millionen Taler.

Als Gablenz nach zahlreichen Verhandlungen am 5. Mai wieder in Berlin eintraf, hatte sich jedoch die Situation bereits grundlegend geändert. Aufgrund militärischer Maßnahmen Österreichs hatte Preußen am 29. März eine Teilmobilmachung angeordnet. Österreich bot daraufhin an, seine Truppenverschiebung nach Norden rückgängig zu machen, wenn die Preußen wiederum ihre Mobilmachung aufgäben, worauf letztere auch eingingen.

Die Hoffnung, den Frieden damit erhalten zu können, zerschlug sich allerdings, als Österreich auf Italiens neuerliche Rüstungsanstren-

Alexander Graf Mensdorff-Pouilly

gung mit einer Mobilmachungen seiner Südarmee antwortete. Aufgrund von Preußens Mitteilung an den Wiener Hof, es werde auch seinerseits die Kriegsvorbereitungen wieder aufnehmen, wenn Österreich die Mobilmachung seiner Südarmee nicht zurücknehme, hielt Kaiser Franz Joseph nun den Krieg für unvermeidbar und befahl auch die Mobilmachung der Nordarmee.

Die Antwort Preußens wiederum war die Gesamtmobilmachung aller Armeen. Hinzu kam, dass Napoleon III. Österreich anbot, Italien neutral zu halten, wenn Österreich nach einem Krieg dafür Venetien an Frankreich abtrete. Österreich könne sich ja nach dem Krieg an Preußen dafür schadlos halten.

Als Führer der bayerischen Politik galt Freiherr von der Pfordten, ein Anhänger der Bundesreform und ein überzeugter Großdeutscher. Im Interesse der Selbstständigkeit des bayerischen Königtums war er ein Gegner der Bestrebungen, Österreich aus dem Deutschen Bund auszuschließen. Entsprechend lehnte er ein Vorgehen mit Preußen ab. Auch wegen der Aversion König Ludwigs II. gegen eine Nationalvertretung wollte von der Pfordten sich nicht zu gemeinsamen Aktionen gegen Österreich hinreißen lassen. Er befürchtete, Bismarck wolle eine Diktatur über Gesamtdeutschland errichten.

Bismarck jedoch bot Bayern den Oberbefehl über alle Südstaaten an. Bayern antwortete darauf, in diesem Falle würde es sich mit Frankreich verbünden, denn niemals seien die süddeutschen Staaten bereit, sich dem Oberbefehl Bayerns zu unterstellen. Bayerns Aufgabe bestünde vielmehr darin, an der Spitze der südwestdeutschen Staatengruppe zwischen Preußen und Österreich zu vermitteln.

Anfang Mai 1866 startete Österreich unter seinem Außenminister Graf Mensdorff, der ein bewährter General aber kein Staatsmann war, einen Angriff auf die Politik Bismarcks in der Hoffnung, den preußischen Kanzler damit endgültig von König Wilhelm I. zu lösen und die Entlassung des verhassten Bismarck zu erreichen. In der Annahme, der König würde es auf einen Bruderkrieg nicht ankommen lassen, beschwor Mensdorff die Verwandtschaft des Königs, sich gegen den Kanzler zu stellen. Der Erfolg war tatsächlich, dass Königin Viktoria von England, der Vetter des Preußenkönigs Herzog Ernst von Coburg, der Kronprinz und seine Gemahlin sowie die Königin-Witwe Elisabeth, die Tante Kaiser Franz Josephs, in Bismarck den Kriegstreiber sahen und seine Entlassung forderten. Doch der König

Attentat auf Bismarck am 7. Mai 1866

schenkte ihnen kein Gehör und stellte sich voll hinter seinen Ministerpräsidenten und die amtliche Politik. „Wer kann Krieg wünschen? Doch es gibt Verhältnisse, wo man ihm nicht ausweichen kann, wenn alle Mittel ihm auszuweichen erschöpft sind" [36], schrieb er an den ängstlichen Kronprinzen.

Zur gleichen Zeit versuchte Graf Mensdorff den österreichischen Kaiser zu überzeugen, ein Krieg sei wahrscheinlich die Lösung des Preußen-Problems. Jedoch, „ist Deutschland zu schwach, um sich entschieden auszusprechen, so müssen wir rücksichtslos uns mit Frankreich verbinden" [37]. Im Kriegsfall musste der Kaiser allerdings damit rechnen, dass die preußischen Gebiete am Rhein an Frankreich fallen würden.

Da Österreich am 1. Juni 1866 den Gasteiner Vertrag für ungültig erklärte und zugleich den Vertrag vom 16. Januar 1864 zu Gunsten des Augustenburgers verletzte, in welchem sich die beiden Großmächte verpflichtet hatten, über die Erbfolge in den Herzogtümern nur gemeinsam zu entscheiden, begann Preußen am 7. Juni 1866, Holstein militärisch zu besetzen. Am 16. Juni 1866 forderte Bismarck die 19 Staaten des Bundes auf, ein neues Bündnis auf der Grundlage des preußischen Reformantrages vom 10. Juni 1866 zu schließen, sowie ihre Truppen zu mobilisieren und dem König zur Verfügung zu stellen.

Bismarck wusste, dass ein Deutsches Reich sich nicht in kurzer Zeit schaffen ließ, und dass es nur durch eine gemeinsame nationale Idee entstehen konnte. Die Alternative – Staatenbund oder Bundesstaat – erforderte ebenfalls einen langwierigen Reifeprozess. Bismarck setzte jedoch auf die „mitreißende Kraft des nationalen Geistes". Sollte sich Frankreich mit Österreich militärisch vereinen, plante er die Verfassung der Paulskirche als preußisches Programm auszurufen und ein Feuer der nationalrevolutionären Bewegung in einem Volksaufstand gegen Frankreich zu entfachen. Allerdings hatte Bismarck mit großen Schwierigkeiten beim Volk zu kämpfen, da trotz seiner herausragenden Pressearbeit allgemein großes Misstrauen und Abneigung gegen die preußische Politik vorherrschten.

Am 7. Mai 1866, dem Tag, als an den Berliner Kiosken die „Kreuzzeitung" mit dem Aufmacher „Krieg und Bundesreform" erschien, verübte der Tübinger Student Ferdinand Cohen-Blind ein Attentat auf Bismarck. Der Attentäter war der Stiefsohn des im Londoner Exil lebenden badischen Revolutionärs von 1848/49 Karl Blind. Am Nachmittag lauerte der Student seinem Opfer Unter den Linden zwischen Bäumen auf und gab auf den preußischen Ministerpräsidenten, der – wie immer – ohne jede Begleitung auf dem Rückweg vom königlichen Palais war, einen Schuss ab. Er verfehlte jedoch sein Ziel, und Bismarck gelang es, den Attentäter in einem Handgemenge zu entwaffnen. Dabei streiften ihn zwei Schüsse, die Cohen-Blind noch abgeben konnte.

Doch selbst dieses Attentat bewirkte keinen Umschwung in der Stimmung von Volk und Presse gegen Bismarck. So schrieb der in Stuttgart erscheinende „Beobachter" über den Attentäter: „Es wird sich niemand getrauen, den jungen Mann für einen schlechten Deutschen zu erklären, der sein Leben daran gesetzt hat, um das Vaterland von einem solchen Unhold zu befreien." [38] Ähnliche Ansichten waren nicht selten. Der Bonner Historiker Heinrich von Sybel schrieb, alles werde dominiert von dem Hass, den die Missregierung im Innern in den letzten vier Jahren hervorrief und der sich leider auf Bismarck als Hauptschuldigen konzentriert habe.

Daher beschloss Bismarck, sich in einer Proklamation an das deutsche Volk zu wenden. Für deren Ausarbeitung konnte er seinen bisherigen Kritiker, den bekannten Freiburger Historiker Heinrich von Treitschke gewinnen, der Bismarcks Gedanken in Flugblättern und Zeitungen erläutern sollte. Heute würde man das als Public Relation bezeichnen.

Seinerzeit war das Verhältnis zwischen Bismarck und Treitschke gespannt gewesen. Denn kaum eine Woche nach seiner Berufung zum preußischen Ministerpräsidenten am 3. September 1858 hatte Bismarck vor der Budgetkommission im Bundestag seine berühmt gewordene „Eisen- und Blut-Rede" gehalten. Davor schrieb er noch als Bundestagsabgeordneter an den Minister des Auswärtigen, Alexander von Schleinitz, über das Verhältnis von Preußen zu Österreich: „Ich sehe in unserem Bundesverhältnis ein Gebrechen Preußens, welches wir früher oder später ferro et ignis werden heilen müssen." [39] Treitschke betrachtete damals Bismarcks ferro et ignis Schreiben als Liberaler als äußerst unvorsichtige Äußerung und formulierte in einem Brief an einen seiner Freunde: „Du weißt wie leidenschaftlich ich Preußen liebe, höre ich aber einen so flachen Junker, wie diesen Bismarck von Eisen und Blut prahlen, womit er Deutschland unterjochen will, so scheint mir die Gemeinheit noch durch Lächerlichkeit überboten." [40]

Doch im Laufe der Zeit müssen Bismarcks politische Argumente Treitschke dann überzeugt haben. Es galt, mit Hilfe des Historikers nun um das Vertrauen des Volkes zu werben und zugleich die Kleinstaaten als „natürliche Bundesgenossen Preußens" zu überzeugen.

Darüber hinaus unternahm Bismarck jetzt den letzten Versuch, Bayern auf seine Seite zu ziehen, ohne dessen Beziehungen zum Zaren und zu Napoleon diplomatisch stärker als für eine Umsetzung seiner Politik notwendig zu belasten.

Im August 1863 hatte Kaiser Franz Joseph alle deutschen Fürsten zur Beratung nach Frankfurt am Main eingeladen. Er selbst übernahm den Vorsitz dieses Dynasten-Kongresses und hoffte, die angespannte Situation zu seinen Gunsten entschärfen zu können. Sein

Heinrich von Treitschke

Vorschlag, ein Direktorium von fünf Fürsten sollte gebildet werden und einem Parlament aus Kammerdelegierten vorstehen, wurde von der Mehrzahl der deutschen Fürsten befürwortet und angenommen. Damit würde der Deutsche Bund auf eine groß-föderalistische Basis unter der Führung Österreichs gestellt werden. Der Vorschlag war jedoch eine Nebelkerze, in Wirklichkeit war Österreich an einem echten Ausgleich nichts gelegen. Bismarck widersprach auch sofort, denn in dem vorgeschlagenen Fünferdirektorium hätte Preußen jederzeit überstimmt werden können. Er argumentierte, nur eine Zweierspitze käme für einen Chancenausgleich in Frage.

Mit kühner Überzeugungskraft brachte der Ministerpräsident den preußischen König dazu, seine Unterschrift unter eine Absage seiner Teilnahme am Kongress zu setzen. Dabei brach der König jedoch mit einem Weinkrampf zusammen. Bismarck wusste, welche dynastische Solidarität der König gegenüber seinen regierenden Confratres empfand. Mit diesem Boykott des Fürstentages war der österreichische Vorschlag vom Tisch.

Wäre der Reformvorschlag verwirklicht worden, hätte der Krieg zwischen Preußen und Österreich vielleicht verhindert werden können und selbst möglicherweise der Krieg 1870 gegen Frankreich.

Die Tragik lag jedoch nicht in einer verpassten Chance, sondern darin, dass es diese Chance in der Realität nie gegeben hatte. Eine großdeutsche Lösung war längst überholt. Die unterschiedlichen Positionen der Länder lagen in der Realität viel zu weit auseinander.

Intensiv hatte sich Bismarck dafür eingesetzt, im Vorfeld des Krieges die beiden kontinentalen Großmächte Frankreich und Russland von einer Intervention abzuhalten.

Napoleon III. sah jedoch eine von Bismarck längst erwartete Chance, sich nochmals in Spiel zu bringen, indem er einen Kongress der europäischen Großmächte und der am Konflikt Beteiligten vorschlug. Alle strittigen Punkte um die Herzogtümer Schleswig und Holstein sollten auf dem Verhandlungswege gelöst werden. Nach einigen zunächst erfolglosen Versuchen gelang es Napoleon III. dann tatsächlich, England und Russland dafür zu gewinnen. Am 24. Mai 1866 ergingen Einladungen an Österreich, Preußen, Italien und den Deutschen Bund. Mit der ausdrücklichen Einladung an den Bund sollte dessen völkerrechtliche Selbstständigkeit betont werden. Ohne sich mit Preußen und Österreich vorher verständigt zu haben, schlugen die Initiatoren vor, die Schicksalsfrage Schleswig-Holstein, sowie die Italien-Frage und die Reform des Deutschen Bundes auf die Tagesordnung zu setzen.

Bismarck war sofort klar, dass ein solcher Kongress den Zielen Preußens nicht entgegenkam. Es konnten nur Kompromisse vorgeschlagen werden, die auf einen status quo herausliefen. Andererseits war es selbstverständlich, dass Preußen nicht als Boykotteur agieren durfte. Preußen würde dann in aller Augen diejenige Macht sein, die die bestehende friedliche Ordnung einseitig und ohne Rücksichtnahme auf jegliche internationalen Interessen brechen würde.

Österreich dagegen kam der Kongress zunächst gelegen. Das Land trat für die bestehende Ordnung und für eine internationale Interessenslage ein, zumal eine Diskussion der „Italienischen Frage" für das Kaiserreich nur von Vorteil sein konnte. Allerdings machte Österreich im Wissen um seine militärische Stärke seine Teilnahme abhängig von der Bedingung, dass sämtliche Kongressteilnehmer keiner territorialen Vergrößerung und keinem Machtzuwachs irgendeiner Seite zustimmen dürften.

Taktisch war dieses Vorgehen Österreichs Bismarck äußerst willkommen – es befreite Preußen von der Sorge einer gemeinsamen Intervention der übrigen europäischen Mächte. Die von den Kongressteilnehmern verlangte Zusage versetzte Österreich jedoch in die Position des Staates, der sich jeglicher internationaler Kooperation zur Überwindung aller gemeinsamen Spannungen und Krisen widersetzte, was dem Land absolut negativ ausgelegt wurde.

Österreich wiederum hegte jetzt die Befürchtung, auch von dem Kongress in die Defensive gedrängt zu werden. Für das Kaiserreich schien demzufolge die Entscheidung für einen entschlossenen Angriff die beste Verteidigung zu sein; es wollte keine fragwürdigen Kompromisse mehr eingehen. Daher lehnte die österreichische Regierung am 1. Juni 1866 die Einladung und den Konferenzplan ab und tat damit den ersten Schritt zum Krieg.

In einer offiziellen Erklärung des österreichischen Gesandten von Kübeck im Frankfurter Parlament legte das Kaiserreich die Entscheidung über das Schicksal der Herzogtümer jetzt in die Hände des Bundestages. Damit hatte sich Wien von jeder denkbaren Politik des Ausgleiches mit Preußen losgesagt.

Preußens Resonanz ließ nicht lange auf sich warten. Mit einem Erlass an die jeweiligen Gesandten der Mächte London, Paris, Florenz und St. Petersburg sowie an den bayerischen Gesandten und an den Bundestagsgesandten beantwortete Bismarck das Vorgehen der österreichischen Regierung mit der offiziellen Mitteilung, dass er darin eine Provokation sähe, den Krieg zu erzwingen. Gleichzeitig legte er in Frankfurt einen Plan für eine Bundesreform vor, die den Ausschluss Österreichs aus dem Bund und eine Herrschaftsteilung im Bund zwischen Bayern und Preußen vorschlug. Dieser Vorschlag beinhaltete eine diplomatisch verklausulierte Forderung auf die Erwerbung Schleswig-Holsteins und war sozusagen eine Kriegserklärung an Österreich.

Gideon Krismanić, österreichischer General

Krieg gegen das Kaiserreich Österreich

In Österreich hatte der Verfall der Finanzen, bedingt durch den verlustreichen Krieg in Italien sowie den Krim-Krieg, dazu geführt, dass das Land seine Schulden nicht mehr bezahlen konnte, was zu einem Vertrauensverlust bei den europäischen Großbanken führte.

Diese trostlose Finanzsituation des Kaiserreichs blieb auch Bismarck nicht verborgen. Aufmerksam hatte er registriert, dass bereits im März 1865 die Truppen in Venetien stark verringert worden waren, und in der Folge der Wiener Reichsrat auch den Heeresetat von 105 auf 86 Millionen Taler reduzierte. Ausgetragen wurde die Misere auf dem Rücken des kaiserlichen Heeres, der einzigen völkerverbindenden Institution des Vielvölkerstaates.

Der strikten allgemeinen Wehrpflicht Preußens stand in Österreich eine korrupte Wehrdienstbefreiung der reichen Schichten entgegen. Zudem musste die auf acht Jahre festgelegte Wehrpflicht aufgrund fehlender Mittel im Kaiserreich auf zwei bis drei Jahre verkürzt werden. Nur die Kavallerie konnte noch längere Zeit dienen. Der Erfolg war, dass die beiden Länder Österreich, mit einer Einwohnerzahl von immerhin 35 Millionen, und Preußen, mit nur 18 Millionen, über eine nahezu gleiche Militärstärke verfügten.

Das preußische Heer war außerdem dem österreichischen gegenüber nicht nur mit seinem Hinterlader-Zündnadelgewehr überlegen. Auch in der Ausbildung und taktischen Schulung der Soldaten und vor allem durch ein besser motiviertes Offizierskorps bestanden große Unterschiede. Hinzu kam auf preußischer Seite der Wunsch der Menschen nach einem starken, geeinten Staat, der einher ging mit einem sich immer weiter ausweitenden Nationalbewusstsein. König Wilhelm I. konnte somit dem deutschen Volk zu Beginn des Krieges das Zukunftsbild eines geeinten Deutschlands präsentieren, während Kaiser Franz Joseph nur auf eine ruhmreiche Vergangenheit und ererbte Rechte zurückzublicken vermochte.

Das österreichische X. Korps
schlägt das preußische I. Korps ins Gebirge zurück

Mit der Ausarbeitung des Operationsplanes für den Krieg gegen Preußen wurde vom Kaiser für die Nordarmee Generalmajor Gideon Ritter von Krismanić bestellt.

Der österreichische Historiker Friedjung fällte später ein vernichtendes Urteil über den General. Er habe im Geist einer völlig veralteten Strategie seinen Generalstabsplan auf dem 100 Jahre zurückliegenden Siebenjährigen Krieg aufgebaut: „In einer Zeit, da in Österreich wenig Wert auf die Pflege der Theorie der Kriegskunst gelegt wurde, galt er für einen gelehrten General". [41] So ordnete Krismanić an, dass die Nordarmee nordwestlich der Festung Olmütz ihre Verteidigungsstellung gegen einen erwarteten Flankenstoß der preußischen Armee aus Schlesien zu beziehen habe. Damit hatte er in der Tat der Nordarmee jegliche offensive und moderne Handlungsmöglichkeit verbaut.

Zum Armeekommandanten wurde Feldzeugmeister Ritter von Benedek vom Kaiser bestimmt, ein tapferer, erfahrener, raubeiniger General, wenn auch nicht frei von Eitelkeit, der mehr ein Truppenführer als ein Armeeführer war.

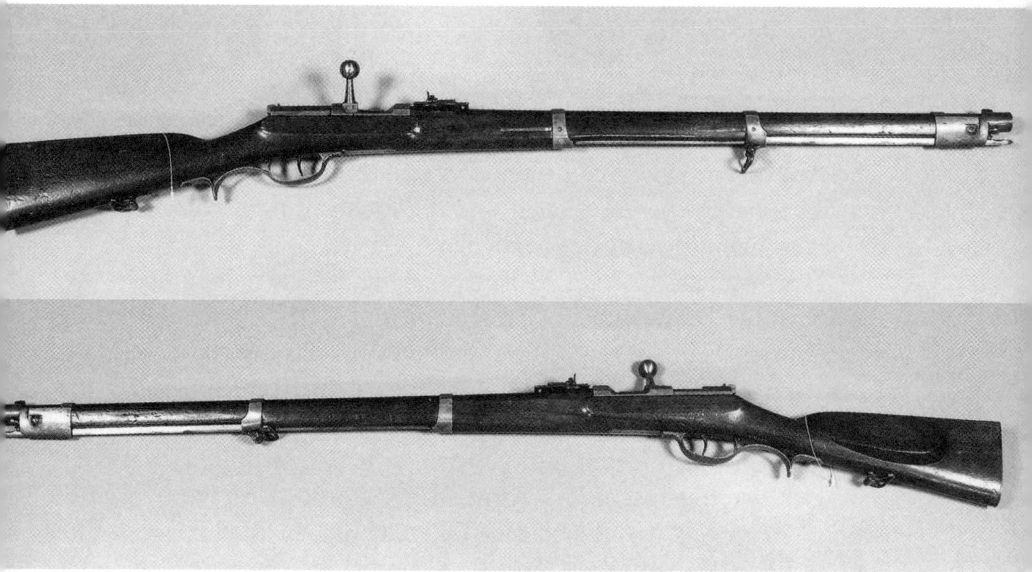

Das Zündnadelgewehr
mit doppelter Feuergeschwindigkeit

Der Chef des preußischen Generalstabes Moltke schlug dem König vor, drei Armeen in Böhmen aufmarschieren zu lassen: Die I. Armee unter dem Prinzen Friedrich Karl von der Lausitz aus, mit drei Armeekorps und einem Kavalleriekorps. Die II. Armee unter dem Kronprinzen Friedrich Wilhelm von Schlesien aus, mit vier Armeekorps und einem Kavalleriekorps. Und die III. Armee, die Elbarmee, unter General Herwarth von Bitterfeld von Sachsen aus, mit drei Divisionen und zwei Kavalleriebrigaden.

Benedek beabsichtigte, sich wie ein Keil zwischen die noch getrennt aufmarschierenden preußischen Armeen zu schieben und diese einzeln vor einer Vereinigung zu vernichten. Außerdem ordnete er die Verlegung der Nordarmee auf die Hochfläche nördlich der Elblinie Josefstadt - Königgrätz an. Nach anstrengendem Marsch erreichte die Nordarmee am 29. Juni 1866 mit der Mehrzahl ihrer Truppen den Elbraum. Damit stand sie strategisch günstig zwischen den von drei Seiten anrückenden deutschen Armeen.

Die II. Preußische Armee hatte allerdings Zeit bei der Überquerung der Gebirgspässe verloren. Auch die I. Armee war aus der Befürchtung heraus, auf überlegene Feindkräfte zu stoßen, äußerst vorsichtig vorgegangen und traf spät ein.

Bevor jedoch Benedek seine Chancen erkannte, die II. Preußische Armee vor ihrer Vereinigung zu schlagen, war die Armee Friedrich Karls bereits herangezogen und der nichtgenutzte Vorteil der österreichischen Nordarmee verstrichen.

Dem österreichischen X. Korps gelang es, das I. Preußische Armeekorps bei Trautenau ins Gebirge zurückzuwerfen, doch der Erfolg wurde unwirksam, als das V. Preußische Korps das österreichische VI. Korps bei Nachrod schlagen konnte, das sich daraufhin hinter die Elbe zurückzog. Benedeks Hoffnung, jenseits der Elbe im weiten Bogen die Front nach Osten und Norden zu halten, erfüllte sich nicht.

Das österreichische IV. Armeekorps wurde dann vom preußischen V. Armeekorps geschlagen. Die nächtlichen Rückzugsgefechte hatten die österreichischen Truppen erheblich geschwächt.

Die ersten Kämpfe brachten den österreichischen Truppen schwere Verluste bei. Gegen die überlegenen preußischen Hinterladergewehre erwies sich die Taktik der Österreicher, mit geschlossenem Bajonettangriff vorzugehen, als machtlos. Die Bewaffnung der preußischen Infanterie war, wie bekannt, der österreichischen haushoch überlegen.

Der österreichische Vorderlader, das Lorenz-Gewehr, Muster 1854, hatte einen gezogenen Lauf und eine Perkussionszündung. Seine Reichweite betrug 750 Meter, wobei es das preußische Zündnadelgewehr mit einer solchen von 600 Metern leicht übertraf. Außerdem war es ballistisch durch geringere Streuung überlegen.

Dennoch erwies sich das preußische Dreyse Zündnadelgewehr durch seine doppelte Feuergeschwindigkeit als enormer Vorteil. Fünf bis sieben Schuss konnte das preußische Zündnadelgewehr in der Minute abgeben, außerdem war es als Hinterlader auch bequem im Liegen oder Sitzen zu laden. Auch wenn stets die Gefahr bestand, dass die feine Zündnadel leicht brach, erlitten die österreichischen Angriffskolonnen beim Einsatz dieser Waffe schwere Verluste. Dagegen erwies sich die größere Schutzdistanz des österreichischen Vorderladers bei den Angriffen mit aufgepflanztem Bajonett als nicht ausschlaggebend. Regelmäßig brachen die Angriffe der österreichischen „Divisionsmassenkolonnen" 100 Schritte vor den preußischen Linien unter höchsten Verlusten zusammen. Noch am 28. Juni gab Benedek daraufhin die Weisung an seine Truppen heraus, die Bajonettangriffe einzustellen, doch die in der Truppe vertraute Taktik konnte nicht mehr kompensiert werden.

Der Rückschlag der preußischen Armee bei Trautenau und der zögerliche Anmarsch Friedrich Karls waren durch die Überlegenheit der preußischen Bewaffnung und Feuertaktik ohne Folgen geblieben. Am 29. Juni stand die Armee des Kronprinzen an der Elbe mit dem Ziel, den Fluss in Richtung Gritschin zu überqueren. Auch die Armee Friedrich Karls konnte ihren Vormarsch in den Raum Gritschin fortführen.

Am 30. Juni war das Große Hauptquartier – so wurde der König und sein Generalstab bezeichnet – von Berlin nach Böhmen gezogen. Noch auf dem Weg dorthin hatte Moltke telegraphisch befohlen, die II. Armee habe sich am Ufer der Elbe zu behaupten, wogegen die I. Armee in Richtung Königgrätz marschieren sollte. An der rechten Flanke des Vormarsches solle General von Bitterfeld vorgehen und später angreifen. Dadurch wollte Moltke einer Massierung seiner Armeen vorbeugen, die eine gegenseitige Behinderung zur Folge gehabt hätte.

Als Moltke am Abend des 1. Juni in Gritschin eintraf, fand er folgende Situation vor: Der Feind war in allen Gefechten zurückgeworfen worden. Doch hatten die Preußen trotz der Überlegenheit die Fühlung zum Gegner verloren, denn es stellten sich Nachschubschwierigkeiten bei ihren Armeen ein. Friedrich Karl war mit seiner Armee nicht wie befohlen direkt auf Königgrätz vorgerückt, sondern mehr nach Südosten vorgedrungen. Moltke wiederholte dann seinen Befehl an die Armee des Kronprinzen, am Nordostufer der Elbe zu verbleiben, da die preußische I. Armee die Elbe in Teilen bereits überschritten hatte. Mit genialem Weitblick schuf Moltke dadurch die Voraussetzung für ein operatives Zusammenwirken der Armeen und legte damit die Grundlage für die Schlacht bei Königgrätz.

Entscheidung bei Königgrätz am 3. Juli 1866

Benedeks Truppen waren durch die vorausgegangenen schweren Verluste entmutigt und sollten hinter die Elbe zurückgeführt werden. Als Benedek am 1. Juli in Königgrätz eintraf, musste er den Zusammenbruch seiner Armee schon vor Augen gehabt haben, denn erschüttert sandte er ein Telegramm an den Kaiser: „Bitte Eurer Majestät dringend um jeden Preis Frieden zu schließen; Katastrophe für Armee unvermeidlich." [42] Benedeks Vorhaben war es dann, die Höhenzüge bei Chlum und Lipa jenseits der Elbe zur Stellung auszubauen. Als jedoch seine Truppen nach einer Ruhepause wieder Zuversicht gefasst hatten, und auch die Preußen wider Erwarten nicht nachgerückt waren, fasste Benedek den Entschluss, in den Stellungen westlich der Elbe zu verbleiben und sich dem Feind in geschlossener Abwehr mit dem Fluss im Rücken zu stellen. Sein Befehl an die Truppe lautete: „Die Armee bleibt morgen in ihrer Aufstellung!"

Genau darauf hatte Moltke seine Strategie aufgebaut. Er erkannte jedoch im Gegensatz zum Oberkommando der Armeen, dass hier nicht eine Schlacht mit Teilkräften zu schlagen sei, sondern dass die gesamte preußische Streitkraft konzentriert eingesetzt werden müsste, nach seinem Motto: „Je moralisch schwächer sich der Angreifer zeigt, umso dreister muss der Angreifende werden. Zu einer Teilung der Macht hat der Angreifende, der auf eine große Entscheidung ausgeht, selten Veranlassung. Er soll also mit seinen Kolonnen nur in solcher Breite vorrücken, dass alle zugleich schlagen können." [43]

So sollte es zur bisher größten Schlacht des 19. Jahrhunderts kommen. Angreifer und Verteidiger waren mit je fast 200.000 Mann etwa gleich stark. Die österreichischen Streitkräfte standen in einer ungefähr acht Kilometer breiten Linie eng massiert, bis zu fünf Kilometer tief gestaffelt. Dagegen hatte Moltke dafür gesorgt, dass die preußischen Truppen in breiter halbkreisförmiger Aufstellung konzentriert

Ludwig von Benedek, österreichischer General

Begegnung Wilhelms I. mit seinem Sohn Kronprinz Friedrich Wilhelm nach der Schlacht bei Königgrätz

auf den Gegner zustoßen konnten. Der österreichische Generalstab machte jedoch den Fehler, seinen Truppen nicht den Befehl zu geben, die rückwärtigen Stellungen der Bergregion zwischen Horenowes und Maslowed zu besetzen. Dort hätte die starke österreichische Artillerie mit großer Wirkung eingesetzt werden können. Benedeks Plan war es aber, die Zentralstellung seiner Armee so zu wählen, dass diese sich als erste der Armee Friedrich Karls zuwenden konnte. Seine Artillerie würde seine Trumpfkarte sein, die den Gegner so weit schwächen sollte, dass für seine Reserven die Möglichkeit bestünde, mit einem Angriff dann einen Durchbruch zu erzwingen. Damit wollte er der fürchterlichen Wirkung der Zündnadelgewehre ausweichen.

Am Morgen des 3. Juli begann jedoch die Schlacht mit dem Vorstoß der preußischen I. Armee auf Sadowa und einem zusätzlichen Flankenangriff der Elbarmee. Der Frontalangriff der I. Armee traf im Hola- und Swiepwald auf erbittertem österreichischen Widerstand. Benedeks Taktik mit dem Einsatz der Artillerie schien aufzugehen.

Die preußischen Truppen wurden durch das massive Kanonenfeuer stark dezimiert. Stundenlang kam der Angriff der I. Armee keinen Schritt vorwärts. Das Kriegsglück wandte sich scheinbar der österreichischen Seite zu. Demoralisierte preußische Bataillone zogen sich bereits zurück. Ein Sieg der Nordarmee zeichnete sich ab. Benedek zog die Konsequenz und stellte gegen Mittag auch seine Armeereserven zu dem entscheidenden Angriff bereit. Die sollte den Durchbruch durch die preußischen Linien erzwingen und im Rücken der feindlichen Armee den Sieg erfechten. Da kam plötzlich die Nachricht vom Herannahen der II. Preußischen Armee. Benedek erkannte sofort die Gefahr für seine rechte Flanke, die nach den Frontalkämpfen mit der I. Armee nur noch schwach gedeckt war. Hektisch musste Benedek jetzt umgruppieren, um seine Armeereserve der II. Preußischen Armee entgegenzustellen.

Und erneut war es die fürchterliche Wirkung der gegnerischen Zündnadelgewehre, die den Kampf der Österreicher letztlich unter hohen Verlusten zusammenbrechen ließ. Kurz nach 15 Uhr war die Schlacht an den Flanken entschieden. Elbarmee und II. Armee konnten sich in einem Zangenangriff vereinigen.

Dezimiert zog sich daraufhin das österreichische Heer in Richtung Königgrätz zurück. Zwei österreichische Kavalleriedivisionen sicherten mit ihrem mutigem Eingreifen noch einen fast geordneten Rückzug. Entscheidend dazu beigetragen hatte der Einsatz der österreichischen Kanoniere, die gegen 16 Uhr in einer Linie aus 170 Geschützen mit gezieltem Feuer die Preußen bis zum Einbruch der Nacht aufhielten.

Friedensbemühungen

Doch noch war der Krieg nicht entschieden. Die österreichische Nordarmee hatte zwar eine Schlacht verloren, war aber noch längst nicht vernichtet. Die Regierung in Wien und der Kaiser schwankten zwischen der Fortführung des Krieges und einem Friedensangebot. Noch stand der Landsturm zur Verteidigung und zur Unterstützung des Heeres zur Verfügung. Außerdem waren bereits Teile der Südarmee in Eilmärschen in Richtung des Schlachtfeldes auf dem Weg und konnten in Kürze eintreffen.

In Preußen dagegen riet Kanzler Bismarck in weiser Voraussicht, den Krieg aus zwei Gründen nicht bis zum äußersten weiterzuführen. Zum einen war das Eingreifen anderer Großmächte zu befürchten. Das alleine auf sich gestellte Preußen hätte dann erhebliche Probleme bekommen. Zum anderen wollte Bismarck den Vielvölkerstaat Habsburg nicht aus den Fugen geraten lassen. Die Folgen wären nicht absehbar gewesen. Zudem gab der Kanzler zu bedenken, dass man das Brudervolk Österreich demnächst noch als Verbündeten brauchen könnte.

Mit diesen Argumenten gelang es ihm letztlich, seinen König, der sich schon an der Spitze des siegreichen Einzuges in Wien gesehen hatte, zu einem Waffenstillstand zu überreden. Bismarck wusste, dass Österreich eine solche Kränkung niemals vergessen hätte und außerdem durch die intakte Südarmee und mit der Hilfe Frankreichs eine lebensbedrohende Gefahr für Preußen entstehen würde. Diplomatisch formulierte er: „Der siegreiche Einzug des preußischen Heeres in die feindliche Hauptstadt wäre für unser Militär natürlich eine befriedigende Erinnerung gewesen, für unsere Politik war er kein Bedürfnis." (44) Nachdem er sich durchgesetzt hatte, konnte er im versöhnlichen Tone später sogar Verständnis für den Wunsch des Königs aufbringen: „Im Geiste des Königs waren eben die militärischen Eindrücke damals die vorherrschenden, und das Bedürfnis, die bis dahin so glänzende Sie-

Graf Robert von der Goltz

geslaufbahn fortzusetzen, war vielleicht stärker als die politischen und diplomatischen Erwägungen." [45]

König Wilhelm, wie alle Monarchen vor ihm, wollte sich jedoch nach dem Krieg nicht mit der Eroberung in Norddeutschland begnügen; er wollte auch österreichische und bayerische Gebiete annektieren. Besonders bestand er darauf, die ehemaligen Gebiete der Hohenzollern, Ansbach und Bayreuth, zurückzugewinnen. Seine Generäle waren der selben Ansicht.

Bismarck trat jedoch entschieden dagegen auf. Am 9. Juli schrieb er an seine Frau: „Uns geht es gut, wenn wir nicht übertrieben in unseren Ansprüchen sind und nicht glauben, die Welt erobert zu haben, so werden wir auch einen Frieden erlangen, der die Mühe wert ist. Aber wir sind ebenso schnell berauscht und verzagt, und ich habe die undankbare Aufgabe, Wasser in den brausenden Wein zu gießen und geltend zu machen, dass wir nicht alleine in Europa leben sondern mit noch drei Nachbarn." [46]

Wie schwer es für Bismarck war, seinem König auch weitere Annexionen auszureden, schrieb er am 20. Juli an den preußischen Botschafter am Französischen Hof, von der Goltz, der es seinerseits meisterlich verstanden hatte, den – allerdings schwerkranken – französischen Kaiser von Einmischungen abzuhalten: „Der König schlägt die Bedeutung des norddeutschen Bundesstaates geringer an als ich und legt demgemäß allen Wert auf Annexionen. Der König hat, wie ich zu Ihrer ganz intimen persönlichen Direktive mitteile, geäußert, er werde lieber abdanken als ohne bedeutenden Landerwerb für Preußen zurückkehren. Und er hat heute den Kronprinzen hierher gerufen. Ich bitte Eure Exzellenz auf diese Stimmung des Königs Rücksicht zu nehmen." [47]

Dem Wunsch Napoleons III. folgend machte das preußische Heer an der Donau Halt. Der Waffenstillstand mit Österreich begann am 22. Juli und war für fünf Tage vorgesehen. Tatkräftige Unterstützung fand Bismarck dann beim Kronprinzen Friedrich Wilhelm, obwohl dieser zuvor sein Gegner war. Der Kronprinz erkannte das Ideal des Kanzlers, das Volk zu einigen, als sinnvoll an und stellte sich auf Bismarcks Seite gegen seinen Vater. „Die Zeit ist derartig", schrieb er, „daß um zu großen Zielen zu gelangen Partei- und Personalrücksichten zurücktreten müssen, wenn es gilt, dem großen und ganzen des Vaterlandes Nutzen, Heil und Stärke zu verschaffen." [48]

Für den Preis einer weitest möglichen Schonung des besiegten Österreichs musste Bismarck am 26. Juli 1866 im fürstlichen Dietrichstein'schen Schloss in Nikolsburg mit seinem König dann die heftigste Auseinandersetzung durchstehen.

Nur seiner Standhaftigkeit war es zu verdanken, dass einer der maßvollsten Friedensschlüsse der jüngsten Geschichte zustande kam. Welche großen Schwierigkeiten zu überwinden waren, geht aus den Tagebuchaufzeichnungen des Kronprinzen hervor: „Gestern hat Bismarck in meiner Gegenwart geweint über die harten Dinge, die seine Majestät ihm gesagt hat, so daß ich Bismarck beruhigen mußte. Aber letzterer sträubte sich förmlich zu seiner Majestät wieder hineinzugehen. Ich mußte mithin den König sowohl wie Bismarck aussöhnen und ihnen wechselseitig Mut zusprechen.“ [49]

Es mag sein, dass das Auftreten von Cholera im preußischen Heer den Wunsch Bismarcks nach einem moderaten Frieden noch beschleunigt hat.

Die Waffen auf dem böhmischen Kriegsschauplatz schwiegen bereits, als die Kämpfe von Kontingenten der preußischen Mainarmee gegen Truppen des Deutschen Bundes noch voll im Gang waren. General Eduard von Falkenstein trat am 15. Juni 1866 mit drei Divisionen, die bei Altona, Minden und Wetzlar standen, an; zuerst in der Offensive gegen die Hannoversche Armee, dann gegen die Kurhessische Armee. Die mangelhaft ausgebildeten und schlecht bewaffneten Truppen Hessens und Hannovers warteten in Göppingen auf das Süddeutsche Korps des Deutschen Bundes, denn ohne dieses hatten sie keine Chance, gegen die Mainarmee zu bestehen. Dann jedoch flohen die Kurhessischen Truppen mit der Eisenbahn nach Mainz, was die Hannoverschen Soldaten bewog, schleunigst in Richtung Thüringen abzumarschieren. Dort wurden sie jedoch am 27. Juni von der Mainarmee eingeschlossen und mussten sich ergeben.

Danach konnte sich die Mainarmee den süddeutschen Kontingenten des Deutschen Bundes zuwenden und rückte auf Fulda vor. Dort sollten sich das VII. und VIII. Korps des Deutschen Bundes vereinigen. In den Gefechten bei Dermbach am 4. Juli und bei Bad Kissingen am 10. Juli wurde das VII. Bundeskorps geschlagen. Das gleiche Schicksal ereilte das VIII. Korps am 14. Juli bei Aschaffenburg. Endgültig zerschlagen wurden die beiden Bundeskorps dann bei Tau-

Bismarcks gutes Omen

berbischofsheim und Roßbrunn. Daraufhin herrschte auch auf dem süddeutschen Kriegsschauplatz ein allgemeiner Waffenstillstand.

Österreich bezahlte den Krieg gegen Preußen mit 10.404 Toten, 6.200 Vermissten, die wohl auch zu den Toten gerechnet werden mussten, und mit 30.300 Verwundeten [50].

Der Niederlage Österreichs und seiner Verbündeten folgte der Ausschluss des Kaiserreiches aus dem Deutschen Bund. Das Land wurde darüber hinaus gezwungen, der Auflösung des Deutschen Bundes ausdrücklich zuzustimmen. Außerdem musste Österreich Venetien an Frankreich abtreten.

Preußen dagegen annektierte Schleswig-Holstein, Hannover, Nassau und Kurhessen.

Die Staaten nördlich der Mainlinie schlossen sich nach dem Krieg zum Norddeutschen Bund zusammen.

Am Ende der ereignisreichen Schlacht von Königgrätz sei noch eine kleine Anekdote erwähnt: Bei Bismarck hatten sich vor dem Kampf noch Zweifel eingestellt, ob Preußen militärisch auch wirklich stark genug sei, das österreichische Heer zu schlagen. Bei einem Treffen mit

Moltke äußerte er diesem gegenüber seine Bedenken. Dabei reichte er dem Generalstabschef sein Zigarrenetui. Moltke entnahm daraus gleich zwei der besten Zigarren. Bismarck wertete dieses als gutes Omen, wie er später einmal Moltke gegenüber gestand. [51]

Seeschlacht von Lissa

Als der Krieg zu Lande sich schon seinem Ende zuneigte und sich Österreichs Niederlage bereits abzeichnete, wurde das Vertrauen in die militärische Tüchtigkeit des Kaiserreiches durch einen großen Seesieg gegen Italien wieder gestärkt. In den Gewässern vor der dalmatinischen Insel Lissa kam es zum ersten Mal in der Geschichte zu einer Seeschlacht mit gepanzerten Riesenschiffen.

Die Mannschaften der österreichischen Flotte, die gegen die italienischen Schiffe zu kämpfen hatten, bestanden zumeist aus Venetianern und Dalmatinern. Da man diesen aufgrund ihrer Herkunft nicht traute, wurde die Zuverlässigkeit der österreichischen Flotte angezweifelt. Italien dagegen verfügte über eine vereinigte Flotte aus Schiffen der Königreiche Sardinien und Neapel. Zahlenmäßig war sie den österreichischen Seestreitkräften im Verhältnis 2 zu 1 überlegen. Infolgedessen kam die italienische Flotte unter Admiral Persano, ihres Sieges sicher, dem Befehl nach, das adriatische Meer vom Gegner zu säubern und diesen – wo auch immer – zu vernichten.

Noch im Kriegsjahr 1849/50 war die österreichische Flotte in einer kläglichen Verfassung gewesen. Sie bestand lediglich aus drei Fregatten und sechs Korvetten. Die restlichen Schiffe hatten aufständische Revolutionäre übernommen. Erst danach entstand aus der früheren venetianischen Kriegsmarine die des Kaiserreiches. Es war das Verdienst des Erzherzogs Maximilian Ferdinand, dem Bruder des Kaisers, der von 1854 bis zu seinem tragischen mexikanischen Unternehmen 1864 Flottenkommandeur war, die Grundlage für eine Kriegsflotte geschaffen zu haben. Er bestand auf dringend notwendigen Reformen und erkannte, dass die Zukunft der Kriegsmarine auf gepanzerten Dampfschiffen beruhte. Schon 1860 wurden die ersten beiden dieser neuen Riesenschiffe fertiggestellt, die „Drache“ und die „Salamander“, denen drei weitere folgen sollten. Die beiden größten dieser Gattung, die „Erzherzog Maximilian Ferdinand“ und die

Erschießung von Kaiser Maximilian I.

„Habsburg", lagen bei Ausbruch des Krieges 1866 noch auf der Werft in Triest.

Aus diesen Anfängen eine schlagkräftige Kriegsmarine zu formen, war dann das Werk Wilhelms von Tegetthoff. Er entstammte einer ursprünglich westfälischen Familie und wurde 1840 in die venetianische Militärakademie aufgenommen, die er mit den besten Zeugnissen seines Jahrganges 1848 abschloss. Zu Beginn der Revolution war er bereits Leutnant zur See. Verbittert über die Schwäche der kaiserlichen Marine schrieb er an seinen Vater, einen kaiserlichen Major: „Es ist wirklich ärgerlich und kränkend, daß das Kaisertum Österreich sich vor solchen Staaten wie Sardinien auf der See flüchten muss. Wenn sich jetzt nicht unsere Ansichten geändert hätten, wenn wir nicht die Hoffnung hegen könnten, dass sich unsere Marine um vieles vergrößern werde, ich hätte meinen Abschied genommen." [52] Damit wäre allerdings dem Kaiserreich einer seiner befähigtsten Admirale verloren gegangen. Doch der Abfall der venetianischen Offiziere, bedingt durch die Übergabe Venetiens an Frankreich, bot dem Deutschen rasche Beförderung.

1845 erhielt Tegetthoff den Auftrag, den wichtigen Hafen Sulina an der Donaumündung von allerlei Gesindel, das sich dort festgesetzt hatte, auf sich allein gestellt, zu befreien. Die nächste bedeutende Aufgabe bestand für den jungen Offizier darin, einen Hafenplatz für Österreich an dem gerade fertiggestellten Suezkanal in Ägypten zu erkunden. Er schlug seiner Regierung vor, die Insel Sokrota im Persischen Golf für 100.000 Taler vom Sultan zu kaufen, doch die Engländer kamen ihm zuvor. Mit 30 Jahren wurde Tegetthoff Korvettenkapitän und damit österreichischer Stabsoffizier.

1860 begleitete er den Erzherzog Maximilian Ferdinand und dessen Gattin Charlotte von Belgien aus nach Mexiko. Der Erzherzog hatte sich von Napoleon III. verleiten zu lassen, die Kaiserkrone von Mexiko anzunehmen. Als Amerika dann das begleitende französische Expeditionskorps unter Marschall Bazaine zwang, Mexiko wieder zu verlassen, konnte auch Kaiser Maximilan Ferdinand seine Stellung nicht halten. Er musste vor der überlegenen Militärmacht des Junta-Präsidenten Juarez kapitulieren und wurde mit zweien seiner Generale vor ein Gericht gestellt und 1866 erschossen. Seinen Leichnam überführte Tegetthoff auf dem Schiff „Novara" in die Heimat.

Tegetthoff selbst war bereits 1860 von Mexiko in die Heimat zurückgekehrt, wo man ihn ein Jahr später zum Linienschiffskapitän beförderte. 1862 wurde ihm als Kommodore das selbstständige Flottenkommando der Flottenabteilung in der Levante übertragen. Damit war er mit 35 Jahren der jüngste Linienschiffskapitän der österreichischen Marine.

Bei Ausbruch des Krieges gegen Dänemark konnte Tegettghoff am 9. Mai 1864 seine herausragende Befähigung als Flottenführer in der Seeschlacht vor Helgoland unter Beweis stellen. Von seinem Geschwader, das ursprünglich aus zehn Schiffen bestehen sollte, wurden allerdings acht Schiffe nicht rechtzeitig fertig, und so musste er mit nur zweien der dänischen Marine gegenübertreten. Doch er schaffte

Admiral Tegetthoff in der Seeschlacht von Lissa

sogar damit das Unmögliche, die dänische Blockade des Hamburger Hafens zu brechen. Der Lohn war die Beförderung zum Konteradmiral.

Trotz der maroden Finanzen des Kaisers unternahm der junge Admiral sodann die fast aussichtslose Anstrengung, die österreichische Kriegsmarine zu stärken und neue Schiffe zu bauen. Tag und Nacht war er mit eisernem Willen bemüht, in Häfen und auf Werften den Schiffsbau voranzutreiben und Matrosen auszubilden, die – wie bereits berichtet – vor allem aus Dalmatinern und Ventianern bestanden; diese galten als die besten Seeleute Europas. Jedes Schiff, das die Werft verließ, wurde sofort in Dienst gestellt und einer harten Gefechtsausbildung unterzogen.

Tegetthoffs Gegenspieler, der italienische Admiral Carlo di Persano, 1806 geboren, stand 1860 bei der Einnahme von Ancona, Gaeta und Messina an der Spitze des Geschwaders. 1862 war er Marineminister. Nach seinem Ausscheiden aus der Regierung ließ er sich zum Admiral befördern.

Die italienischen Schiffsgeschütze, die bereits Panzerungen durchschlagen konnten, waren denen der Österreicher, die nur vereinzelt aus 60-pfündigen Granatkanonen bestanden – alle übrigen verfügten über glatte Rohre mit 24-pfündigen Granatkanonen – weit überlegen.

Die preußische Regierung hatte die Ausfuhr der überragenden Krupp-Geschütze verboten.

Als das bisher allen anderen Kriegsschiffen überlegene italienische Panzerschiff galt die in England erbaute „Affondatore“. Erstmalig ausgestattet mit zwei Drehtürmen, die mit je einer 300-pfündigen Armstrongkanone mit gezogenem Lauf ausgerüstet waren, konnte sie nach allen Seiten feuern, ohne das Schiff – wie bei bisherigen Breitseiten – wenden zu müssen.

Tegetthoff war die Überlegenheit des italienischen Geschwaders bekannt, und es wäre verständlich gewesen, sein Geschwader nur für die Verteidigung der Küsten einzusetzen. Doch er vertraute seinem überlegenen strategischen Können und war bereit, sich einer Seeschlacht zu stellen. Dabei wusste er, dass er sich nicht auf einen Artilleriekampf einlassen durfte, denn dann wäre die Flotte verloren gewesen.

Natürlich musste auch er seine Kanonen einsetzen und lehrte die Kanoniere, die vorhandenen schwachkalibrigen Geschütze auf einen Punkt zu konzentrieren und eine Breitseite gleichzeitig zu feuern. Die Masse sollte ersetzen, was an Kraft fehlte. Seine Holzschiffe ließ er durch Ankerketten und Eisenstangen verkleiden, was jedoch nicht mehr als eine psychologische Wirkung auf deren Besatzung haben konnte. Seine Strategie war, die Schiffe in einem Stoßkeil in höchster Geschwindigkeit auf den Gegner zuzuführen, um durch einen solchen Angriff dessen bessere Geschütze zu unterlaufen. Der eiserne Bug seiner Panzerschiffe sollte auf die Seite der gegnerischen Panzerschiffe stoßen und diese rammen. In zahllosen Übungen unterwies er unaufhörlich die Besatzungen in dieser Taktik. Bisher war allerdings noch kein Fall bekannt, wo ein Panzerschiff auf diese Weise gerammt und damit zum Untergang gezwungen worden wäre. Seine Untergebenen jedoch vertrauten dem Genie ihres Admirals. Geschickt wollte er dann im Rückwärtsgang den eigenen Bug aus dem gerammten Schiff wieder befreien. Auch dieses Manöver mussten die Ingenieure und Maschinisten im Schlaf beherrschen. Ein gefährliches Unterfangen! So schrieb Tegetthoff zu Beginn des Krieges an seinen Bruder: „Die Italiener irren, wenn sie glauben, daß wir uns vor ihnen verkriechen würden. Kommen sie in unsere Gewässer werden wir sie bekämpfen und sollte unser letztes Trabakel (Küstenfahrer) an ihren Panzern zerschellen, wir werden wenigstens verstehen, ehrenvoll unterzugehen." [53]

Als Tegetthoff mit seinem Geschwader vor Ancona anlangte, hatten sich bereits elf italienische Panzerschiffe dort versammelt, woraufhin er wieder abdampfte. Die Italiener folgten ihm nicht, sie warteten auf ihre noch ausstehende Wunderwaffe, die „Affondatore". Daraufhin drohte der italienische Kriegsminister Depretis Admiral Persano mit seiner Ablösung, wenn er nicht endlich angriffe.

Am 16. Juli 1866 verließen 26 Schiffe der italienischen Flotte dann Ancona mit Kurs auf die Felseninsel Lissa, die am weitesten nach Süden in die Adria vorspringende Insel mit mehreren Häfen, auch das „Tor zu Venedig" oder das „Gibraltar der Adria" genannt. Persano begann sofort mit einem Angriff auf die österreichischen Hafenbesatzungen der Insel. Am 19. Juli traf auch die „Affondatore" ein; es gelang den Italienern jedoch nicht, die Hafengeschütze zum Schweigen zu bringen. In letzter Minute für die tapferen Verteidiger tauchte am Horizont dann die österreichische Flotte auf und näherte sich unter Volldampf der Insel. Tags zuvor war Venetien an Napoleon III. abgetreten worden. Tegetthoff hatte jedoch 800 venetianische Matrosen an Bord seiner Flotte. Würden die jetzt noch für Österreich kämpfen? So entschloss er sich, die Nachricht vorsichtshalber für sich zu behalten.

Tegetthoff stellte seine Flotte in drei Geschwadern auf: vorne die Panzerschiffe, dahinter die sieben größten Holzschiffe und am Ende die Kanonenboote. Sein Admiralsschiff die „Ferdinand Maximilian" nahm den Platz an der Spitze ein. In voller Schlachtordnung fuhr er dem Feind entgegen. Jeder seiner Kapitäne erhielt laufend Nachricht über die Stärke des jeweiligen Gegners.

Am Morgen der Schlacht, am 20. Juli, beschossen italienische Schiffe immer noch den Hafen von Lissa, als das Herannahen der Österreicher gemeldet wurde. Der italienische Admiral stellte daraufhin in aller Eile seine 34 Schiffe, darunter 12 Panzerschiffe, im Halbkreis vor dem Hafen auf, alle Breitseiten auf den Gegner gerichtet. Allerdings hielt der Befehlshaber der italienischen Holzschiffe mit ihren 400 Kanonen – trotz des Befehles sich einzureihen – seine Flotte in sicherer Entfernung zurück.

Tegetthoff fuhr dann unter Volldampf in drei Keilen im spitzen Winkel auf den Gegner zu, wobei die Keile ineinander verschoben waren und so eine wuchtige Masse bildeten, die die feindliche Schlachtlinie zerschneiden sollte. Seine Taktik war für den Feind neu und überraschend. Im Nordwesten der Insel Lissa trafen jetzt auf engstem Raum 60 Schiffe mit 1.200 Kanonen und 18.200 Mann Besatzung aufeinander. Tegetthoff vertraute darauf, mit Geschwindigkeit den gefährlichen Raum in Reichweite der gegnerischen Kanonen zu durchbrechen. Seine schwachen Kanonen wären an der Panzerung des Gegners unwirksam abgeprallt. Das Signal an seine 27 Schiffe war: „Panzerschiffe, den Feind rammen und zum Sinken bringen."

Kurz vor dem Angriff auf seine in fünf Kilometer langer Reihe aufgestellten Schiffe hatte Admiral Persano von seinem Admiralsschiff „Ré d'Italia" auf die langersehnte „Affondatore" gewechselt. Unterhalb der Wasserlinie war an deren Bug ein neun Meter langer stählerner Sporn angebracht, und jedes Schiff, das von diesem Sporn gerammt würde, wäre rettungslos dem Untergang geweiht. Der Wechsel des Admirals auf die „Affondatore" war jedoch ein gravierender

Seeschlacht von Lissa

Schlachtschiff „Affondatore"

Fehler und stiftete Verwirrung, denn dieses Schiff hatte keine Admiralsflagge an Bord, und somit konnten Befehle nicht mehr signalisiert werden.

Die Spitze der österreichischen Flotte drang jetzt tief in die Linie der Italiener ein. Pulverdampf nahm den Verteidigern die Sicht. Wie Lord Nelson bei Trafalgar, hatten die Österreicher die Verteidigungslinie der Italiener tatsächlich durchtrennt. Daraufhin bildeten sich bei den Österreichern zwei Zentren. In einem kämpfte Tegetthoff, in dem anderen heldenhaft und todesmutig Vizeadmiral von Petz mit seinen Holzschiffen gegen die Übermacht der gepanzerten Riesen. Die Schiffe fuhren aufeinander los, um sich in der Flanke des Gegners einzubohren, wichen dann einem Stoß vorsichtig aus und glitten aneinander vorbei. Dabei gaben sie Breitseiten aufeinander ab. Wer war in dem Getümmel Freund, wer war Feind? Allerdings hatte Persano seine Schiffe mit einem gleichmäßigen grauen Anstrich versehen; so hoben sie sich von den schwarzen der Österreicher ab. Die österreichischen Kanonenboote konnten den gepanzerten italienischen Riesen zwar nichts anhaben, lenkten diese jedoch von weiteren Angriffen

Untergang der „Ré d'Italia" nach Rammstoß

ab und erfüllten so ideal ihre Aufgabe. Eine Taktik, die in der Schlacht von Lissa geboren wurde.

Die Entscheidung fiel dann in Tegetthoffs Zentrum. Schiffe wurden getroffen und brannten, rammten einander und zogen sich wieder zurück. Als das Admiralsschiff „Ré d'Italia" dann vom Bug der 4.500 Tonnen schweren „Ferdinand Maximilian" krachend in die Seite getroffen wurde, wodurch ein 16 Meter großes Loch in der Seitenwand entstand, sank das 5.700 Tonnen Schiff mit wehender Flagge auf den Meeresboden. Nach eineinhalbstündiger Seeschlacht gab Tegetthoff den Befehl zum „Sammeln". Die österreichischen Schiffe drehten daraufhin ab, und Persano wähnte sich schon als Sieger.

Doch nochmals kam der mächtige Keil dann auf den Gegner zu. Verzweifelt versuchte der italienische Admiral, seine abseits stehenden Holzschiffe jetzt mit in die Schlacht zu führen. Aber von der „Affondatore", die nicht als Admiralsschiff erkannt wurde, nahm der Befehlshaber der Holzschiffe keine Befehle entgegen. Gleichzeitig meldeten mehrere italienische Schiffe ihre Kampfunfähigkeit. Entmutigt zog sich der Rest der Flotte in die Gewässer westlich der Insel Lissa zurück.

Tegetthoff schien noch kurz an eine Verfolgung gedacht zu haben, doch die Gefahr der auf Distanz übermäßig wirksamen gegnerischen Kanonen, sowie die zur Neige gehenden Kohlevorräte bewogen ihn dazu, sich mit dem erfochtenen Sieg zu begnügen.

In der Nacht setzte sich die italienische Flotte endgültig in Richtung Festland ab.

Es war ein großer Sieg, den der Admiral Tegetthoff erfochten hatte. In seinem Schlachtbericht erwähnte er sich selber nicht und schrieb bescheiden alle Erfolge seinen Kapitänen zu.

Am 11. Oktober 1866 ließ die italienische Regierung Admiral Persano verhaften, in einem Verfahren von seinem Amt absetzen und degradieren.

Die Luxemburg Krise

Bereits am 3. Juli 1866 abends hatte Kaiser Franz Joseph die furchtbare Nachricht von der Niederlage der Nordarmee bei Königgrätz erhalten. Außenminister Graf Mensdorff schrieb am 7. Juli an den Grafen Crenneville: „Mit bereits erschütterten Truppen eine Schlacht mit einem Fluß im Rücken anzunehmen, ist eine Eselei." [54]

Auch für den Franzosenkaiser Napoleon III. kam die österreichische Niederlage völlig überraschend. Er hatte mit einem längeren Krieg gerechnet und auf einen günstigeren Zeitpunkt zum eigenen Eingreifen gewartet. Bereits nach dem italienischen Krieg, in dem er Nizza und Savoyen gewann, gab er freimütig gegenüber dem preußischen Gesandten zu, seine Augen seien jetzt auf den Rhein gerichtet. Doch seine Eroberungspläne stellte er dann zunächst zurück. Als Grund galt sein missglücktes Mexiko-Abenteuer, wo er das Kaisertum des Erzherzogs von Österreich Ferdinand Maximilian durchsetzen wollte. Als Folge war seine Armee zerrüttet und besaß nicht mehr die Stärke in Europa einzugreifen. Damit erwiesen sich die Befürchtungen Bismarcks, Frankreich würde die süddeutschen Truppen des Deutschen Bundes unterstützen, als haltlos.

Erheblichen Anteil daran, Napoleon III. letztlich doch von einem Eingreifen abzuhalten, hatte auch der preußische Botschafter in Versailles, Graf Robert von der Goltz, dem Bismarck seinen Einsatz niemals vergaß. Selbst als Napoleon III. Einspruch erhob gegen die Neuaufnahme von 4 Millionen Norddeutschen in den preußischen Staat, war es wiederum von der Goltz, der es in schwierigen Verhandlungen fertig brachte, den Franzosenkaiser ruhigzustellen und die in seinem Telegramm vom 4. Juli angekündigte Intervention zurückzunehmen.

Doch nicht nur mit der Einmischung Frankreichs hatte Bismarck zu kämpfen. Auch Zar Alexander von Russland war der Meinung, dass Preußen bei der Neuordnung Deutschlands ohne ihn, den Zaren, vorher gehört zu haben, seine Grenzen überschritten habe. Zumal der Zar mit einer Anzahl deutscher Fürsten in verwandtschaftlicher Beziehung stand. So waren die Königin von Württemberg seine Schwester, die Prinzessin Wilhelm von Baden seine Cousine, der Großherzog von Hessen sein Schwager und die Königin von Hannover, die Großfürstin Konstantin, ebenfalls eine Schwester. Und der König von Preußen gar war sein geliebter Oheim.

Wie bekannt, hatte Bismarck für den Fall einer kriegerischen Verwicklung mit Frankreich einen Massenaufstand des deutschen Volkes geplant durch die Ausrufung der Frankfurter Reichsverfassung von 1849. Er, der sich einmal als einen „geborenen Antirevolutionär" bezeichnete, meinte: „Im Falle eines Krieges mit Frankreich wäre er ein nationaler Revolutionär geworden." Bismarck wäre bereit gewesen, über seinen eigenen Schatten zu springen, um seine Vorstellungen für die Einheit des deutschen Volkes zu erreichen.

Im Winter 1866/67 versuchte sich Frankreich aus seiner selbst erkannten Defensivhaltung zu befreien, in die es sich durch die Ereignisse 1866 gedrängt sah. Als Ausgleich für sein bisheriges Stillhalten und im Interesse eines weiteren guten Einvernehmens verlangten die Franzosen von Preußen, den niederländischen König zu einer Abtretung von Luxemburg zu bewegen.

Bismarck verschanzte sich hinter dem Argument, er könne wegen der zu erwartenden negativen Haltung seines Königs und der Generalität leider nicht aktiv werden. Es lag ihm aber sehr daran, Frankreich wissen zu lassen, er selbst habe keine Einwände gegen diese territoriale Veränderung zugunsten Frankreichs. Der Ministerpräsident riet zu direkten Verhandlungen des Kaisers mit dem holländischen König, wollte aber das Versprechen Frankreichs, selber nichts von derartigen Vorgängen zu wissen.

Zur gleichen Zeit erhielt er die Kunde, dass Württemberg und Bayern bei einem möglichen Krieg um Luxemburg neutral bleiben wollten. Preußen sollte aber, um den Frieden zu erhalten, auf seine Garnison in Luxemburg verzichten. Damit zeichnete sich eine politische Niederlage Preußens ab, denn dieses Ansinnen der beiden Länder zeigte, wie zerbrechlich die Schutz- und Trutzverträge waren. Bismarck ging daher in die Offensive und verlangte von den süddeutschen Staaten und vom Norddeutschen Bund eine klare Stellungnahme zu einer Verteidigung Luxemburgs: „Fühlt ein Volk seine Ehre verletzt, so ist dieselbe verletzt, und es muß demgemäß gehandelt werden. Nationalgefühl und nationale Ehre sind Potenzen, die sich nicht logisch messen lassen.“ [55] Es war die versteckte Drohung Preußens, es werde sich niemals dem Vorwurf aussetzen, durch Untätigkeit nationale Pflichten zu vernachlässigen.

Gleichzeitig sollte – neben einer Erklärung der süddeutschen Staaten – sichergestellt werden, dass auch die Österreicher sich nicht im Rücken als Gegner zeigen würden. Doch diese waren noch zu sehr mit der Aufarbeitung ihrer Niederlage beschäftigt und zeigten an, vorläufig am Prager Frieden festhalten zu wollen. Außerdem lehnten sie auch die französischen weitergehenden Forderungen vom 23. April ab, nun noch außer Luxemburg die badische Pfalz und preußischen Rheinlande für sich zu beanspruchen; und das, obwohl Österreich das Versprechen erhalten hatte, wenn es mit Frankreich zusammenginge, dafür Süddeutschland und Schlesien zu erhalten. Wien war es trotz dieses verlockenden Angebotes klar, dass die Deutsch-Österreicher aus Nationalgefühl einem solchen Handel niemals zustimmen würden.

Im März 1867 hatte dann Napoleon III. Verhandlungen mit dem niederländischen König aufgenommen, musste aber erkennen, dass er von Bismarck durch seine hinhaltende Aktion aufs Glatteis geführt worden war. Daraufhin kam Frankreich zu der Erkenntnis, dass wegen der Einbeziehung der vier süddeutschen Staaten in den Norddeutschen Bund ein Kriegsgrund gegeben sei.

Auf einer vom 5. bis 7. Mai 1867 in London stattfindenden Konferenz der Großmächte stimmte Berlin dann einer Neutralisierung Luxemburgs zu. Bismarck setzte daraufhin alles daran, Frankreich einen ehrenvollen Abgang zu ermöglichen. Er beeinflusste die internationale Presse, diese Lösung als klaren Erfolg der französischen Politik hinzustellen.

Auf dem Höhepunkt der Krise wurde damit offenkundig, dass der Ministerpräsident es auch gegen den Rat des preußischen Generalstabschefs von Moltke und der Generalität nicht auf einen Krieg ankommen lassen wolle. Er sah das preußische Militär noch nicht stark genug und die Situation für einen Krieg noch nicht reif. Allerdings äußerte er im Juni 1867, im Streit um Luxemburg habe er das Äußerste seines Entgegenkommens und seiner Friedfertigkeit gezeigt;

wenn damit der Friede immer noch nicht gesichert sei, dann sei dieser auch nicht zu halten.

Paris sah damit den Weg einer Kontrolle der mitteleuropäischen Entwicklung unter Einbeziehung Preußens als gescheitert an und wollte jetzt alles versuchen, ein Bündnissystem gegen Preußen aufzubauen, vornehmlich natürlich mit Österreich. Nach einer Reihe diplomatischer Sondierungen kam es im Oktober 1867 zu Zusammenkünften der beiden Kaiser von Frankreich und Österreich in Salzburg und danach in Paris.

In Wien hatte es eine entscheidende Veränderung gegeben. Der bisherige sächsische Außenminister, Friedrich Graf von Beust, der nach dem Krieg 1866 auf ausdrückliches Verlangen Preußens abgelöst worden war, hatte das Außenministerium Österreichs übernommen. Ganz selbstverständlich, dass er als ausgewiesener Feind Preußens Rache nehmen wollte. Nach dem Prager Frieden war er zum Regierungschef und zum Reichskanzler Österreichs aufgestiegen. Seine guten Beziehungen zu Paris ließen ihn nun zum Wunschpartner Frankreichs und zum Gegenspieler Preußens werden. Sein Ziel bestand darin, den Prager Frieden zu ändern und mit Hilfe Frankreichs die alte Größe des Kaiserreichs wieder herzustellen. Um Preußen und der nationalen Entwicklung Deutschlands zu schaden, war er jederzeit bereit, deutsches Land an Frankreich zu opfern. Da Beust sich das Zusammengehen mit Frankreich offenhalten wollte, durfte es zu einer Verständigung zwischen Österreich und Preußen nicht kommen.

Seine Furcht vor einem Großdeutschen Reich versuchte ihm Bismarck allerdings zu nehmen, indem er beteuerte, „daß ich an einer Absortion Süddeutschlands durch den Norden nicht nur nicht denke, sondern dieselbe geradezu als ein Unglück für Preußen betrachten würde.“ Und weiter: „Wir wollen uns kein Neapel oder Sizilien in Deutschland zuziehen. Ich habe an dem Erreichten genug. Die Verträge mit dem Süden betrachte ich als eine Brücke zu einem innigen Verhältnis mit Österreich.“ [56]

Beust jedoch durchschaute Bismarcks kluge Politik und zog seine Rückschlüsse. Alle Lockmittel prallten an ihm ab, und selbst Drohungen des preußischen Ministerpräsidenten, sich mit Russland zu verbünden, verfingen nicht.

Doch Bismarck gab auch noch nach dem Misserfolg der Wiener

Verhandlungen seine Bündnispolitik mit Österreich nicht auf. Die politische Lage zwang ihn zudem, eine Lösung der Luxemburg Frage zu suchen, auch wenn das ohne einen für das nationale Empfinden schmerzlichen Verzicht nicht möglich war. Es durfte noch nicht zu einem Krieg kommen, denn die Auswirkungen der preußischen Wehrgesetzgebung und die Ausbildung der Soldaten der annektierten Staaten und des Norddeutschen Bundes hatten ja gerade erst begonnen: „Jedes Jahr Aufschub des Krieges stärkt unser Heer um mehr als 100.000 gelernte Soldaten." [57]

Nichts war Bismarck jetzt wichtiger, als Österreich und Beust doch noch als Verbündete zu gewinnen. Deshalb ging er schließlich auf dessen Vermittlungsvorschlag ein. Danach würde Luxemburg an Belgien gehen, und Belgien sollte dafür Frankreich mit walonischen Gebieten entschädigen. Doch der König von Belgien lehnte entschieden ab, Grenzgebiete an Frankreich abzutreten.

Aufgrund der starken Aufrüstung Frankreichs befürworteten Moltke und Roon eine Mobilmachung des Heeres. Der Ausbruch eines Krieges schien unmittelbar bevorzustehen.

Bismarck dagegen konnte, wie bereits erwähnt, auf der Konferenz der Großmächte in London durchsetzen, dass die Unabhängigkeit und Neutralität Luxemburgs durch eine Kollektivgarantie der Großmächte festgelegt wurde. Preußen musste auf sein Besatzungsrecht verzichten und zog seine Garnison ab. Die Festungsanlagen wurden geschleift. Das Großherzogtum durfte im Zollverein bleiben.

So hatten die beiden rivalisierenden Mächte nachgegeben. Preußen bezahlte seinen Preis für die Gegenleistung der Großmächte, den Frieden zu erhalten – jedoch nicht an Napoleon III.

Für den französischen Kaiser bedeutete der Ausgang der Luxemburg Krise persönlich eine schwere Niederlage. Er stand nicht nur vor den Großmächten als raffgieriger Despot da, sondern hatte sich nebenbei noch durch seinen Misserfolg vor seinem eigenen Volk bloßgestellt.

Aber auch für den preußischen König wog das Opfer, das er bringen musste, schwer. Trotzdem ergab sich aus der Krise für Preußen noch ein erheblicher Vorteil. Das Offizierskorps der süddeutschen Staaten hatte aus den Vorgängen 1866 einen Entschluss gezogen: ihr Ehrgefühl führte sie an die Seite Preußens. Dadurch entstand für die Sache der Einheit ein wertvoller Zuwachs. Bismarck selbst zog nach Beendigung des Streites um Luxemburg den Schluss, die Eindämmungspolitik Frankreichs als innerfranzösischen Sieg der Pariser Kriegspartei anzusehen. Er kam außerdem zu der Erkenntnis, dass eine stillschweigende Allianz mit Frankreich jetzt nicht mehr möglich war. Ebenso sah er voraus, dass seine Nationalpolitik nur mit der Öffentlichkeit verwirklicht werden konnte – nicht gegen sie. Alles hing jetzt davon ab, wie sich das Verhältnis Frankreichs zu Russland und das zu Österreich entwickeln würde.

Die Orientalische Frage

Eine große Rolle spielte dabei auch die „Orientalische Frage". Diese war soeben wieder aktuell geworden durch einen Aufstand Kretas gegen die Türkenherrschaft und durch Probleme mit Rumänien, in die Österreich und Russland unmittelbar involviert waren. Russland erwartete in der Orientalischen Frage die Unterstützung der Franzosen, erhielt sie aber nicht. Das Zarenreich dagegen wollte keine antipreußische Stellung im Sinne Frankreichs einnehmen ohne Gegenleistung der Franzosen. Letztere wiederum fürchteten durch eine Unterstützung Russlands auf dem Balkan in einen Konflikt mit England zu kommen. Ein Treffen Napoleons III. mit dem russischen Zaren im August 1867 brachte folglich keine Ergebnisse.

Bismarck hatte es geschickt vermieden, Russland in der Orientalischen Frage gegen Österreich offen zu unterstützen. Seine Sympathie galt jedoch seit der polnischen Teilung dem Zarenreich. Und diese Haltung wurde von Russland angesichts der französisch-österreichischen Balkanprobleme dadurch belohnt, dass es Preußens deutsche Politik nicht nur tolerierte, sondern sogar unterstützte.

Das wiederum bewirkte die Annäherung der Franzosen an die Österreicher. Frankreichs Interesse bestand darin, Österreich gegen Preußen zu benutzen; dasjenige Österreichs Frankreich gegen Russland auszuspielen. Für Preußen ergab sich der glückliche Umstand, dass es zu einer Allianz letztlich nicht kam.

Österreich wollte sich im Hinblick auf seine marode Wirtschafts- und Finanzlage sowie auf sein kriegsgeschwächtes Heer nicht in eine Offensive gegen Preußen hineinziehen lassen. England verhielt sich gegenüber den kontinentalen Machtspielen zwar neutral, doch weder Frankreich noch Preußen konnten sich im Falle eines Krieges mit absoluter Sicherheit auf die Neutralität der Engländer verlassen.

Preußen hatte sich durch Bismarcks Diplomatie die Stellung einer Großmacht erkämpft.

Der „Dank“ des Kaisers an seinen Oberbefehlshaber

Nach der Schlacht von Königgrätz wurde sämtliche Schuld an der Niederlage Österreichs dem unglücklichen General Benedek aufgebürdet. Dabei beließ es Kaiser Franz Joseph nicht nur mit einer normalen Absetzung, sondern stellte den General und mehrere seiner Unterführer vor eine militärische Kommission, wie diese sonst nur bei Hochverrat üblich war. Der Kaiser schien vergessen zu haben, dass er Benedek bei seiner Berufung im Ernennungsdekret volle Unabhängigkeit und Entscheidungsfreiheit in allen militärischen Dingen zugesagt hatte. Benedek selbst vermied vor der Kommission jegliche Äußerung, die seine Untergebenen belastet hätte, und übernahm die alleinige Verantwortung für die Niederlage. Die Kommission dagegen brachte ein Verschulden des Feldzeugmeisters und zweier seiner Offiziere zur Sprache und verlangte deren Überstellung vor ein Kriegsgericht. Das ging dem Kaiser dann doch wohl zu weit, und er verfügte die Einstellung des Verfahrens. Am 1. November 1867 erhielt Benedek seinen Abschied. Der einzige Wunsch, den er immer wieder vortrug, war eine Aussprache mit dem Kaiser, die Franz Joseph jedoch stets ablehnte. Darüber hinaus veranstaltete der Kaiser noch ein infames Spiel mit seinem ehemaligen Oberbefehlshaber: Erzherzog Albrecht musste Benedek zwingen, das ehrenwörtliche schriftliche Versprechen abzugeben, sich niemals öffentlich zu rechtfertigen.

Kurz darauf traf den unglücklichen, vielgeprüften General der schwerste Schlag. Unmittelbar nach seinem Ehrenwort erschien in der amtlichen „Wiener Zeitung“ ein offizieller Aufsatz, der Benedeks Feldherren-Laufbahn in schärfster und äußerst verletzender Form verurteilte und ihm die alleinige Schuld an dem über Österreich hereingebrochenen Unglück zuwies. Zugleich wurde in dem Artikel eine mögliche Bestrafung seitens eines Gerichtes folgendermaßen abgelehnt. „Es gibt kein Strafgesetzbuch, das den Mangel höchster geistiger Begabung straffähig erklärt.“ [58] Weiter hieß es in der Zeitung, der Verlust des Vertrauens seines kaiserlichen Herren, die Vernichtung seines militärischen Rufes vor der Mit- und Nachwelt müsse eine schwerere Sühne als jede gerichtliche Strafe sein.

Ob dem Kaiser wohl bewusst war, wie sehr er sich selber mit seinem Verhalten Benedek gegenüber geschadet hat? Denn seine militärische Umgebung konnte Benedeks Telegramm mit der dringenden Empfehlung Frieden zu schließen, als es noch Zeit dazu war, nicht wieder vergessen. Zudem hatte Benedek bei seiner Bestellung zum Oberbefehlshaber durch den Kaiser bescheiden darauf hingewiesen, dass ihm die Voraussetzungen dafür fehlten.

Der Historiker und Gelehrte Redlich schrieb: „In seinem Verhalten zu Benedek stellte sich Franz Josephs Charakter aufs Ungünstigste dar: Dass er dabei zweifellos Ratschlägen des Erzherzogs Albrecht folgte, kann ihn nicht entschuldigen. Dass er gegen diesen unglücklichen General, der sein treuester Offizier gewesen war, nur die – im Übrigen recht fadenscheinigen – Gründe der Staatsraison wirken ließ und so wenig humane Gesinnung zeigte, bleibt ein Flecken auf dem Bild des Kaisers, vor allem deshalb, weil die kleinliche und geradezu tückische Gehässigkeit des Verfahrens gegen Benedek doch nicht ganz im Einklang steht mit den sonstigen Hauptmerkmalen von Franz Josephs Natur. Benedek gegenüber hat Franz Joseph seine Würde nicht gewahrt, er ließ jeden Zug von menschlicher oder herrschaftlicher Größe vermissen. Er und Erzherzog Albrecht gaben dem Trieb der persönlichen Rache und kleinlichem Zorn vollen Spielraum.“ [59]

Viele Jahre nach der Schlacht bei Königgrätz, im Januar 1879, sinnierte dann auch Bismarck darüber nach, was wohl die Folgen einer Niederlage für Preußen und für ihn persönlich gewesen wären: „Ich gehorchte unentrinnbaren Notwendigkeiten, als ich den alten Deutschen Bund zerriss und, ich tat es nicht, ohne mir die schweren Folgen dieses Bürgerkrieges vorzustellen, dieses Bürgerkrieges, dieser endgültigen Scheidung, die dem häuslichen Zank des Frankfurter Bundestages folgte. Indem ich den Krieg von 1866 machte, marschierte ich gegen das öffentliche Gefühl, nicht nur das Deutsche, auch das Preußische, ich zog mir die ärgste Unpopularität zu, die schwerste Verantwortlichkeit meines Lebens. Der Sieg hat mich freigesprochen; in der Niederlage wäre der Tod meine Zuflucht gewesen, aber mein Gedächtnis wäre von der Nation verflucht worden.“ [60]

Frieden von Prag, Doppelmonarchie, Schutz- und Trutz-Bündnisse

Einfach war es für das österreichische Volk nicht gewesen, die Niederlage von Königgrätz zu akzeptieren und die Vormachtstellung im Deutschen Reich zu verlieren. Das Gleiche galt für den Kaiser Franz Joseph, der seine führende Stellung eingebüßt hatte. Er erwog deshalb ernsthaft mit dem Oberkommandierenden der Kaiserlichen Armee, Erzherzog Albrecht, die Möglichkeit einer Donauschlacht gegen Preußen. Doch zu schwerwiegend waren die Verluste des Heeres und zu tiefgreifend war die katastrophale finanzielle Lage des Staates. Das Kaiserreich hatte einen hohen Preis gezahlt. 10.404 Gefallene, 6.200 Vermisste und 30.300 Verwundete musste es beklagen. Damit übertrafen die österreichischen Verluste diejenigen Preußens um das Fünffache.

Der österreichische Außenminister setzte sich schließlich mit der Ansicht durch, seinem Land bliebe keine andere Wahl, als den von Preußen diktierten Frieden zu akzeptieren, und so wurde am 26. Juli 1866 ein Friedensabkommen unterzeichnet. Der endgültige Friedensschluss folgte einen Monat später, am 23. August in Prag.

Österreich stand jetzt durch den Verlust der Vormachtstellung in Deutschland vor einem zusätzlichen Problem. Es musste einen Ausgleich mit Ungarn erreichen. Mit größter Eile hatten deshalb Außenminister Beust und Graf Andrássy seit dem 30. Oktober 1866 Vorverhandlungen mit Ungarn vorangetrieben, und bereits nach wenigen Monaten konnte ein Abschluss erreicht werden. Am 18. Februar 1867 erhielt Ungarn ein eigenes Ministerium unter der Leitung von Andrássy. Am 27. Februar 1867 wurde der ungarische Reichstag wieder eröffnet. Nachdem Ungarn den „Gesetzentwurf über die zwischen den Ländern der ungarischen Krone und den unter der Herrschaft seiner Majestät stehenden übrigen obwaltenden Verhältnisse von gemeinsamem Interesse und über den Modus ihrer Erledigung“ [61] angenommen hatte, war damit mehr als nur eine dynastische

Verbindung zwischen den beiden Reichshälften anerkannt worden. So konnte am 8. Juni 1867 die feierliche Krönung Franz Josephs zum König von Ungarn erfolgen.

Ein Gesetz sollte das Verhältnis zwischen der Krone und den Vertretern Ungarns regeln. Durch Zugeständnisse an die liberale Verfassungspartei musste sich Beust eine Mehrheit im Wiener Reichsrat sichern, der daraufhin das Ausgleichwerk ohne Änderung zum Gesetz erklärte. Damit wurde das Kaiserreich zur Doppelmonarchie, deren Teile als gleichberechtigte Staatswesen galten; verbunden durch die Person des Herrschers und durch eine gemeinsame Verwaltung, die für die Außenpolitik des Kriegsministeriums und die Finanzen zuständig war. Die Aufteilung der Ausgaben regelte eine jährlich neu festzusetzende Quote. Die Ministerien mussten im Wechsel zwischen Österreich und Ungarn besetzt werden. Sie waren den Delegationen der Parlamente beider Reichsteile verantwortlich.

Andrássys Vorschlag, den Doppelstaat in „Österreich-Ungarische Monarchie“ zu benennen, wurde 1868 bewilligt, ebenso die Bezeichnung des Herrschers als Kaiser von Österreich und König von Ungarn. Alle gemeinsamen Angelegenheiten trugen künftig den Zusatz „K.u.K.“.

Angesichts der Tatsache, dass Frankreich wohl kaum noch zugunsten Österreichs intervenieren würde, sondern der französische Kaiser sogar glaubte, er sei der Vermittler für einen gemäßigten Friedensabschluss gewesen, war es Bismarck jetzt endgültig möglich, die gleiche Mäßigung walten zu lassen. Von einer Landabtretung war bereits keine Rede mehr, und auch was die übrigen Kriegsentschädigungen anbetraf konnte der Ministerpräsident sich jetzt zurückhaltend zeigen. Letztere wurden nach Abzug preußischer Schulden auf 20 Millionen Taler festgesetzt. Diese maßvolle Forderung war angesichts der äußerst maroden Staatsfinanzen praktisch überlebenswichtig für Österreich.

Bismarck stimmte mit Napoleon III. in der Ansicht überein, dass die Zeche jetzt andere zu zahlen hätten: Hannover, Nassau, Kurhessen und die freie Stadt Frankfurt, die nicht nur Sitz des aufgelösten Bundestages gewesen war, sondern jetzt der bedeutendste Finanz- und Handelsplatz Mitteleuropas. Sie alle sollten ihrer eigenständigen Existenz verlustig gehen und in den Staatsverband Preußens eingegliedert werden. Dass Preußen darüber hinaus Schleswig-Holstein als Siegesprämie beanspruchte, erschien in Europa als ganz natürlich.

Die kluge, gemäßigte Handlungsweise Bismarcks wurde später von der Nachwelt als seine große Lebensleistung gewürdigt und als Schlüssel für eine kleindeutsche Nationalstaatsbildung angesehen. Der Hof König Wilhelms I. war allerdings nicht dieser Meinung.

Als dem Franzosenkaiser die erfolgte Machterweiterung Preußens nach einiger Zeit deutlich ins Bewusstsein drang, änderte er allerdings seine Strategie und forderte von Preußen im Nachhinein nicht weniger als die Grenzen von 1814: die Rheinpfalz, Rheinhessen und die Bundesfestung Mainz. Bismarck lehnte dieses Ansinnen höflich ab mit dem Hinweis, das ganze deutsche Volk würde ein solches Abtreten deutschen Bodens nicht kampflos hinnehmen. Napoleon III. plante dann kurzfristig sogar eine Intervention, doch die geschwächten Truppen ließen dieses nicht zu. Er beeilte sich dann, Bismarck zu versichern, es handle sich um ein Missverständnis.

Daraufhin zog der preußische Ministerpräsident aus der politischen Niederlage Frankreichs seine Vorteile und zwang die Staaten Bayern, Württemberg und Baden, wie erwähnt, in sogenannte Schutz- und Trutz-Bündnisse. Diese waren Defensivallianzen angesichts der französischen Kompensations- und Interventionsneigungen. Im Frühjahr 1867 wurden sie sowohl als Warnung an Frankreich, wie auch zur Ruhigstellung der Nationalbewegung veröffentlicht. Die Bündnisse unterstellten die süddeutschen Armeen im Kriegsfall dem Oberbefehl des Preußenkönigs, was zweifellos eine wichtige Einschränkung der Souveränität der Staaten darstellte. Offen blieb die Frage, ob der Bündnisfall bei einem Krieg automatisch – nach der preußischen Version – eintrat, oder nach der Version der Süddeutschen erst nach freier Prüfung der Partner, ob es sich um einen Verteidigungsfall handle. Jedenfalls durften die Bündnisse nicht gekündigt werden und stellten eine starke Bindung an Preußen dar.

Voraussetzung war die Reorganisation des Militärwesens der süddeutschen Staaten, die wesentliche Elemente des preußischen Systems wie die allgemeine Wehrpflicht übernahmen. Die Kosten dafür führten allerdings zu starken Problemen in den Parlamenten und beim Volk. Außerdem wurden Militärkonventionen geschlossen. In Hessen bedeutete das einen engen Anschluss an die preußische Heeresorganisation in Ausbildung und Bewaffnung; in Bayern, Württemberg und Baden geschah es mit Rücksicht auf die Landtage mit einigen Einschränkungen. Insgesamt liefen diese Militärkonventionen auf eine militärpolitische Halbintegration heraus.

Der preußische Sieg bedeutete, wie auch Napoleon III. einsehen musste, für Frankreich mindestens eine genauso große Niederlage wie für Österreich. Die Zeitungen in Paris sprachen offen aus, dass bei Königgrätz nicht die Österreicher geschlagen wurden, sondern Frankreich. Auch Bismarcks Neuordnung der deutschen Verhältnisse mit der Einrichtung des Norddeutschen Bundes unter Ausschluss Österreichs betrachteten die Franzosen mit großem Widerwillen und Argwohn.

Die Preußen dagegen unter ihrer Führungsperson, Ministerpräsident Bismarck, hatten das zusätzliche Glück auf ihrer Seite gehabt, dass der Krieg von 1866 – unbestritten der hervorragenden militärischen Leitung – in so kurzer Zeit geführt werden konnte.

Dabei war Österreich keineswegs total geschlagen worden. Dennoch wurde die Macht des Kaiserstaates gebrochen und die völlige Eroberung des Landes nur auf politischem Wege durch die kluge Taktik Bismarcks aufgehalten.

Bismarcks Hauptkriegsziele waren jetzt erreicht. In erster Linie ist die Freiheit Preußens in Norddeutschland zu nennen, dann die Auflösung des Deutschen Bundes und die Brechung des österreichischen Vormachtsanspruches in Mitteleuropa.

Um die errungenen Erfolge auch zu stabilisieren, hatte der preußische Regierungschef mit zwei ganz unterschiedlichen Gegenkräften zu kämpfen: zum einen mit Kaiser Napolen III., der seine gesamte Politik am Abgrund sah und wenigstens einen Teil seiner Ziele noch vor dem Friedensschluss durchzusetzen versuchte; und zum zweiten mit jenen Kräften in der Regierung Preußens, die nun aus den überwältigenden militärischen Erfolgen ihren Vorteil ziehen wollten. An erster Stelle der preußische König Wilhelm I. Bismarck musste seine ganze Kraft darauf verwenden, um zu verhindern, dass die vor dem Krieg gesetzten ursprünglichen Ziele nicht überschritten wurden. In seinen Memoiren hat er treffend formuliert: „Meine beiden größten Schwierigkeiten waren, zuerst den König Wilhelm nach Böhmen hinein – und dann wieder hinaus zu bekommen." [62]

Eine besondere Schwierigkeit sah Bismarck darin, seinem Monarchen zu vermitteln, dass diejenigen Könige und Fürsten, die gegen Preußen gekämpft hatten, als Folge nun auch ihren Thron und ihr Land verlieren sollten. Würde doch damit das Gottesgnadentum, von dem der König zutiefst überzeugt war, durch die Kraft des Stärkeren und seine eigene Hand zerstört! Wer könnte noch an das Gottesgnadentum glauben, wenn der primus inter pares, der preußische Monarch, altangestammte Herrscher wie den König von Hannover, den Herzog von Nassau und den hessischen Kurfürsten vom Throne stieß? Und warum dann sollten die eigentlichen Schuldigen, der Kaiser von Österreich und der König von Sachsen, ihre Kronen behalten? Das verstieß gegen das angeborene Gerechtigkeitsgefühl des preußischen Monarchen und stellte ihn gegen seinen, nur der Vereinigung Deutschlands verpflichteten, Ministerpräsidenten.

Bismarck war nach wie vor zutiefst davon überzeugt, dass ein dauerhafter Frieden mit Österreich nur zu haben war – ohne Intervention der übrigen Großmächte – wenn Preußen sich mit seinen Ansprüchen zurückhielte. Eine Fortführung des Krieges, zu dem sich Österreich andernfalls gezwungen sehen könnte, würde unweigerlich die jetzt noch stillhaltenden, im Grunde aber neidvollen Mächte zur Intervention veranlassen. An seine Frau schrieb er am 3. August 1866: „Mit den Feinden wird man fertig, aber die Freunde, sie tragen alle Scheuklappen." [63]

Und wiederum bewahrheitete sich Bismarcks Ahnung. Am 5. Juni 1866 bereits hatte Napoleon III. sich eingeschaltet und seine Dienste in der Vermittlung angeboten, doch – wie nicht anders zu erwarten – forderte er das ihm seinerzeit von Österreich in Aussicht gestellte Venetien. Nicht zu überhören war dabei seine Drohung, mit seinem Anspruch auf Venetien auch die Kriegskoalition Preußens mit Italien torpedieren zu wollen. Im Kreis seiner Vertrauten sagte Bismarck: „Nach einigen Jahren wird Napoleon voraussichtlich diese Parteinahme gegen uns bedauern, sie kann ihn teuer zu stehen kommen." [64] Doch da Bismarck meinte, es sich in jetziger Lage nicht leisten zu können, Frankreich als Gegner zu bekommen, versuchte er einzulenken.

Während der Koalitionsverhandlungen mit dem französischen Gesandten Benedetti war es dann Bismarcks Taktik, Frankreich hinzuhalten. Ein riskantes Spiel, das Bismarck spielte. Wenn er auch wusste, dass Napoleon III. wegen der Schwäche seines Militärs sich einen Angriff genau überlegen würde, schloss er eine unkontrollierte und spontane Handlung des Franzosenkaisers nicht aus. Denn das Ansehen des Kaisers hatte in der Öffentlichkeit stark gelitten und seine Stellung wurde von den immer stärker werdenden Republikanern zunehmend untergraben. Bismarck musste also eine Verzweiflungshandlung Napoleons III. ins Kalkül mit einbeziehen.

Und wieder einmal zeigte sich die überragende Einfühlsamkeit und das diplomatische Geschick des preußischen Ministerpräsidenten, als er dem Kaiser zu vermitteln verstand, der Sieg Preußens sei nur den besonderen Umständen zu verdanken gewesen, und zu irgendwelchen Triumphgefühlen bestünde keinerlei Anlass. Auf diese Weise gelang es ihm Napoleon III. zu beruhigen. Ein ganz großer Erfolg Bismarcks, denn ein gereizter Kaiser hätte im Kriegsfall auch Österreich nochmals zum Gegner Preußens gemacht, was lebensbedrohlich geworden wäre. Ein Koalition Frankreich, Österreich und Russland zur Wiederherstellung des status quo lag durchaus im Bereich des Möglichen, wie der Staatsmann erkannt hatte. Er musste deshalb alles nur Mögliche unternehmen, um diese Gefahr zu bannen.

Die größte Befürchtung Napoleons III., Preußen würde nach dem Sieg über Österreich nun auch den Süden Deutschlands in seine Einflusszone mit einbeziehen, konnte ihm Bismarck nehmen. Er wies seinen Gesandten von der Goltz an, dem Kaiser seine feste Zusage mitzuteilen, dass der deutsche Süden völlig unabhängig bleiben würde. Er wolle sogar einen Süddeutschen Bund vorschlagen, nachdem der Deutsche Bund nicht mehr existiere. Preußen beanspruche ausschließlich die Vorherrschaft über den Norden, die aber uneingeschränkt. Und erneut gelang es von der Goltz tatsächlich, diese Zusagen Bismarcks in seinen Verhandlungen mit Napoleon III. dem Franzosenkaiser so geschickt beizubringen, dass dieser sich letztlich sogar als Initiator aller Gegebenheiten fühlte.

Als der Kaiser daraufhin im Gefühl seiner angeblichen Macht die linksrheinischen Gebiete einschließlich von Mainz und sogar die Bayerische Pfalz forderte, traf er allerdings auf ein entschiedenes Nein Bismarcks, verbunden mit der Drohung, notfalls ganz Deutschland zu einem nationalen Aufstand gegen Frankreich aufzurufen.

Die Verfassung des Norddeutschen Bundes

Fünf Tage vor der Unterzeichnung des Friedensvertrages zwischen Preußen und Österreich in Prag schloss Bismarck am 18. August 1866 auch mit den 17 norddeutschen Kleinstaaten, die auf der Seite Preußens gekämpft hatten, einen Vertrag. Darin verpflichteten sich die Partner auf der Basis des Bismarck'schen Reformvorschlages vom 10. Juni 1866, einen Bundesstaat zu gründen und sich eine Verfassung zu geben. Hessen-Darmstadt, Sachsen, Sachsen-Meiningen und das Fürstentum Reuß in Thüringen traten dem Bund bei. Bismarck hatte sich an dem allgemeinen, gleichen und direkten Wahlrecht der Reichsverfassung der Frankfurter Paulskirche von 1849 orientiert und führte dieses jetzt für die am 12. Februar 1867 stattfindenden Wahlen zur Verfassung des Norddeutschen Reichstages ein. Der Entwurf dieser Verfassung diente dem Ministerpräsidenten und Kanzler des Norddeutschen Bundes später auch als Grundlage bei der endgültigen Reichsgründung.

Für die Innenpolitik Preußens ist der Krieg von großer Bedeutung gewesen, denn die Monarchie, die mehrheitlich absolut antiliberalistisch eingestellte Armeeführung und das vormals verhasste Außenministerium – das Konfliktministerium Bismarcks – sowie die ganze konservative Führungsschicht des Landes gingen gestärkt aus diesem hervor. Die Politik hatte jetzt auch weite Schichten der Bevölkerung hinter sich und wurde zum Mittelpunkt der nationalen Einigungsbestrebungen.

Die Neuwahlen zum Abgeordnetenhaus am Tag der Schlacht von Königgrätz, am 3. Juli 1866, zeigten dieses und brachten einen Stimmungsumschwung zu Gunsten der Konservativen. Sie erhielten 136 Sitze, gegenüber 35 Sitzen vor der Wahl. Das Linke Zentrum und die Fortschrittspartei verloren entsprechend viele Sitze. Von bisher 247 stürzten sie auf 148 Mandate ab und verloren ihre parlamentarische Mehrheit; denn die Altliberalen, die sich von 9 Sitzen auf 24 ver-

General Edwin von Manteuffel, Chef des Militärkabinetts

bessern konnten, waren der linken Seite nicht mehr hinzuzurechnen.

Wieder einmal sorgte Bismarck jetzt für eine Überraschung, die das Bild, das sich die Konservativen, wie auch die Liberalen und Linken von ihm gemacht hatten, veränderte. Der Mann, der das Parlament anscheinend ausschließen und angeblich einen autoritären Obrigkeitsstaat, basierend auf monarchistischer und militärischer Macht, aufbauen wollte, warb jetzt offen um eine parlamentarische Mehrheit und um die Indemnitätsvorlage, um alle Schritte, die er ohne Parlament vollzogen hatte, nachträglich zu sanktionieren.

Die drohende Auseinandersetzung mit Österreich förderte jetzt in Preußen bei allen Parteien die Bereitschaft zur Verständigung. Bismarck suchte die Zusammenarbeit mit den Liberalen, die in großen Teilen den Konflikt als schädlich für die aktuelle Politik ansahen, um sich schließlich bereitzufinden, die von Bismarck geforderte Indemnität zu erteilen. Sie sagten der Staatsregierung zu, „dass es rücksichtlich der Verantwortlichkeit der Staatsregierung für die seit Anfang 1862 ohne gesetzlich festgestellten Haushalt geführte Verwaltung so gehandhabt werden soll, wie wenn die Verwaltung in der erwähnten Zeit aufgrund gesetzlich festgestellter und rechtzeitig publizierter Staatshaushaltsetats geführt worden wäre.“ [65] Anfang September 1866 fand die Abstimmung nach der Indemnitätsdebatte statt. 230 Abgeordnete stimmten dafür, 75 dagegen.

Auch in der Heeresreform wurden erhebliche Zugeständnisse erreicht. Für eine Übergangszeit bis zum 31. September 1871 sollte eine Pauschale gelten, danach ein ordentliches Budgetrecht für das gesamte Wehrwesen.

Ein weiterer Erfolg für Bismarck zeigte sich schon sehr bald im Winter 1866/67, als die Nationalliberale Partei gegründet wurde, die sich unter Führung des Hannoveraners Rudolf von Benningsen, dem bisherigen Vorsitzenden des Deutschen Nationalvereins, auf Bismarcks Seite stellte. In einem Telegramm Bismarcks am 11. August 1866 an General von Manteuffel hieß es: „Soll Revolution sein, so wollen wir sie lieber machen, als erleiden.“ [66]

In dem Gründungsprogramm vom 2. Juni1867 der Nationalliberalen Partei heißt es:

„Die Einigung des ganzen Deutschlands unter einer und derselben Verfassung ist uns die höchste Aufgabe der Gegenwart.

Konstituierende Sitzung des Norddeutschen Reichstages am 24. Februar 1867 in Berlin

Der Beitritt Süddeutschlands, welchen die Verfassung offenhält, muss mit allen Kräften und dringlich befördert werden, aber unter keinen Umständen darf er die einheitliche Zentralgewalt in Frage stellen oder schwächen.

Im Parlament erblicken wir die Vereinigung der lebendig wirkenden Kräfte der Nation. Das allgemeine, gleiche, direkte und geheime Wahlrecht ist unter unserer Mitwirkung zur Grundlage des öffentlichen Lebens gemacht.

Unter anderen zahlreichen Gegenständen nennen wir: Den Schutz des Rechtszustandes durch unabhängige Richter, die Unabhängigkeit und Erweiterung des Rechtsweges, die Revision der Gesetze über die Kompetenzkonflikte und die Administrativjustiz, die Ausdehnung der Geschworenengerichte auf alle politischen Straftaten unter Aufhebung des Staatsgerichtshofes, die Abschaffung der Konventionen und der Steuer für Zeitungen und Zeitschriften.

Die Lasten der chronischen Kriegsbereitschaft spornen uns an, die neuen Zustände in Deutschland schnell zu befestigen um bald, jedenfalls nicht später als mit dem Ende des Provisoriums, zu der notwendigen Sparsamkeit des Militärfriedensetats zu gelangen.“ [67]

Die nationalen Entwicklungen begannen sich jetzt zu überschlagen. Als Folge der Veränderungen – und teilweise Verwirrungen – wurde der Spruch „Revolution von oben“ geprägt, der letztendlich zur Gründung des Norddeutschen Bundes führte.

Mitte September bis Mitte Dezember 1867 verbrachte Bismarck – nach dem anstrengendsten Sommer seiner Laufbahn – einen Erholungsurlaub als Gast des Fürsten Putbus in dessen Schloss auf der Insel Rügen. Hier arbeitete er in Grundzügen die Verfassung des Norddeutschen Bundes aus. Von größter Wichtigkeit war dabei die Etablierung der Hegemonie des Preußischen Staates und dessen Regierung, mit Bismarck an der Spitze. Und stets hatte dieser dabei auch die Möglichkeit eines Beitrittes der Süddeutschen im Auge. Diese Verfassung sollte im Kern für das Deutsche Reich bis zum Jahr 1918 gültig bleiben.

Mit den Annexionen des Jahres 1866 verfügte der Preußische Staat über 4/5 der Bevölkerung des Norddeutschen Bundes. Es galt aber in Preußen immer noch die alte Verfassung. Deshalb legte Bismarck im Dezember 1867 den neuen Entwurf für den Landtag vor. Darin wurden der Hohenzollern-Krone noch größere Machtbefugnisse eingeräumt als in der Verfassung von 1850. Das Präsidium sollte als absolute Machtposition ausgebaut werden. Der Inhaber des Amtes hatte das Recht, Kriege zu erklären und Frieden zu schließen, Bündnisse und Verträge auszuhandeln, sowie den Kanzler und alle höheren Beamten zu stellen und zu entlassen. Er war bevollmächtigt, Gesetze zu erlassen und deren Ausführung zu überwachen. In der Macht des Präsidiums lag es weiterhin, den Reichstag zu versammeln, ihn zu vertagen oder aufzulösen. Im Kriegswesen wurden Zugeständnisse an die Mitgliedstaaten gemacht. Die Bundesarmee sollte aus Kontingenten der Länder bestehen, deren regierende Fürsten alle Offiziere – mit Ausnahme des Oberbefehlshabers und der Generalität – ernennen durften. Im Falle innerer Konflikte war es ihnen erlaubt, ihre Kontingente für Polizeimaßnahmen heranzuziehen. Als Oberbefehlshaber fungierte König Wilhelm I. Auf ihn wurde der Eid abgelegt. Er konnte Mobilmachung oder Teilmobilmachung anordnen. Alle preußischen Militärgesetze sollten für die gesamte Armee gelten. Eine periodische Haushaltsbewilligung durch das Parlament war nicht mehr vorgesehen. Der „Eiserne Etat", wie er fortan genannt wurde, genehmigte einen jährlichen Sold in Höhe von 225 Talern für jeden Soldaten in der Armee. Der Etat für die Streitkräfte des Heeres lag für das Jahr 1868 bei 90 % der Bundeseinnahmen. Der Bund sollte indirekte Steuern erheben, der Staat dagegen direkte Steuern nach dem Einkommen der Bevölkerung. Beamte erhielten kein passives Wahlrecht. Abgeordnete durften weder Bezüge noch sonstige Zahlungen erhalten. Daraus ergab sich, dass nur der reichere Teil der Bevölkerung als Abgeordnete fungieren konnte.

Mit diesem Verfassungsentwurf konnte Bismarck den preußischen Landtag gegen den Reichstag ausspielen. Da beide Parlamente auf verschiedenem Wahlrecht basierten, sollten sie sich nach Bismarcks Vorstellung auch in ihrer politischen Zusammensetzung unterscheiden.

Ab Juni 1867 gab es dann noch ein drittes Parlament für ganz Deutschland, das in allgemeiner Wahl gewählt wurde: das Parlament des Zollvereins.

Die Reichstagsabgeordneten wurden in direktem und allgemeinem Wahlrecht für eine Legislaturperiode von drei Jahren gewählt. Der Bundesrat bestand aus Vertretern der einzelnen Staatsregierungen. Eine Gesetzesvorlage benötigte die Mehrheit beider Häuser, um Gesetzeskraft zu erlangen. Im Gegensatz zum Reichstagsabgeordneten war ein Delegierter des Bundesrates ein besoldeter Beamter.

Preußen besaß im Bundesrat eine Vorzugsstellung, es erhielt 17 der 43 Stimmen. Zwar konnte Preußen damit theoretisch überstimmt werden, doch nach Bismarck'scher Ansicht sollte es nicht schwierig sein, die kleinen Staaten jederzeit an die Kandarre zu legen.

Für Bismarck galten seine Stellung als preußischer Außenminister sowie die gleichzeitige Kanzlerschaft als Hebel der Macht. Beide Positionen zusammen würden ihm die Möglichkeit geben, Zusammenstöße mit dem Parlament, wie er sie vor vier Jahren erlebt hatte, zu vermeiden.

Rudolf von Delbrück

Karte von Schleswig-Holstein

Sturm auf die Düppeler Schanzen durch preußische Truppen am 28. April 1864

Erstürmung von Alsen

König Ludwig II. von Bayern in Generalsuniform mit Krönungsmantel

Elisabeth Amalie Herzogin von Bayern, genannt Sissi, ab 1854 Kaiserin von Österreich
Bismarck bewunderte ihre Anmut und hielt sie für die schönste aller Prinzessinnen.

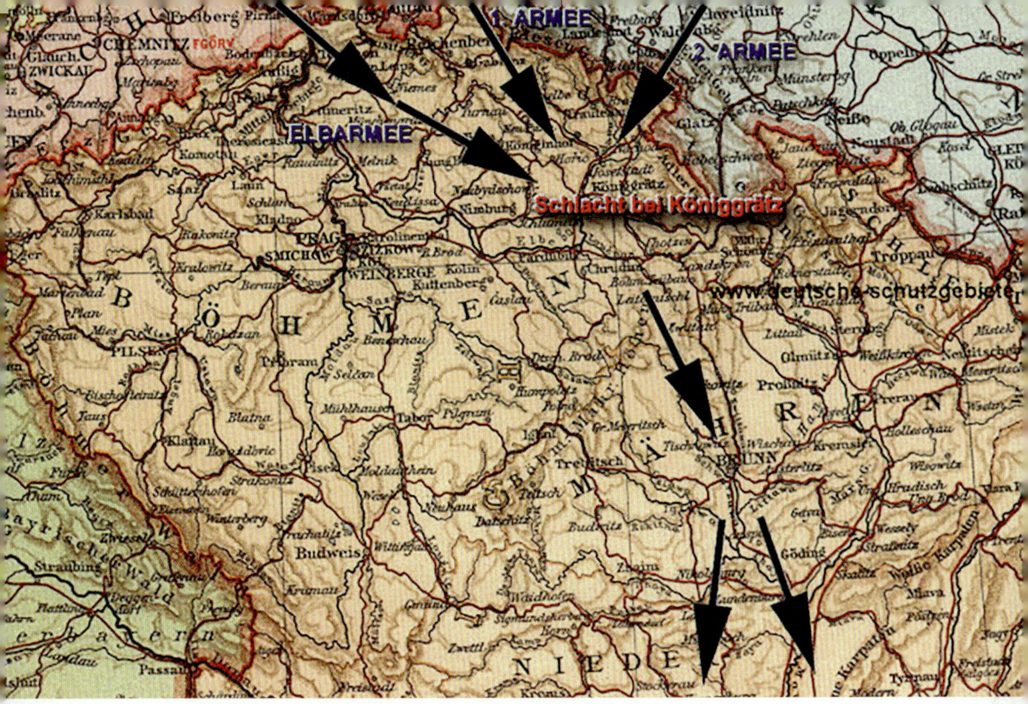

Marschrichtung der preußischen Armeen

Schlacht bei Königgrätz

Die Seeschlacht von Lissa

Kaiser Maximilian I. von Mexiko, jüngerer Bruder von Kaiser Franz Joseph

Reitergefecht

Preußische Kompanie im Angriff

Prinz Friedrich Karl von Preußen

Kriegsrat in Versailles, Dezember 1870

Der Todesritt von Mars-La-Tour am 2. September 1870

General Reille überbringt Wilhelm I. auf dem Schlachtfeld von Sedan das Schreiben Napoleons III.

Bismarcks Zusammentreffen mit Napoleon III. auf dem Weg nach Donchéry am 2. September 1870

Napoleon III. und Bismarck am Morgen nach der Schlacht bei Sedan am 2. September 1870

Kaiser Napoleon III. übergibt seinen Degen an König Wilhelm I.

Franc-Achille Bazaine, Marschall von Frankreich

Julius Graf Andrássy

Kaiserproklamation im Spiegelsaal von Versailles am 18. Januar 1871

Als die Mitglieder des Ministerrates den Verfassungsentwurf erhielten, war das Ergebnis allgemeine Bestürzung. Die Abgabe von Souveränitätsrechten wurde sowohl im Bereich des Militärs, wie auch von den Hansestädten, in wirtschaftlicher Hinsicht als ein zu tiefer Einschnitt empfunden. Daraufhin versuchte Bismarck, die aufkommende Ablehnung und Empörung durch persönliche Verhandlungen und Zugeständnisse an die einzelnen Staaten und Städte einzudämmen. Dem sächsischen König musste er sogar so weit entgegenkommen, ihm den Oberbefehl über sein militärisches Kontingent zu belassen.

Trotz der Schwierigkeiten erreichte der Kanzler letztendlich die Zustimmung der Minister des Ministerrates für die Verfassung. Am 12. Februar 1867 wählten die Norddeutschen den konstituierenden Reichstag mit hoher Wahlbeteiligung. 297 Abgeordnete stellten den neuen Reichstag. Die Hälfte von ihnen waren Adlige – darunter ein königlicher Prinz, vier Fürsten, zwei Herzöge, 27 Grafen und 21 Freiherrn – die anderen wohlhabende Bürgerliche. Unter den gewählten Offizieren befanden sich Moltke und Roon. Die Konservativen erhielten 59 Sitze, die Freikonservativen 39 und die Altliberalen 27. Stärkste Fraktion wurden die Nationalliberalen mit 79 Mitgliedern; die Sozialistische Fortschrittspartei bekam dagegen nur 19 Abgeordnete. Den Rest stellten Splitterparteien.

Am 16. April nahm der Reichstag mit 230 gegen 53 Stimmen die in einigen Punkten abgeänderte Verfassung an. Der Preußische Landtag genehmigte diese am 31. Mai mit 227 gegen 93 Stimmen. Damit hatte der preußische Ministerpräsident die Zustimmung beider Häuser für seine Einigungspolitik erhalten.

Und wieder hatte der auch als „Erzpriester der Reaktion“ bezeichnete Bismarck die Nation bei seiner erfolgreichen Suche nach außen- und innenpolitischen Wegen zu einem Verständigungsfrieden verblüfft. Mit dem von ihm geschaffenen Staatswesen des Norddeutschen Bundes schuf er die modernste Wirtschafts- und Sozialverfassung und eine Rechtsordnung und Verwaltungsstruktur, die in Europa einzigartig war.

Dabei kamen die Ideen und der jeweilige Anstoß von Bismarck. Die Ausarbeitung der Einzelheiten lag jedoch über zehn Jahre lang in den Händen seines Vertrauten und Präsidenten des neu gegründeten Bundeskanzleramtes, Rudolf von Delbrück. Schon in den fünfziger Jahren, in seiner Zeit als Frankfurter Gesandter, hatte Bismarck in Zollvereinsangelegenheiten und in der Österreich - Frage eng mit dem gleichaltrigen Delbrück zusammengearbeitet. Seitdem wirkte dieser bei allen wichtigen Entscheidungen im Hintergrund mit. Beispielsweise bei der gesetzlichen Etablierung des Prinzips der Freizügigkeit und in der Ausarbeitung des Maß- und Gewichtssystems. Den Höhepunkt des gemeinsamen Schaffens bildeten schließlich im Juni 1969 die Verabschiedung einer auf der Grundlage der allgemeinen Gewerbefreiheit aufgebauten Gewerbeordnung und die Einführung des Norddeutschen Strafgesetzbuches.

Der Kampf um die Deutsche Einheit

Der angestrebte Weg zur endgültigen Einigung war allerdings steinig, das wusste Bismarck. In seinen Reden vor dem Reichstag, wie vor dem Preußischen Landtag, riet er zur Mäßigung und zur Geduld. Mehr als die von ihm erzwungenen Schutz- und Trutzbündnisse mit den süddeutschen Staaten konnte mit Gewalt nicht erreicht werden. Auch eine Nötigung der Fürsten jenseits der Mainlinie war nicht möglich. In dieser Zeit eines Übergangsstadiums musste Bismarck auf ein organisches Zusammenwachsen warten. Als Hinweis auf seine erfolgversprechende Geduld bemerkte er einmal: „Ich habe oft lange auf dem Anstand gesessen und habe mich von Insekten umschwärmen und zerstechen lassen, ehe ich zum Schuß kam." [68]

An den Gesandten am bayerischen Hof, Georg von Werthern, schrieb er am 26. Februar 1869: „Hinter der wortreichen Unruhe, mit der Leute außerhalb der Geschäfte nach dem Stein der Weisen suchen, der sofort die Deutsche Einheit herstellen könne, verbirgt sich in der Regel eine flache und jedenfalls impotente Unbekanntschaft mit den Realitäten und ihrer Wirkungen. Wir können die Uhren vorstellen, die Zeit geht aber deshalb nicht rascher, und die Fähigkeit zu warten ist eine Vorbedingung praktischer Politik. Der Süden ist vermöge seiner Stammeseigentümlichkeiten, vermöge seiner Stellung in der früheren Rechtsverfassung durch und durch partikularistisch und konservativ, wir sind ihm nicht nur zu liberal, wir sind ihm zu national, also im Ganzen zu nationalliberal." [69]

Er fuhr dann fort, der Süden würde niemals eine Volksbewegung machen oder Druck auf seine Dynastien ausüben. Nur mit Geduld könne man langsam das schwach entwickelte nationale Einheitsbestreben im Süden fördern. Was den Menschen in Norddeutschland nicht schnell genug gehen könne, hieße im Süden Stagnation.

Vor dem Reichstag führte er am 20. April 1869 in einer programmatischen Rede aus: „Schon das Terrain für die Verfassung des Norddeutschen Bundes ist wegen der vielen Unebenheiten ein schwieriger Baugrund gewesen, der jedoch absolut benutzt werden mußte. Wir können die Geschichte der Vergangenheit weder ignorieren noch können wir, meine Herren, die Zukunft machen. Das ist ein Mißverständnis, vor dem ich auch hier warnen möchte, daß wir uns nicht einbilden, wir können den Lauf der Zeit dadurch beschleunigen, daß wir unsere Uhren vorstellen. Mein Einfluß auf die Ereignisse, die mich getragen haben, wird zwar wesentlich überschätzt, aber doch wird mir gewiß keiner zumuten Geschichte zu machen. Das, meine Herren, könnte ich selbst in Gemeinschaft mit Ihnen nicht, eine Gemeinschaft, in der wir doch so stark sind, daß wir einer Welt in Waffen trotzen könnten, aber die Geschichte können wir nicht machen, sondern nur abwarten, daß sie sich vollzieht. Wir können das Reifen der Früchte nicht dadurch beschleunigen, daß wir eine Lampe darunter halten, und wenn wir nach unreifen Früchten schlagen, so werden wir nur ihr Wachstum hindern und sie verderben. Ich möchte Ihnen doch mehr Geduld empfehlen, der Entwicklung Zeit zu lassen." [70]

Eine abwartende Haltung wurde also zum Gebot der Stunde. Die Widerstände der süddeutschen Staaten waren nicht zu übersehen. So scheiterte Bismarcks Versuch, Hessen-Darmstadt zum Beitritt zum Norddeutschen Bund zu bewegen, kläglich an der unerschütterlichen großdeutschen Haltung des Ministers Dalwigk. Der badische Außenminister bezeichnete den Norddeutschen Bund sogar abfällig als „Bund des Hundes mit seinen Flöhen." Der bayerische Ministerpräsident und Außenminister Chlodwig Fürst Hohenlohe-Schillingsfürst bemühte sich zwar, Beziehungen zum Norddeutschen Bund zu halten, denn sein Ziel war es, Österreich wieder dem Norddeutschen Bund anzunähern. Doch ansonsten betrieb er eine rein bayerische Politik.

Bei alldem hatte Bismarck stets auch auf die Interessen der Franzosen zu achten, denen nichts wichtiger war, als die Vereinigung der norddeutschen Kleinstaaten zu verhindern, um im geeigneten Augenblick das linksrheinische Gebiet okkupieren zu können. Der Sieg der Preußen bei Königgrätz 1866 war für Frankreich nicht hinnehmbar gewesen, und Napoleon III. hatte nur wegen der durch das Brasilien-Abenteuer geschwächten Armee von einer kriegerischen Einmischung abgesehen.

Bismarck ging in seiner Politik weiterhin mit vorsichtigen und kleinen, deshalb aber nicht weniger wichtigen Schritten voran. Im Sommer 1867 lud er die Vertreter der einzelnen Staaten zu einer Konferenz ein, mit der Absicht ein Zollparlament zu schaffen. Bisher hatte der Zollverein keine Verfassung. Seine Mitglieder-Länder waren seit der Gründung im Jahre 1834 durch lockere Verträge miteinander verbunden, die alle zwölf Jahre erneuert werden mussten. Mit einer Reform des Zollvereines hoffte Bismarck Anreize zu schaffen, um die Südstaaten an den Norden heranzuführen. 1861 hatte er die Pläne dafür bereits mit König Wilhelm I. abgestimmt.

Wie üblich lehnte Bayern die Vorschläge Bismarcks jedoch ab, mit der Begründung, es würde im Falle eines Beitritts eigene Souveränitätsrechte abgeben müssen. Doch als sich ökonomisch denkende Kräfte in Bayern mit dem Argument durchsetzten, das Land werde gravierende wirtschaftliche Nachteile zu erwarten haben, lenkte König Ludwig II. ein. Er verlangte aber – als zweitgrößter Staat Deutschlands nach Preußen –, im Parlament dieselbe Stimmenzahl wie Preußen, das heißt sechs Stimmen, zu erhalten.

Doch Bismarcks Kalkül, durch die Wahlen zum Zollparlament die Staaten des Südens an den Norddeutschen Bund heranzuführen, ging nicht auf. Die Angst einer „Verpreußung“ war zu groß. Nur 40 % stimmten bei einer Wahl zum Zollparlament für eine preußenfreundliche Haltung, 60 % entschieden sich dagegen. Bismarck hatte mit seinen Voraussagen Recht behalten. Jenseits der Mainlinie war ein kleindeutsches Nationalempfinden absolut unterentwickelt.

Als sich dann im Herbst Baden zu einer Annäherung an den Norddeutschen Bund entschloss, erklärte der Franzosenkaiser Napoleon III., der argwöhnisch die Entwicklung in Deutschland beobachtete, ein Beitritt Badens zum Norddeutschen Bund sei für ihn ein Kriegsgrund, worauf Friedrich Wilhelm I. sofort einen Rückzieher machte.

Daraufhin bot Bismarck, der nicht mehr gewillt war, die Schwierigkeiten mit den deutschen Staaten und auch den ständigen Kampf mit dem König weiterhin zu dulden, am 22. Februar 1869 seinen Rücktritt an. Der König lehnte jedoch ab.

Als Baden einige Monate später den offiziellen Antrag um Aufnahme in den Norddeutschen Bund stellte, hielt allerdings auch Bismarck den Zeitpunkt für äußerst ungünstig. Er fürchtete eine spontane Reaktion Frankreichs und wiegelte in einer Reichstagsrede ab. Da er jedoch den Geist, den er konstant gerufen hatte – den nationalen Gedanken – den Abgeordneten gegenüber nicht verraten konnte, erklärte er diplomatisch, Baden müsse als einzig nationaldenkender Staat bei den vier Südstaaten verbleiben, um zu versuchen, den nationalen Gedanken dort durchzusetzen.

Und noch einen Rückschlag hatte Bismarck zu verkraften. Der bayerische Ministerpräsident Hohenlohe-Schillingsfürst verlor bei Neuwahlen gegen klerikale, antinationale Kräfte, woraufhin er zurücktreten musste. Im Frühling 1870 hatten die Möglichkeiten für eine Vereinigung somit einen absoluten Tiefpunkt erreicht. Selbst Bismarck kam jetzt zu der Ansicht, eine nationale Einheit würde vor den nächsten zehn Jahren nicht zu erreichen sein.

Die Spanische Erbfolge

Im September 1868 war die spanische Königin Isabella II. durch eine Revolution des Heeres und der Marine gestürzt worden. In den europäischen Hauptstädten kam die Entwicklung nicht überraschend, denn die Bourbonen-Dynastie hatte immer deutlicher ihre Schwächen gezeigt. Für den Kaiser der Franzosen Napoleon III. zeichnete sich dadurch eine Niederlage ab, denn Spanien war sein einziger Verbündeter, als er mit Italien über den Status des Vatikanstaates in Konflikt geriet. Spanien sollte auf Wunsch des französischen Kaisers den Schutz des Papstes übernehmen. Damit hätte er den Rücken frei, um gegen Deutschland loszuschlagen. Die Revolution in Spanien machte ihm jedoch einen Strich durch diese Rechnung.

Dass Bismarck dabei seine Finger im Spiel gehabt hätte, wurde nie bewiesen. Dass jedoch sein Bankier Bleichröder sich ausgerechnet zum Zeitpunkt der Revolution in Spanien aufhielt, gab zu Spekulationen Anlass. Fest steht, dass Bismarck und der König der Entwicklung in Spanien wohlwollend gegenüberstanden. Allein, dass Napoleon III. die Hände im Süden gebunden waren, galt als Erfolg.

Als Italien und Frankreich dann starkes Interesse an der Einnahme des vakanten spanischen Thrones zeigten, wuchs das Misstrauen in Europa. Napoleon III. setzte sich für eine Vereinigung Portugals und Spaniens unter dem portugiesischen König Luiz V. ein, um zu verhindern, dass der aussichtsreichste Kandidat, Antoine Herzog von Montpensier, ein Schwiegersohn des Bourbonen Louis Philippe, zum König von Spanien gewählt würde. Er fürchtete ein Stärkung der Opposition in Frankreich durch das Haus Orleans.

Geradezu alarmierend wirkte jedoch die Nachricht auf den Kaiser, die spanischen Unionisten beabsichtigten den 35-jährigen Erbprinzen Leopold von Hohenzollern-Sigmaringen, einen Offizier in der preußischen Armee, auf den Thron zu berufen. Dieser war ein

Isabella II., Königin von Spanien

Schwager des jungen Königs von Portugal, gehörte der schwäbischen, katholischen Linie der Hohenzollern an, verheiratet mit einer italienischen Prinzessin und durch seine Großmutter verwandt mit Joachim Murat, dem Reitergeneral Napoleons I.. Sein Bruder war bereits Fürst von Rumänien. Sein Vater Karl Anton hatte 1849 die Regierung seines Fürstentums an die Krone Preußens übergeben und wurde Ministerpräsident in der preußischen Regierung in Berlin, später Militärgouverneur der Rheinprovinz und von Westfalen.

Der Argwohn Napoleons III. wurde noch bestärkt, als der spanische Gesandte in Wien dem Preußenkönig Wilhelm I. zu dessen Geburtstag gratulierte. Ein Königtum des Hohenzollernfürsten wäre für Frankreich niemals hinzunehmen gewesen.

Die italienische Regierung musste wiederum unbedingt verhindern, dass Spanien und Frankreich – wie zu Isabellas Zeiten – in der Rom-Frage eine gemeinsame Front bildeten. Sie war jedoch zu schwach, den italienischen Prinzen, Herzog Amadeo von Aosta, den zweiten Sohn des Königs Victor Emanuel von Sardinien auf die Kandidatenliste zu bringen.

Der österreichische Außenminister Graf Beust versuchte zwischenzeitlich als Gegengewicht zu Preußens Expansionsbestreben eine Fünferkoalition Österreich, Frankreich, Italien, Spanien und Portugal zusammenzubringen. Doch kam eine Einigung nicht zustande. England und Russland zeigten an der Thronfolge-Frage kein Interesse.

Bismarck wartete in aller Ruhe die kommenden Ereignisse ab. 1868 schrieb er im September an das Auswärtige Amt: „Die spanische Bewegung, wenn sie einige Konsistenz entwickelt, wird ein wirksames Zugpflaster zugunsten des Friedens sein.“ [71] Und am 3. Oktober 1868: „In unserem Interesse liegt es, daß die Spanische Frage als Friedens-Fontanelle offenbleibt, und eine für Napoleon angenehme Lösung, ist schwerlich die uns nützliche.“ [72]

Im Spätsommer 1869 begann der spanische Ministerpräsident Marschall Prim gleichzeitig mit zwei italienischen Prinzen, dem Herzog von Aosta und dem Herzog von Genua, einem Neffen des Königs, sowie mit dem Sigmaringer Erbprinzen Leopold zu verhandeln. Nach ausgiebigen Gesprächen mit dem Herzog von Genua, zog dieser am 2. Januar 1870 seine Kandidatur zurück, da er erkannt hatte, dass er von den spanischen Cortes keine Unterstützung erwarten konnte. Das gleiche galt für den Herzog von Aosta.

Der Spanische Hof brauchte jedoch dringend einen Nachfolger, da sonst die Gefahr bestand, dass die Republikaner sich durchsetzen würden. So nahm Prim die Gespräche mit dem dritten Anwärter, Erbprinz Leopold von Sigmaringen, wieder auf. Der Vater Leopolds, Herzog Karl Anton von Hohenzollern-Sigmaringen, wusste allerdings, dass sein Sohn nur dann Aussicht auf eine Kandidatur hatte, wenn der preußische König Wilhelm I. dahinter stünde. Da Frankreich auf Wunsch des Erbprinzen von den Verhandlungen nichts wissen sollte, schickte Prim den offiziellen Verhandler Eusebio de Salazar mit dem Geheimauftrag zu König Wilhelm I. und zu Bismarck. Der Erbprinz erbat vom König einen direkten Befehl, seine Kandidatur weiterhin zu betreiben, da er die Verantwortung für politische Verwicklungen nicht alleine tragen wollte. Dazu sei bemerkt, dass Erbprinz Leopold von Anfang an wenig Begeisterung für das spanische Angebot gezeigt hatte. Es widerstrebte ihm, sich mit Revolutionären gegen die legitimierte Prätendentin zu verbinden. Außerdem fühlte er sich der schwierigen Aufgabe nicht gewachsen.

Bismarck allerdings erkannte die Chance und setzte seinem König in einem langen Schreiben die zu erwartenden Vorteile einer Kandidatur des Sigmaringers auseinander. Für den Fall eines Krieges mit Frankreich sei ein verlässlicher Verbündeter für Preußen im Rücken Napoleons III. von großer Wichtigkeit – statt eines potenziellen Gegners, wie es bisher Isabella II. war. Außerdem, wenn Spanien, von einem Hohenzollern-Prinzen geführt, an einem Krieg nicht teilnehmen würde, so müssten trotzdem die Franzosen sicherheitshalber zwei französische Armeekorps an Spaniens Grenzen belassen, die ihnen im Kriegsfalle fehlen würden. „Es liegt daher im politischen Interesse Deutschlands", formulierte Bismarck, „daß das Haus Hohenzollern das Ansehen und die hohe Weltstellung einnehme, welche nur in den Habsburgischen Antezedentien seit Karl V. eine Analogie habe." [73] Weiterhin wies er auf wirtschaftliche Vorteile für Deutschland hin. Insbesondere aber sei eine Stärkung der Hohenzollern-Dynastie für eine führende Position in Europa und auch für die deutsche Einigung von größter Wichtigkeit. Sollte sich Prinz Leopold aber doch noch gegen eine Kandidatur entscheiden, käme möglicherweise Isabella II. wieder auf den Thron, oder Spanien würde eine Republik. Wenn letzteres passierte, müsste Napoleon III. einen Krieg beginnen, um seine republikanische Opposition vor einer Revolution zurückzuhalten.

Erbprinz Leopold von Hohenzollern-Sigmaringen

Alle diese Argumente Bismarcks vermochten jedoch König Wilhelm I. nicht zu überzeugen. Er hatte zwar nicht die Absicht, sich gegen den Sigmaringer Prinzen zu stellen, doch den von Leopold erbetenen Befehl zur Annahme der spanischen Krone wollte er keinesfalls geben.

Um Zeit zu gewinnen beschloss er, zunächst seine Familienangehörigen und Bismarck zu einer Beratung einzuberufen. Doch dann lud der König auch noch Delbrück, von Roon und von Moltke dazu ein. Da der offizielle Verhandlungsführer Spaniens, Salazar, fürchtete, dass diese Verhandlungen Frankreich nicht verborgen blieben, reiste er am 10. März 1870 zurück an den Spanischen Hof. Der Familienrat war sich trotz des Einsatzes Bismarcks, Roons, Delbrücks und Moltkes über die Annahme des spanischen Angebotes nicht einig. Die Mehrheit – unter ihnen der Kronprinz – vertrat die Ansicht, die Vorteile würden die Nachteile nicht ausgleichen. Doch Leopold und sein Vater Karl Anton, bestanden nach wie vor auf einem Befehl des Königs.

Als der preußische Kronprinz dann, durch seine Mutter veranlasst, ein Schreiben seiner Schwiegermutter, der britischen Königin Victoria, erhielt, in dem die Königin diplomatisch erklärte, sich nicht in eine Familienangelegenheit einmischen zu wollen, aber auch keine negative Stellungnahme durchblicken ließ, änderte der Kronprinz seine ablehnende Haltung. Zusammen mit Bismarck konnte er auch den König zu weiteren Verhandlungen bewegen. Außerdem verfügte der König, einen preußischen Berater an den Spanischen Hof zu senden, der ihm über die inneren Verhältnisse berichten und gleichzeitig feststellen sollte, wie stark das spanische Heer tatsächlich sei. Für diese Aufgabe bestimmt wurden Legationsrat Lothar Buchner, Bismarcks rechte Hand in allen außenpolitischen Fragen, und der Major im Generalstab Max von Versen.

Um den gordischen Knoten zu lösen, brachte Herzog Karl Anton jetzt seinen zweitgeborenen Sohn, Prinz Friedrich, als Thronaspiranten ins Gespräch, da Prinz Leopold nach wie vor ablehnte. Doch neue Erkenntnisse ergaben sich dadurch nicht, auch Prinz Friedrich wollte ohne ausdrücklichen Befehl des Preußenkönigs die spanische Krone nicht annehmen, wozu der König jedoch nach wie vor nicht bereit war. Der alte Herzog Karl Anton äußerte sich enttäuscht: „Man muß die Sache also fallenlassen, ein großer historischer Moment für das Haus Hohenzollern ist verlorengegangen, ein Moment, der noch niemals dagewesen, der niemals wiederkehren wird. Hätte der König in letzter Stunde befohlen, so würde Friedrich gehorcht haben; da er ihm aber eine freie Entscheidung anheimgestellt hat, so lautet seine Entscheidung auf Nichtannehmen." [74]

Am 4. Mai 1870 ging dann ein Telegramm an Madrid ab mit der endgültigen Ablehnung des Angebotes. König Wilhelm war zufrieden. Er hielt damit die Frage der Thronnachfolge für endgültig erledigt.

Die Absage auch Prinz Friedrichs hatte sowohl dessen Vater, den Herzog von Sigmaringen, wie auch dessen Bruder, den Erbprinzen Leopold, tief erschüttert. Der Herzog änderte daraufhin seine starre Haltung zu der Frage eines Befehls des Königs und überzeugte jetzt Prinz Leopold davon, seine Familie sei von der Vorsehung dazu berufen, die preußische Staatsräson zu erfüllen. Der Erbprinz dürfe sich nicht der Verantwortung entziehen und sei im preußischen Staatsinteresse gezwungen, auch ohne Befehl des Königs, die spanische Krone anzunehmen. Und tatsächlich sah sich der Erbprinz daraufhin in der Pflicht, dem preußischen Staatsinteresse die Priorität zu geben und teilte dem König mit, jetzt die alleinige Verantwortung übernehmen zu wollen. Mit „schwerem, sehr schwerem Herzen" gab der Preußen-Herrscher seine Zustimmung. Seine Befürchtungen vor einem Krieg mit Frankreich bestanden aber weiter.

Sofort nahm Bismarck dann die Verhandlungen mit Spanien wieder auf. Er stand im Gegensatz zum König auf dem Standpunkt, niemand habe sich einzumischen, wenn Spanien sich einen König wähle. Außerdem vertrat der Kanzler die Meinung, dass die deutsche Einigung – unabhängig von Spanien – sich nur verwirklichen ließe, wenn die internationalen Machtverhältnisse die Durchführung seiner Pläne begünstigten. Dazu galt es zu verhindern, dass Frankreich eine Koalition gegen Preußen zustandebringen würde, und es müsse versucht werden, die Dynastie Bonaparte zu schwächen.

Die Preußen planten, die Wahl Leopolds zum König von Spanien streng geheim vorzubereiten und Frankreich später vor vollendete Tatsachen zu stellen. Wenn Frankreich dann stärkeren Protest einlegen würde, sollte Preußen unangreifbar sein. Bei allen europäischen Staaten musste somit der Eindruck entstehen, Frankreich wolle einem Privatmann und der gesamten spanischen Nation vorschreiben, welche Entschlüsse diese fassten.

Bismarck entschloss sich, die Entwicklung ruhig abzuwarten. Er glaubte, Frankreich würde einen Zweifrontenkrieg gegen Spanien und Preußen wohl nicht wagen. Um den friedlichen Willen Preußens zusätzlich zu dokumentieren, begab sich der König ostentativ zu einer Kur nach Bad Ems.

Als der spanische Ministerpräsident mit der Nachricht von der Zusage des Erbprinzen in Madrid eintraf, hatten alle Cortes, die Vertreter des Staates, die hochsommerlich heiße Stadt auf dem Weg in kühlere Regionen bereits verlassen. Um die baldige Thronbesteigung Leopolds trotzdem nicht zu gefährden, entschloss sich Prim spontan, auf eigene Verantwortung auch Napoleon III. um seine Zustimmung zu bitten.

Am 2. Juli 1870 traf die Meldung in Paris ein und verursachte höchste Aufregung. Die Regierung war der Ansicht, Bismarck habe Spanien zur Thronfolge des Sigmaringers gezwungen, nur mit der Absicht, Frankreich eine diplomatische Niederlage beizubringen. Der neue französische Außenminister Gramont, ein Feind Preußens, übermittelte am 6. Juli eine Note nach Berlin, die einer Kriegserklärung sehr nahe kam. Es galt, mit der Verhinderung der Thronbesteigung des Sigmaringers Preußen vor aller Augen eine diplomatische Niederlage beizubringen. Vor den Abgeordneten der französischen Kammer erklärte der Herzog von Gramont unter frenetischem Beifall am selben Tag: „Wir glauben nicht, dass die Achtung vor den Rechten eines Nachbarvolkes uns dazu zwingt, zu dulden, daß eine fremde Macht durch die Besetzung des Thrones Karls V. mit einem ihrer Prinzen das Gleichgewicht Europas zu unserem Nachteil stört und Frankreichs Interesse und Ehre gefährdet. Sollte es jedoch anders kommen, so würden wir stark durch Ihre Unterstützung, meine Herren, und durch die der Nation unsere Pflicht ohne Zaudern und Schwäche zu erfüllen wissen." [75]

Als Antwort sagte König Wilhelm I. zwei Tage später zu Alfred Graf Waldersee, dem Militärattaché in Paris, der sich bei ihm melden musste und gerade zum Flügeladjutanten ernannt worden war: „Wir befinden uns mit einem Male in einer sehr ernsten Situation. Der Anfang dieser Hohenzollernschen Thronkandidatur datiert von der Zeit vor etwa einem Jahr. Von vornherein habe ich mich als König von Preußen von der ganzen Sache ferngehalten und ist auch Bismarck als Ratgeber des Fürsten Hohenzollern und nicht als Minister

Herzog Antoine de Gramont-Agénor

des Auswärtigen aufgetreten. Vater und Sohn Hohenzollern haben sich durch Bismarck überreden lassen. Dass wir nun so mit einem Schlage vor einer ernsten Verwicklung stehen, ist mir im hohen Grade unangenehm. Ich verdanke das jedenfalls Bismarck, der die Sache auf die leichte Art genommen hat, wie schon manch andere. Zunächst kann ich mich gar nicht darein mischen; ich halte an meinem anfänglichen und korrekten Standpunkt fest. Ich leugne nicht, dass ich zwei Rollen spiele, aber ich kann sie völlig auseinander halten. Niemals habe ich mit jemanden direkt oder offiziell verhandelt und mich auch zu nichts verpflichtet. Ich kann die französische Regierung nur an den Fürsten Hohenzollern weisen und werde auf diesen keinerlei Einfluss üben. Sollte aber Frankreich einen Vorwand zum Krieg suchen, nun dann soll es uns bereitfinden. Daß ich in meinem hohen Alter aber nicht den Wunsch habe, noch einen großen Krieg zu führen und so ernste Verwicklungen nicht leichtfertig herbeigeführt habe, das wird mir die Welt wohl glauben. Wird mir aber Krieg aufgedrängt, so werde ich ihn führen im festen Vertrauen auf meine ausgezeichnete Armee." [76]

Mitte Juli stellte sich die internationale Lage für Preußen im Übrigen äußerst günstig dar. Aus Wien berichtete Schweinitz, Österreich werde sich nicht einmischen. Englands Neutralität war praktisch gewährleistet; Gladstone hatte versichert, dass Preußen bis an die Grenzen der Versöhnlichkeit gegangen sei. Auch Russland äußerte seine Sympathie für Preußen mehrfach. Und Bayern, Baden und Württemberg sagten ebenfalls ihre Unterstützung ausdrücklich zu.

Bismarck wusste, dass er Frankreich vor die Alternative gestellt hatte, eine demütigende diplomatische Niederlage hinzunehmen, oder den Krieg zu wählen. Dennoch kamen ihm – auch aus privaten Gründen – Bedenken, denn er müsste auch seine eigenen beiden Söhne als einfache Soldaten ins Feld ziehen lassen. Und nicht nur Bismarck stand vor dieser schwerwiegenden Frage. Von fünf preußischen Ministern wären auch ihre insgesamt elf Söhne im Falle des Krieges eingezogen worden.

Als der französische Gesandte sich an das Auswärtige Amt Preußens wandte und um Aufklärung bat, stellte sich Bismarck taub, er wisse von nichts, denn es handle sich ausschließlich um eine Familienangelegenheit zwischen dem Erbprinzen von Hohenzollern-Sigmaringen und der spanischen Regierung. Diese Antwort verbitterte Kaiser Napoleon III. und das Volk noch mehr.

Auch der ohnehin schon verunsicherte Preußen-König weigerte sich, auf französischen Druck hin Einfluss auf die Entscheidung des Sigmaringers zu nehmen. Er bezeichnete ebenfalls die Vorgänge als reine Sache des Hauses Sigmaringen und schob damit die Verantwortung für die Thronfolge Herzog Karl Anton zu. Doch der französische Außenminister Gramont befürchtete vollendete Tatsachen, da bereits die Cortes in Madrid zum 20. Juli einberufen worden waren. Er wollte daher durch seinen Gesandten Benedetti nochmals Druck auf den preußischen König ausüben und schickte diesen nach Bad Ems.

Da der Preußen-Herrscher eine Eskalation unbedingt vermeiden wollte, schlug er dem Sigmaringer Fürsten vor, endgültig auf die Thronfolge seines Sohnes in Spanien zu verzichten. Als Karl Anton daraufhin fürchtete, andernfalls die Schuld an einem Krieg aufgebürdet zu bekommen, willigte er ein und erklärte im Namen seines Sohnes, der gerade auf einer Jagd unerreichbar war, den Verzicht. Europa atmete auf. Der Frieden schien gesichert.

Am 13. Juli 1870 hatte Bismarck eine Unterredung mit dem englischen Botschafter Lord Loftus, dem er erklärte, dass der Verzicht des Herzogs Karl Anton von Hohenzollern-Sigmaringen Frankreich nicht genüge, sondern dass man Preußen weiter provozieren wolle: „Aber wir wünschen den Krieg nicht und wir haben unsere friedliche Stimmung bewiesen und werden sie zu beweisen fortfahren, gleichzeitig aber können wir Frankreich in Bezug auf Rüstung keinen Vorsprung erlauben. Ich habe positive Gewißheit, daß militärische Vorbereitungen für den Krieg in Frankreich gemacht sind und gemacht werden. Große Munitionslager sind errichtet, große Ankäufe von Heu und andere für einen Feldzug nötigen Materialien werden gemacht und Pferde werden zusammengebracht. Wenn dies so fortgeht, werden wir verpflichtet sein, das französische Gouvernement um Aufklärung wegen dieses Gegenstandes und der Absicht anzugehen. Nachdem was vorgegangen ist, müssen wir gewisse Versicherungen und Garantien fordern, daß wir nicht einem plötzlichen Angriff ausgesetzt sind, wir müssen wissen, daß nach der Beseitigung dieser spanischen Schwierigkeit nicht noch andere Anschläge lauern, die auf uns losplatzen könnten wie ein Donnersturm." [77] Es wäre unzumutbar für Preußen, fuhr er fort, die dem König und der Nation durch die drohende

Sprache des französischen Ministers Gramont zugefügte Beleidigung einfach hinzunehmen. „Ich kann keine Beziehung mit dem französischen Botschafter, nach der durch den Minister des Auswärtigen angesichts Europas gegen Preußen geführten Sprache, unterhalten." [78]

Bismarck gelang es tatsächlich, in England Stimmung für Preußen zu machen. Die Neutralität dieses Landes bedeutete ihm sehr viel. Sein Erfolg zeigte sich, als die Londoner Times am 15. Juli 1870 schrieb: „Das größte nationale Verbrechen, das seit dem Ersten Kaiserreich geschehen ist, ist nun vollzogen. Ein ungerechter, absichtlich angelegter Krieg wird erklärt. Über das eine kann gegenwärtig kein Zweifel herrschen: dass aller Welt Sympathien sich jetzt dem angegriffenen Preußen zuwenden." [79]

Die Emser Depesche

Frankreich aber begnügte sich nicht mit seinem politischen Sieg, es verlangte noch mehr. Benedetti sollte von König Wilhelm I. eine Erklärung erzwingen, auch in Zukunft dem Haus Sigmaringen zu verbieten, die spanische Krone anzunehmen. Doch Wilhelm I., der die Entscheidungsfreiheit Sigmaringens stets respektierte, weigerte sich. Als ihn der französische Gesandte auf der Kurpromenade gegen jede Etikette daraufhin ansprach, gab er ihm höflich, aber bestimmt, seine Auffassung zu verstehen.

Danach schilderte der König seinem Kanzler den Vorfall schriftlich und erteilte zugleich die Erlaubnis, diesen Bericht zu veröffentlichen. Der Text der Depesche an Bismarck wurde in Bad Ems von Heinrich Abeken, Theologe und im preußischen Ministerium des Äußeren Legationsrat und Vortragender Rat, verfasst. Wegen seiner Kunst, geschickte Denkschriften abzufassen, wurde Abeken auch „Bismarcks Feder“ genannt.

Bismarck machte von der Ermächtigung des Königs Gebrauch, die Depesche zu veröffentlichen. In Gegenwart von Moltke und Roon kürzte er vorher allerdings deren Inhalt. Seine beiden Gäste hatten zuvor den kompletten Text gelesen und danach den gekürzten. Bismarck erläuterte: „Wenn ich diesen Text, welcher keine Änderung und keinen Zusatz des Telegrammes enthält, in Ausführung des allerhöchsten Auftrages sofort nicht nur an die Zeitungen, sondern auch telegrafisch an alle Gesandtschaften mitteile, so wird er vor Mitternacht in Paris bekannt sein und dort nicht nur wegen des Inhaltes, sondern auch wegen der Art der Verbreitung den Eindruck des roten Tuches auf den gallischen Stier machen. Schlagen müssen wir, wenn wir nicht die Rolle des Geschlagenen ohne Kampf auf uns nehmen wollen. Der Erfolg hängt aber doch wesentlich von den Eindrücken bei uns und anderen ab, die der Ursprung des Krieges hervorruft; es ist wichtig, daß wir die Angegriffenen seien, und die gallische Überhebung und Reizbarkeit

Der französische Gesandte Benedetti spricht König Wilhelm I. auf der Kurpromenade an

wird uns dazu machen, wenn wir der europäischen Öffentlichkeit, soweit es uns ohne das Sprachrohr des Reichstages möglich ist, verkünden, daß wir den öffentlichen Drohungen Frankreichs furchtlos entgegentreten." [80]

Der Text der gekürzten Depesche lautete: „Seine Majestät der König hat es darauf abgelehnt, den französischen Botschafter nochmals zu empfangen und demselben durch den Adjutanten vom Dienst sagen lassen, dass seine Majestät dem Botschafter nichts weiter mitzuteilen habe." [81]

Bismarck beabsichtigte, auf diesem Wege als Revanche Frankreich seinerseits eine diplomatische Niederlage zu bereiten. Moltkes Kommentar dazu: „So hat das einen anderen Klang, vorher klang es wie eine Schamade – jetzt wie eine Fanfare in Antwort auf eine Herausforderung."

Die Reaktion war – wie allerdings nicht anders zu erwarten – die

Kriegserklärung Frankreichs an Deutschland. Am 19. Juli 1870, mittags um 1 Uhr 30, wurde sie vom französischen Botschafter Le Sourd Bismarck überbracht.

Damit hatte Bismarck erreicht, was er wollte. Wenn ein Krieg schon unvermeidlich war, so sollte Frankreich der alleinige Friedensbrecher sein.

„Die spanische Kandidatur verschwindet, die Deutsche Frage beginnt" [82], so bemerkte treffend der bayerische Minister Bray-Steinburg, als anstelle der von Frankreich erwarteten Demoralisierung der deutschen Bevölkerung ein bisher nicht dagewesenes, enthusiastisches nationales Zusammengehörigkeitsgefühl Wirklichkeit wurde.

Der Krieg gegen Frankreich

Nach der Kriegserklärung erfolgte am 22. Juli die Proklamation des französischen Kaisers an die Nation:

„Franzosen!
Es gibt im Leben der Völker feierliche Augenblicke, wo die Nationalehre in gewaltiger Erregung sich als eine unwiderstehliche Macht erhebt, die alle Interessen beherrscht und die Leitung der Geschichte des Vaterlandes allein in die Hand nimmt. Eine dieser entscheidenden Stunden hat soeben für Frankreich geschlagen.
Preußen, dem wir während und seit dem Kriege von 1866 die versöhnlichsten Gesinnungen bezeugt haben, hat unserm guten Willen und unserer Langmuth keine Rechnung getragen. Indem es sich in eine Bahn des gewalttätigen Angriffs stürzte, hat es überall Mißtrauen erweckt, überall übertriebene Rüstungen aufgenöthigt und aus Europa ein Heerlager gemacht, in welchem die Ungewißheit und die Furcht vor dem nächsten Tage herrschen.
Ein letzter Zwischenfall hat dann die Unhaltbarkeit der internationalen Beziehungen offen gelegt und den ganzen Ernst der Lage gezeigt. Den neuen Anmaßungen Preußens gegenüber ließen sich unsere Einsprüche vernehmen. Man hat ihrer gespottet und sie mit Bezeigungen des Hohnes beantwortet. Unser Land hat darüber eine tiefe Erbitterung empfunden und sofort hat sich ein Kriegsgeschrei von einem Ende Frankreichs bis zum anderen erhoben. Es bleibt uns jetzt nur übrig, unsere Geschichte der Entscheidung der Waffen anzuvertrauen.
Wir führen den Krieg nicht gegen Deutschland, dessen Unabhängigkeit wir achten. Wir sind von dem Wunsche beseelt, dass die Völker, welche die große germanische Nationalität ausmachen, frei über ihre Geschicke verfügen sollen.
Was und angeht, so verlangen wir die Herstellung eines Standes der Dinge, der unsere Sicherheit gewährleistet und die Zukunft sichert.

Wir wollen einen dauerhaften, auf die wahren Interessen der Völker begründeten Frieden erobern und diesem prekären Zustande ein Ende machen, in welchem alle Nationen ihre Hülfsquellen darauf verwenden, sich gegeneinander zu rüsten.
Die glorreiche Fahne, die wir noch einmal denen gegenüber entfalten, die uns herausfordern, ist dieselbe, die durch Europa die civilisatorischen Ideen unserer großen Revolution trug. Sie vertritt dieselben Prinzipien; sie wird dieselben Gefühle der Hingebung einflößen.

Franzosen!

Ich will mich an die Spitze dieser tapferen Armee stellen, welche von der Liebe zur Pflicht und zum Vaterlande beseelt ist. Sie weiß, was sie werth ist, denn sie hat in den vier Welttheilen den Sieg sich an ihre Schritte heften sehen.

Ich nehme trotz seiner Jugend meinen Sohn mit mir. Er kennt die Pflichten, die sein Name ihm auferlegt; er ist stolz, an den Gefahren derer Theil zu nehmen, die für das Vaterland kämpfen.

Gott segne unsere Anstrengungen! Ein großes Volk, das eine gerechte Sache vertheidigt, ist unüberwindlich!
Napoleon." [83]

König Wilhelm I. begnügte sich mit einem Manifest, das an das große Vaterland gerichtet war. Es trug das Datum Berlin, den 25. Juli und lautete:

„Aus allen Stämmen des deutschen Vaterlandes, aus allen Kreisen des deutschen Volkes, selbst von jenseits des Meeres, sind Mir aus Anlaß des bevorstehenden Kampfes für die Ehre und Unabhängigkeit Deutschlands von Gemeinden und Corporationen, von Vereinen und Privatpersonen so zahlreiche Kundgebungen der Hingebung und Opferfreudigkeit für das gemeinsame Vaterland zugegangen, daß es Mir ein unabweisliches Bedürfnis ist, diesen Einklang des deutschen Geistes öffentlich zu bezeugen und dem Ausdruck Meines königlichen Dankes die Versicherung hinzuzufügen, daß Ich dem deutschen Volke Treue um Treue entgegenbringe und unwandelbar halten werde. Die Liebe zu dem gemeinsamen Vaterlande, die einmüthige Erhebung der deutschen Stämme und ihrer Fürsten hat alle Unterschiede und Gegensätze in sich beschlossen und versöhnt, und einig, wie kaum jemals zuvor, darf Deutschland in seiner Einmüthigkeit, wie in seinem

Recht, die Bürgschaft finden, daß der Krieg ihm den dauernden Frieden bringen und daß aus der blutigen Saat eine von Gott gesegnete Ernte deutscher Freiheit und Einigkeit sprießen werden.
Wilhelm.“ [84]

Moltke stellte dann entschieden klar, dass er in der Kriegsführung keine Verquickung von politischen und militärischen Gesichtspunkten zulassen werde. Er bestand während des Krieges auf einer strikten Trennung zwischen diesen Bereichen. Damit sah er Bismarcks Bemühungen, auch politisch im militärischen Bereich zu agieren, als Einmischung in seine Angelegenheiten an, deren Verantwortung einzig und allein bei ihm liege. Als Folge ließ er Bismarck keine Informationen über geplante Operationen und sonstige militärische Gesamtbelange zukommen.

Jedoch Bismarck setzte sich gegen diesen „militärischen Boykott“ in aller Entschiedenheit zur Wehr. Nach seiner Auffassung bestand Krieg in einer selbstständigen Wechselwirkung zwischen Politik und Strategie. Er forderte, ständig informiert und gehört zu werden. Dieser zwischen Bismarck und Moltke entstandene Konflikt war letztlich eine Folge der preußischen Verfassung, in welcher der Dualismus von Staats- und Wehrverfassung verankert war. Nach erbittertem Streit trug schließlich Bismarck den Sieg davon. Die Öffentlichkeit erfuhr während des Krieges nichts über diese Auseinandersetzung im Hauptquartier. Erst Jahre später kam der Konflikt in Veröffentlichungen zutage.

Die Kriegsplanung der Führung Frankreichs war nicht ganz realistisch und sicherlich auch schlecht durchdacht. Der Rhein sollte danach oberhalb Maxau überschritten werden. Die Kontingente der süddeutschen Staaten waren fest eingeplant, um unter der alten Rheinbundfahne mit den Franzosen nach Berlin zu marschieren. Die Österreicher sollten gleichzeitig mit den Franzosen und dem Rheinbund über Schlesien in Richtung Berlin vorrücken. Italiener, Hannoveraner und Dänen bildeten ebenfalls feste Bestandteile des französischen Aufmarsches.

Als Sammlungsraum für die französische Armee sah der Feldzugsplan das linksrheinische Ufer vor. Möglich war eine solche Versammlung des Heeres nur mit Hilfe der Eisenbahn, deren beide Gleise eine

Anreise nur in zwei Gruppen zuließ. Eine Armee sollte über das Elsaß anrücken, die zweite über Lothringen. Soweit der Plan. Frankreich musste jedoch schon bevor der Krieg begonnen hatte einen schweren Schlag hinnehmen, als es erfuhr, dass die angeblich Verbündeten – Bayern und Süddeutschland – sich nicht für den Rheinbund, sondern für Preußen entschieden hatten.

Aber auch innerhalb des französischen Heeres stand nicht alles zum Besten. Die Armee bestand aus Berufssoldaten; von der sogenannten allgemeinen Wehrpflicht konnte sich jedoch jeder junge Mann freikaufen, wenn er über die Mittel verfügte. Die Folge war, dass das französische Heer sich vornehmlich aus den ärmeren Schichten seinen Nachwuchs beschaffen musste und diese Männer – meist gegen ihren Willen gezogen – kaum mit Begeisterung kämpfen würden. Dazu kamen die Söldner der Fremdenlegion, sowie die in die Uniform gezwungenen, kaum ausgebildeten Kontingente aus der französischen Kolonie Algerien. In einer solchen Armee Zucht und Ordnung einzuführen, stellte das Offizierkorps vor Probleme, die viel Kraft erforderten.

In der Fremdenlegion dienten vornehmlich Ausländer. Sie wurden hauptsächlich in Afrika eingesetzt und waren in Ausrüstung und Versorgung gegenüber den regulären Truppen benachteiligt. Die Legion bestand zu einem Drittel aus Deutschen. Die sogenannten Turkos wiederum setzten sich aus Kabylen und Afrikanern zusammen, bekleidet mit roten Hosen, rotem Fez und grünem Turban. Die Offiziere waren ausschließlich Franzosen.

Die gesamten französischen Streitkräfte bestanden aus dem Gardekorps und sieben weiteren Armeekorps. Die Reiterei rekrutierte sich aus der Garde und den Spahis, der leichten afrikanischen Kavallerie, in orientalischen Kostümen und mit rotem Burnus. Dazu kam noch die Nationalgarde, die der preußischen Landwehr entsprach. Wie schon unter Napoleon Buonapartes Zeiten war die diszipliniertesste französische Truppe die Artillerie.

Die deutsche Armee bestand ebenfalls aus Infanterie, Kavallerie und Artillerie.

Sowohl die französische als auch die preußische Infanterie verfügten über moderne Hinterladergewehre. Die deutsche Armee war ausgestattet mit dem schon im Krieg gegen Dänemark und Österreich

Edmond Leboeuf, Marschall von Frankreich

bewährten Zündnadelgewehr. Die französische Infanterie hatte das Chassepotgewehr mit einem in der Regel zwar kleineren Kaliber, dafür aber einer größeren Schussreichweite. Die deutsche Artillerie verfügte über Hinterladerkanonen der Firma Krupp mit Kalibern von 8 cm und 9 cm. Diese waren der französischen Artillerie mit ihren Vorderladerkanonen im Wirkungsgrad und an Treffsicherheit erheblich überlegen. Darüber hinaus besaß Frankreich noch eine sogenannte „Kugelspritze", die Mitrailleuse, die aus verbundenen 25 Gewehrläufen mit dem Kaliber 13 mm bestand und mit besonderem Mechanismus geladen und abgefeuert wurde. Dieser Vorläufer des späteren Maschinengewehres erfüllte jedoch die hohen Erwartungen der französischen Führung nicht, wie sich zeigen sollte.

Die französische Streitmacht, insgesamt 300.000 Mann stark, hatte 332 Bataillone, 220 Schwadrone sowie 924 Geschütze. Sie wurde Rheinarmee genannt und unterstand Kaiser Napoleon III..

Fünf französische Korps sammelten sich jetzt an der Mosel, zwei im Elsaß. Durch den überhasteten Aufbruch waren die Soldaten jedoch noch nicht einsatzbereit. Auf verstopften Straßen und Schienen mussten Ausrüstung, Verpflegung und Munition erst herbeigeschafft werden. Als Kaiser Napoleon III. mit seinem zum Marschall ernannten Kriegsminister Edmond Leboeuf am 28. Juli 1870 in Metz eintraf und den Vormarsch befahl, erklärten ihm seine Marschälle wegen der herrschenden Zustände, dass der Befehl nicht ausgeführt werden könne. Es zeichnete sich ab, dass der geplante Überfall aufs Feindesland nicht möglich war, vielmehr musste mit einem Einfall des Gegners zu gerechnet werden.

Auf deutscher Seite dagegen lief die Mobilmachung generalstabsmäßig ab. Roon bestätigte eine gute Vorbereitung und Moltke erklärte: „Unsere Mobilmachung ist bis in das letzte Detail hinein vorbereitet. Sechs durchgehende Eisenbahnen sind für den Transport in die Gegend Mosel und Rhein verfügbar. Schon am 10. Tag können die ersten Truppenteile unweit der französischen Grenze anlangen und am 13. die vollständigen kampfgerüsteten Truppen von zwei Armeekorps sich daselbst versammeln. Mit dem 18. Tag ist diese Ziffer bereits auf 300.000 Mann gestiegen. Diesen Tatsachen gegenüber liegt durchaus kein Grund vor anzunehmen, daß die Ansammlung der

Karl Friedrich von Steinmetz, preußischer Feldmarschall

französischen Armeen schneller bewirkt werden könnte.“ [85] Sammlungsräume der deutschen Truppen waren Trier, Mainz, Mannheim und die Bayerische Pfalz. Um dem Gegner einen Vormarsch nach Baden und Württemberg unmöglich zu machen, wurde die badische Rheinbrücke gesprengt.

Moltke hatte die deutschen Streitkräfte in drei Armeen gegliedert. Den rechten Flügel übernahm die I. Armee bei Wittlich unter dem Oberbefehl Feldmarschalls von Steinmetz. Ihre Mannschaften stammten aus Westfalen, der Rheinprovinz und aus Ostpreußen; sie bestand aus dem VII. Armeekorps unter General von Zastrow, dem VIII. Armeekorps unter General Goeben, sowie der 3. Kavalleriedivision unter Generalleutnant von der Gröben. Zusammen waren es etwa 60.000 Mann – mit einer Reserve von nochmals 60.000 Mann.

Die II. Armee unter dem Oberbefehl des Prinzen Friedrich Karl von Preußen gliederte sich in fünf Armeekorps mit ihren jeweiligen Korps-Kommandeuren: Prinz August von Württemberg, General von Alvensleben, General von Manstein, General Voigts-Rhetz und Kronprinz Albert von Sachsen. Die Mannschaften kamen aus Sachsen, Brandenburg, Schleswig-Holstein, Braunschweig und Hannover. Die II. Armee verfügte über insgesamt 134.000 Soldaten und bildete das Zentrum.

Die III. Armee unter dem Oberbefehlshaber des Kronprinzen Friedrich Wilhelm von Preußen war auf dem linken Flügel eingesetzt und bestand aus dem V. und dem VI. Preußischen Armeekorps, sowie den süddeutschen Truppen, den Bayern, Württembergern, den Badenern und Hessen. Befehlshaber waren Generalleutnant von Kirchbach und Generalleutnant von Bose. Die beiden bayerischen Armeekorps befehligten General von der Tann und General Hartmann. Außerdem gehörte noch die 4. Kavalleriedivision des Prinzen Albrecht von Preußen dazu. Die Mannschaften der III. Armee kamen aus den Ländern Schlesien, Posen, Hessen, Thüringen und aus Süddeutschland und waren insgesamt 130.000 Mann stark.

Die Generalstabschefs der drei Armeen waren General von Sperling, General von Stiehle und Generalleutnant von Blumenthal. Zusammen verfügten die drei Armeen über eine Mannschaftsstärke von insgesamt 384.000 Soldaten.

Drei weitere Armeekorps unter dem Befehl des Generals von

Manteuffel bildeten zusätzlich eine Reserve in Stärke von 100.000 Mann.

Das französische Heer bestand aus zwei Armeen:

Erstens aus der Nordarmee mit drei Armeekorps unter General Frossard, Marschall Bazaine und General Ladmirault. Den Oberbefehl hatte Marschall Bazaine. Die Soldaten standen in einer Linie gegenüber den deutschen Armeen.

Zweitens aus der Südarmee mit ebenfalls drei Armeekorps unter dem Oberbefehl des bedeutendsten der französischen Feldherrn, Marschall Mac Mahon, Herzog von Magenta.

Jedes französische Armeekorps hatte vier Infanteriedivisionen und eine Kavalleriedivision. Oberbefehlshaber aller französischen Truppen waren Kaiser Napoleon III. und sein Generalstabschef und Kriegsminister Marschall Leboeuf.

Am 31. Juli 1870 brach König Wilhelm I. als Oberbefehlshaber aller deutschen Truppen von Berlin aus zu seinen Armeen auf, begleitet von Bismarck, Moltke und Roon.

Am 4. August erhielt dann Kronprinz Friedrich Wilhelm den Befehl, mit der III. Armee den Vormarsch zu eröffnen und die französische Grenze in Richtung Weißenburg zu überschreiten. Die Stadt Weißenburg liegt an den Ausläufern der Vogesen am Fluß Lauter. Südöstlich der alten Grenzstadt mit 6.000 Einwohnern erhebt sich der 245 m hohe Geißberg. Bereits im Jahre 1673 hatte Ludwig XIV. die ehemals deutsche Stadt erobert und annektiert. In ihren Mauern war ein französisches Bataillon stationiert, weitere Truppen lagen in Divisionsstärke auf den südlichen Höhen.

Gegen 9 Uhr morgens begann eine bayerische Batterie die Stadt zu beschießen, während zwei weitere bayerische Bataillone auf das Schloss vorstießen, zusammen mit dem preußischen Königsgrenadierregiment Nr. 7. Um 2 Uhr mittags streckten die Verteidiger nach hartnäckigen Abwehrkämpfen die Waffen. Es war ein Sieg der Deutschen, wenn auch teuer erkauft. 91 Offiziere und 1.460 Soldaten starben im Abwehrfeuer der Division des General Douays, der selbst dabei durch eine explodierende Mitrailleuse tödlich getroffen wurde. Die Division trat daraufhin den Rückzug an. Die Verluste der Verteidiger waren allerdings ebenfalls hoch.

Charles Auguste Frossard, französischer General

Patrice Marquis de Mac Mahon, Marschall von Frankreich

Bemerkenswert ist, dass bei Weißenburg erstmals bayerische und preußische Truppen gemeinsam im Feuer standen und dabei kameradschaftlich Freundschaften schlossen. Die bayerischen Truppen hatten sich bewährt. Sie kämpften „wie die wilden Tiere, da sie alles niedermachten, was ihnen in den Weg kam", [86] lautete die Siegesnachricht, die in die Heimat übermittelt wurde. Selbst die Franzosen bestätigten die Kampfwut der Bayern und nannten sie nach ihren hellblauen Uniformen „die blauen Teufel".

Marschall Mac Mahon, der Oberbefehlshaber der französischen Südarmee, wollte jetzt den ins Land eingedrungenen Feind unverzüglich zurückschlagen. Dazu versammelte er das Gros seiner Korps vor den Dörfern Fröschweiler und Elsaßhausen, in denen die deutsche Hauptmacht lag.

Am 6. August 1870 jedoch eröffnete das deutsche V. Korps unter General Kirchbach mit 84 Geschützen das Feuer. Der General war zwar am Vormittag im Gefecht bei Weißenburg verwundet worden, was ihn aber nicht davon abhielt, seinen Posten wieder einzunehmen. Die preußische Infanterie rückte gegen die kleine Stadt Wörth vor und passierte den Fluss Sauer. Als die gegenüberliegenden Hügel erklommen wurden, empfing die Preußen ein mörderisches Feuer. Der Kronprinz hatte den Angriff zwar erst für den folgenden Tag befohlen, da er der Truppe Ruhe gönnen wollte, doch Kirchbach erkannte die Möglichkeit, den Feind zu werfen und gab den Angriffsbefehl. Es entbrannte ein wildes Gefecht, das hin und her ging und sich durch das Eingreifen weiterer Truppen zur Schlacht entwickelte. Am späten Nachmittag gelang es dann, die französischen Truppen in die Flucht zu schlagen. Ein weiterer Sieg für Deutschland!

Die Verluste auf allen Seiten waren allerdings sehr hoch. Die Franzosen verloren 10.000 Soldaten und 6.000 Gefangene, 28 Kanonen und viele weitere Waffen. Doch auch die deutsche Seite musste viele Menschen beklagen. 489 Offiziere und 10.153 Soldaten waren verwundet oder gefallen.

Während die Masse der geschlagenen Franzosen in südwestliche Richtung nach Zabern flüchtete, fiel den deutschen Truppen der Befehlswagen Mac Mahons mit Dokumenten und Karten in die Hände. Von den Württemberger Bataillonen wurde sogar die französische Kriegskasse mit 360.000 Franken erbeutet.

Einen weiteren Sieg – allerdings ebenfalls unter hohen Verlus-

Bismarck überlässt einem verwundeten Soldaten seine letzte Zigarre

ten – errangen die Truppen dann bei Spichern, einem Ort in der Nähe von Saarbrücken. Dabei fiel der deutsche General und Pour le Mérite-Träger Bruno von François, als er an der Spitze seiner Soldaten den Roten Berg erstürmte.

Doch Kanzler Bismarck empfand die Anzahl der Gefallenen und Verwundeten in den ersten Schlachten als viel zu hoch. Er vertrat die Ansicht, die rücksichtslos vorgetragenen Angriffe sollten so nicht weitergehen, „denn so gutes Blut wie das unserer Soldaten ist selten in der Welt." [87]

Das ungestüme Vorstürmen der deutschen Truppen hatte Moltkes ursprüngliche Planung überholt. Er wollte durch ein Zusammenwirken der drei Armeen den Feind an der Saar einkesseln und wie in Königgrätz in einer Kesselschlacht vernichten. Jetzt musste Moltke jedoch umdenken. Sein neuer Plan sah vor, die Armee Bazaine bei Metz zu umzingeln, um einer Vereinigung mit der Armee Mac Mahons zuvorzukommen.

Die anfänglichen Niederlagen hatten alle Offensivpläne Napoleons III. Makulatur werden lassen. In Panik erwog er, die gesamte Rheinarmee bis Chalons zurückzunehmen, wo sich die französische Reserve versammelt hatte. Doch dann beschloss er, den vernichtenden Eindruck auf die französische Bevölkerung fürchtend, in einer Linie zwischen Saar und Mosel östlich von Metz Stellung zu beziehen.

Als Folge rückten die deutschen Armeen, nachdem sie Nachricht von der gegnerischen Stellung bekommen hatten, vor. Die I. Armee unter General Steinmetz marschierte, aus dem Saartal kommend, bis über Forbach direkt auf Metz zu. Die II. Armee unter Prinz Friedrich Karl rückte aus der Rhein-Pfalz einige Kilometer südlicher in Richtung Pont-á-Mousson vor. Die III. Armee schlug einen noch weiteren, südlich liegenden Weg ein, über Luneville nach Nancy. An den Spitzen der Armeen führte die Kavallerie wertvolle Aufklärung durch.

In der Nacht des 9. August hatte das letzte deutsche Kontingent die Grenzstation Hofkirchen hinter sich gelassen. Immer weiter rückten die Armeen jetzt durch das Elsaß und durch Lothringen auf französisches Gebiet vor. Am 11. August wurde auch das Hauptquartier des preußischen Königs nach St. Avold zwischen die I. und II. Armee verlegt.

Im 30-jährigen Krieg 1618 bis 1648 hatte Kardinal Richelieu Deutschland die Gebiete des Oberelsaß entrissen und sich seinen

Raub im Westfälischen Frieden sanktionieren lassen. Das am Boden liegende Deutschland konnte damals nichts dagegen unternehmen, als Ludwig XIV. 1681 auch noch Straßburg und das Unterelsaß annektierte und unter die französische Knute zwang.

Nach den deutschen Siegen wurden die Länder Elsaß und Lothringen am 17. August 1870 dann wieder deutschen Generalgouverneuren unterstellt.

In Paris war nach Bekanntwerden der schweren Niederlagen die Stimmung umgeschlagen, von anfangs Hass und Wut in tiefe Niedergeschlagenheit. Als am 9. August die Gesetzgebende Kammer einberufen wurde, mussten die bisherigen Minister Gramont und Ollivier ihren Hut nehmen. Die republikanische Partei verlangte den sofortigen Rücktritt des Kaisers vom Oberbefehl. Szenen höchster Erregung spielten sich ab und erreichten im Ruf „der Kaiser soll abdanken" ihren Höhepunkt. Ein neuer Minister, Graf von Palikao, wurde zur Beruhigung der aufgebrachten Volksmassen ernannt. Er setzte am 12. August den Kriegsminister Leboeuf ab und versprach, binnen zwei Wochen 70.000 Mann zusätzlich an die Front zu senden. Woher er sie nehmen wollte, sagte er jedoch nicht.

Die Wut der enttäuschten Pariser entlud sich dann auf die in der Hauptstadt arbeitenden Deutschen. 80.000 wurden durch ministeriellen Erlass von heute auf morgen aus Paris und Frankreich ausgewiesen. Haus und Hof und Existenz, sogar ihre Ersparnisse auf Banken und Sparkassen, mussten sie auf ihrer Flucht zurücklassen. Der dem Kaiser nicht wohlgesonnene General Louis Trochu wurde zum neuen Generalgouverneur von Paris ernannt. Die französische Presse überschlug sich mit niederträchtigen Anschuldigungen über Untaten deutscher Truppen.

Aber auch Bismarck geriet ins Visier der Gazetten:

„Folgen wir Bismarck Schritt für Schritt auf den Etappen seines Lebens, so sehen wir ihn immer aus der Politik ein Gewebe von Intrigen machen und dem Ehrgeiz eines stolzen Despoten alles das zur Verfügung stellen, was der menschliche Geist auf dem Gebiete verschlagener Tücke, schurkischer Gesinnung und verbrecherischer Gesinnung und verbrecherischer Denkart in sich bergen kann. Indem er 1863 dem Volke Preußens seine Freiheit raubte, indem er 1864 das

Graf von Palikao

schwache Dänemark niederschlug, dem er zwei Herzogtümer entriß, indem er 1866 Österreich erniedrigte und das Königreich Hannover, das Kurfürstentum Hessen, das Herzogtum Nassau und die Freie Stadt Frankfurt wegnahm, indem er diese Staaten entsetzlich prellte, indem er 1870 Frankreich abwürgte, es zugrunde richtete und ihm den Ölzweig des Friedens versagte, hat Herr von Bismarck immer nur mit kaltem Blute auf den Tod der Unschuldigen spekuliert. Dieser hochfahrende, anmaßende und brutale Mensch wohnt fühllos der Hinrichtung ganzer Völker bei und zeigt der Welt, wie weit es die Menschenseele im Raffinement der Grausamkeit bringen kann.

Von 1867 an bereitete Preußen mit Eifer den Krieg vor, den es in Zukunft gegen Frankreich zu führen vorhatte. Ohne Unterlaß wurde gerüstet, wurden die Elemente gebildet, die es zum Gelingen nötig hatte. Bismarck als Kanzler des neuen Nordbundes, Roon als Kriegsminister, Moltke als Chef des Generalstabes standen, jeder in seinem Kreise, den geheimen Plänen und dem Ehrgeize des stolzen Despoten zur Seite, der Preußen regiert. Moltke in Person und Offiziere des Generalstabes der preußischen Armee durchstreiften einen Teil Frankreichs, um sich an Ort und Stelle von der Genauigkeit der Notizen zu überzeugen, die der preußischen Regierung eingeschickt worden waren. Sie nahmen Pläne der französischen Festungen, topographische Pläne auf, machten sich Notizen über die Modelle, die für das neue Bewaffnungssystem bestimmt waren. Auf Bismarcks und Roons Anregung verbreitete sich eine Wolke von Spionen, hierarchisch gegliedert, reichlich bezahlt, die einen verkleidete Offiziere, die anderen dem bürgerlichen Stand angehörig, über ganz Frankreich und berichteten mit Genauigkeit alles, was ihr fleißiges Nachforschen beobachtete. Hohe Beamte der Ministerien des Krieges und des Innern wurden mit fabelhaften Summen gewonnen, die Einzelheiten zu liefern, die die preußische Armee kennenzulernen ein Interesse hatte. Die Legion von Verrätern, die sich in die Armee Frankreichs eingeschlichen hatte, ist allein daran schuld, wenn Preußen imstande war, mit seinen Truppen so leicht zu manövrieren und mit erdrückenden Massen bloße Korps der französischen Armee zu überfallen. Diese heimliche Verräterei ist während des Feldzuges von 1870 nach und nach an den Tag gekommen; die französische Regierung hat Beweise dafür in Fülle.“ [87]

Auch Belgien unter König Leopold I. verurteilte Bismarcks Politik. So schrieb der belgische Gesandte am Berliner Hof, Baron Nothomb, die Kriegserklärung an Österreich sei schon am 23. September 1862 erfolgt, also an dem Tag, an dem Bismarck preußischer Ministerpräsident wurde. Selbst die an sich deutsch-freundlichen Flamen lehnten den konservativen Staatsnationalismus Bismarcks strikt ab. Es wurde sogar berichtet, aufgrund der germanischen, und vor allem der sprachlichen Verbundenheit würde Bismarck – ebenso wie Schleswig-Holstein – auch Flandern vereinnahmen wollen.

Ein besonders niederträchtiger und verleumderischer Artikel erschien im November 1870 in der Brüsseler Zeitung „Indiscrète", die der Kanzler selbstironisch als „wunderbare Lebensbeschreibung von mir, die sehr komisch ist" bezeichnete:

„Bismarck macht sich als großer Herr mit liederlichen Gewohnheiten häufig das Vergnügen, schöne Damen zu entführen. Wie in seiner Jugend, so trieb ihn auch später zu wiederholten Malen seine Lüsternheit an, durch seine Agenten eine Tochter aus dem Hause ihres Vaters, eine Ehefrau aus dem ihres Gatten wegschleppen zu lassen. Eine solche gewaltsame Entführung betraf eine junge Dame von außerordentlicher Schönheit in Breslau. Er ließ sie an einen Ort bringen, den er in einer Art Serail umgeschaffen hatte. Als er nach einiger Zeit seine Leidenschaft gestillt hatte, warf er seine gierigen Blicke auf eine andere. Man führt außer anderen Fällen den an, wo er, verliebt in eine Nonne von wunderbarer Schönheit, diese aus ihrem Kloster fortschleppen und in seine Hände liefern ließ. – Man zählt in Berlin an 50 uneheliche Kinder von ihm. Als entmenschter Gatte macht er seiner rechtmäßigen Frau unaufhörlich Verdruß, er läßt sie die Last seines launenhaften, hitzigen, boshaften und brutalen Wesens fühlen. Er vergißt seine hohe Stellung und behandelt sie wie ein preußischer Bauer, d.h. er schlägt sie mit der Karbatsche, und, wie es in Deutschland heißt, kommt das keineswegs selten vor. Im Jahre 1867 wurde er vom Dämon der Eifersucht ergriffen, als er hörte, daß eine seiner Geliebten sich mit einem hübschen russischen Herrn von Adel ins Theater begeben habe. Indem er sich das Recht zusprach, die, der er ein Jahresgehalt gab, zu prügeln, drang er in die Loge ein, in der sie sich befand, und bearbeitete mit kräftigen Karbatschenhieben die runden Schultern der Schönen. – Als dieser Vesuv von einem Diplomaten im Juni 1867 in Paris war, ging er häufig des Abends in bürgerlicher Kleidung, oft auch inkognito aus, um auf die natürlich umschweifenden Schönen Jagd zu machen; man hat ihn Abends auf dem Bal Mabilie erkannt.“ [88]

Die Gräuelmärchen der französischen Presse über Verbrechen der deutschen Truppen standen im krassen Gegensatz zu der Zucht und Ordnung, die preußische Offiziere strengstens von sich und ihren Männern verlangten. Oft zeigten sie sogar dem Feind gegenüber ein für Bismarck fast zu weitgehendes Mitgefühl. Er schilderte den Fall eines Obersten: „So ist es mit diesem Oberst Kron, der klagt erst einen Advokaten wegen Verschwörung mit Franktireurs an, und wie er ihn verurteilt sieht, reicht er ein Gnadengesuch ein und dann noch eines, statt ihn totschießen zu lassen und zuletzt – er gilt doch sonst für energisch und geradezu – schickt er mir sogar dessen Frau mit einem Ausweis über den Hals.“ [89]

Über die dagegen grausamen Vorkommnisse bei den Franzosen, nicht bloß bei den Partisanen, sondern auch bei der regulären Truppe, verfasst er ein Memorandum:

„Beinahe täglich verletzen sie die Genfer Bestimmungen, sie schießen auf Parlamentäre, mißhandeln Ärzte und plündern sie aus, ebenso die Krankenträger und Lazarettgehilfen, ermorden Verwundete ohne auf die Genfer Binde zu achten, außerdem verwenden sie die verbotenen Explosivkugeln und behandeln Schiffe und Besatzung der deutschen Handelsflotte völkerrechtswidrig, nachdem sie diese aufgebracht haben. Dann wäre daraus zu schließen, daß die französische Regierung daran einen großen Teil Schuld trägt, da diese den Volkskrieg entfesselt habe und die angefachten Leidenschaften nicht mehr im Zaun halten könne, die sich über Völkerrecht und Kriegsbrauch hinwegsetzen.“

Am Abend des Tages nach der Niederschrift des Memorandums trifft die Nachricht ein, dass der König dem Kanzler das „Eiserne Kreuz Erster Klasse“ verliehen habe. Sein Kommentar dazu: „Ich habe jetzt schon genug. Da schickt mir der gute König nun die Erste Klasse des Eisernen Kreuzes. Ich werde komplett lächerlich damit aussehen, wie wenn ich eine große Schlacht gewonnen hätte. Wenn ich nur wenigstens die Zweite Klasse, die ich nicht mehr brauche, meinem Sohn schicken könnte.“ [90]

Während in Paris die Stimmung auf dem Nullpunkt angekommen

war, hatte Marschall Bazaine seine weit um Metz liegenden Truppen zusammengezogen und am Fluss Neid Schanzen aufgeworfen. Als die deutsche Armee jedoch schneller als von ihm erwartet vordrang, entschloss er sich, seine Front auf die Stadt Verdun zurückzunehmen. Am 14. August setzten sich die Kolonnen demzufolge von Metz ab.

Auf deutscher Seite hatte man Bazaines Absicht, sich mit den Truppen Mac Mahons zu vereinen und gemeinsam gestärkt in die nächste Schlacht zu gehen, jedoch erkannt. Um dieses Vorhaben der Franzosen zu unterbinden, musste man versuchen Bazaines Absichten zuvorzukommen. Dazu sollte die Armee des Prinzen Friedrich Karl in Teilen südlich von Metz die Mosel überschreiten und die im Abzug befindlichen französischen Truppen verfolgen.

Am Nachmittag griff General von der Goltz mit mehreren Bataillonen die abmarschbereiten Feinde im Zentrum bei Colombey an. Ihm folgte das I. Korps unter General von Manteuffel auf dem linken Flügel. Auf der Linie Nouilly-Colombey entbrannte ein heftiger Kampf, der hin und her ging. Die Deutschen eroberten Orte, verloren sie wieder, um sie erneut zu besetzen. Zwei französische Divisionen, die bereits abgezogen waren, machten kehrt und warfen sich zusätzlich in den Kampf. Am frühen Abend erreichte das wütende Gemetzel seinen Höhepunkt.

Die direkt an der Schlacht beteiligten deutschen Divisionen hatten fast alle ihre in der ersten Reihe stehenden Offiziere verloren. Ihr Kommandeur, Generalleutnant von Bentheim, stürmte seinen führerlosen Bataillonen mit gezogenem Degen voraus. Im richtigen Moment erschien dann General von Wrangel mit der 18. Infanteriedivision und konnte die französischen Verteidiger am linken Flügel umfassen und schlagen. Dadurch zwang er die gesamte feindliche Armee, sich nach Metz zurückzuziehen.

Erneut war ein deutscher Sieg errungen, aber wieder hatte eine verlustreiche Schlacht 222 Offizieren und 5.000 weiteren Männern das Leben gekostet. Die französischen Verteidiger verloren ebenfalls etwa 200 Offiziere, jedoch vergleichsweise nur 3.408 Soldaten.

Am nächsten Morgen, am 15. August, begannen sich die französischen Truppen von Verdun nach Metz zurückzuziehen. Doch Truppen der 6. Kavalleriedivision verfolgten sie und verzögerten erfolgreich den Rückzug.

Das gab dem III. Preußischen Korps unter General Alvensleben die Chance, heranzukommen und die wohl blutigste Schlacht des ganzen Krieges zu führen. Mit Ungestüm griffen die Brandenburger an. Doch ihr Brigadekommandeur starb in vorderster Linie. Und wieder waren es auch die Offiziere der Bataillone, die dem Feuer des Gegners als erste zum Opfer fielen. Erneut mussten die Divisionskommandeure – so die Generale von Stülpnagel und von Schwerin – persönlich ihre Truppen voranreißen.

Gegen 10 Uhr war auch die deutsche 6. Division bei Mars-la-Tour eingetroffen. Es gelang ihr, im furchtbaren Infanteriefeuer und unter Artilleriebeschuss die Ortschaft Vionville zu nehmen und von dort aus Flavigny zu erstürmen.

Durch drei herangezogene Divisionen gelangten die Franzosen dann in die Überzahl. Trotzdem unterließ es Bazaine, die deutschen Truppen aus der Gegend von Metz wieder herauszuwerfen. Im Gegenteil, auf dem linken Flügel griffen die Franzosen nicht an und gaben damit den Preußen die Möglichkeit, von Flavigny aus vorzudringen und den Vormarsch von vier französischen Korps zu unterbinden.

Doch fürchterliche Verluste dezimierten das deutsche II. Korps immer mehr. Im kritischen Augenblick traf Hilfe ein. Seinem X. Korps vorausreitend traf der Kommandeur General Voigts-Rhetz auf dem Schlachtfeld ein. Sein Korps war auf dem Weg nach Thiancourt, als der General den Kanonendonner bei Vionville hörte, seine Truppen umleitete und sofort die nötigen Aufstellungsbefehle geben konnte. Seine Artillerie brachte die Gegner endgültig zum Stehen.

Als dann afrikanische Chasseurs auf dem Schlachtfeld eingriffen, war es die preußische Kavallerie mit Unterstützung eines holsteinischen Dragonerregimentes, die die Afrikaner in die Flucht schlugen. Deren Verfolgung musste jedoch abgebrochen werden, da eine Unzahl feindlicher Kavallerie auf die deutsche Kavallerie prallte.

Am Abend fand das größte Reitergefecht des ganzen Feldzuges statt. Als der französische General Legrand an der Spitze seiner Reiter fiel, war der Kampf entschieden. Die französischen Reiter flohen. Es waren westfälische Kürassiere, hannoveranische Ulanen und oldenburgische Dragoner, die den glänzenden Sieg über die französischen Gardereiter erzielten. Erst in der Nacht schwiegen die Waffen dann endgültig.

In wechselvollen und verlustreichen Gefechten war es letztendlich den Deutschen dreimal gelungen, den Feind aus seinen Stellun-

Konstantin von Voigts-Rhetz, preußischer General

gen auf den Höhen von Maison blanche zu werfen. Ebenso oft hatten sie allerdings französischen Reserven wieder weichen müssen. Damit aber war die Truppe am Rande der Kräfte. Die Munition war großenteils verbraucht, die Kavallerie war 15 Stunden im Sattel, die Pferde brauchten Futter. Aber auch die Franzosen waren zu erschöpft, um weiter zu kämpfen.

Auf beiden Seiten war der Blutzoll erneut groß. An einem einzigen Tag waren 16.000 deutsche Soldaten gefallen und ebenso viele Franzosen.

Marschall Bazaine erwog kurzzeitig einen Rückzug nach Verdun, entschloss sich aber dann doch am 18. August, seine Armee nach Metz zurückzuführen und den Gegner dort zu erwarten. Munitions- und Verpflegungsmangel zwangen dazu. Die Stellungen bei Metz waren günstig. Die französischen Truppen setzten sich auf dem Kamm eines Höhenzuges fest. In der Richtung, aus der die deutschen Angriffe erwartet wurden, stieg der Hang langsam an und bot ein geradezu ideales Schussfeld.

Moltkes Plan sah vor, diese nahezu unangreifbaren Stellungen des Feindes nur mit einem hinhaltenden Gefecht mit seinem rechten Flügel anzugreifen. Der linke Flügel mit vier Korps sollte östlich einschwenken und die französische Armee sodann von Norden her umfassen.

In den frühen Morgenstunden des 18. August war auch König Wilhelm I. mit seinem Stab von Pont-á-Mousson aufgebrochen, um den Oberbefehl über die I. und II. Armee auf der Höhe von Flavigny zu übernehmen.

General von Manstein eröffnete den Kampf mit seinem IX. Korps. Die feindliche Stellung bei St. Privat war jedoch stark mit Artillerie ausgebaut, und mit den weittragenden Chassipot-Gewehren fügten die Franzosen dem Korps starke Verluste zu.

Das III. Korps als Reserve mit seinen 130 Geschützen zwang jedoch die französische Artillerie, gegen Nachmittag das Feuer einzustellen. Jetzt traten acht sächsische und sieben preußische Gardebataillone zum Sturm an und eroberten St. Marie. Ein Befehl des Hauptquartiers zwang dann das IX. Korps zum Abwarten.

Während auf dem rechten Flügel die Franzosen wegen ihrer idealen Stellung nicht zu erschüttern waren, fand auf dem linken Flügel die entscheidende Schlacht statt. Prinz August von Württemberg gab den Befehl zum Angriff. Die Franzosen wurden bei St. Privat aus ihren vorderen Stellungen geworfen. Sächsische und preußische Gardetruppen standen im verlustreichen Häuserkampf und zwangen das französische IV. Korps zum Rückzug. Am Abend schwiegen dann die Waffen und 2.000 Franzosen gingen in Gefangenschaft. Auf dem Schlachtfeld wurden die toten Soldaten von „Hyänen der Schlachtfelder" ausgeraubt.

Der König und sein Stab, Bismarck, Roon, Prinz Karl und die Großherzöge von Sachsen-Weimar und von Mecklenburg, alle warteten auf Nachricht von der Front. Da erschien Moltke mit der erlösenden Nachricht: „Majestät, der Sieg ist unser, der Feind ist auf Metz zurückgeworfen." [91] Zehn Stunden hatte der mörderische Kampf gedauert. Da der König in der Dunkelheit nicht mehr in sein Hauptquartier zurückkehren konnte, musste er in einem Stall auf Stroh die Nacht verbringen. Erst am nächsten Nachmittag kehrte der gesamte Stab nach Pont-à-Mousson zurück.

Die wiederum hohen preußischen Verluste ließen von einem Massaker sprechen. Für König Wilhelm I. war das der Anlass, über eine neue, schonende Infanterietaktik nachzudenken.

Die französischen Truppen hatten sich nach ihren Niederlagen auf die verschiedenen Forts in Metz zurückgezogen. Eine Belagerung war nicht vorgesehen, vielmehr sollte das Gros der deutschen Truppen nach Moltkes Planung in Richtung Paris vorrücken. Da aber das französische Heer in Stärke von 170.000 Mann – ohne jede Verbindung zum Oberkommando – in Metz eingeschlossen war, änderte Moltke sein Vorhaben und gruppierte das gesamte deutsche Heer um. Es galt jetzt, einen starken Ring um die Festung Metz zu legen und Ausbruchsversuche zu verhindern. Die Leitung der gesamten Belagerungsarmee lag beim „Roten Prinzen", Friedrich Karl.

Die Niederlagen des bisherigen Kriegsverlaufes hatten den Nimbus von Kaiser Napoleon III. schwer angeschlagen. Überall wurde sein Rücktritt gefordert. Aus den Resten der französischen Armeen und den noch zur Verfügung stehenden Truppen, die an der spanischen Grenze zurückgelassen worden waren, wurde nun eine neue Armee in der Stärke von 130.000 Mann aufgestellt, deren Oberbefehl Marschall Mac Mahon übernahm. Er versammelte die Truppen dieser Armee bei Chalons. Das Lager befand sich nordöstlich der Stadt und war früher ein Truppenübungsplatz. Ursprünglich hatte Mac Mahon den Auftrag gehabt, Paris zu schützen. Das Kriegsministerium befahl nun eine Vereinigung mit der Armee Bazaines, den die Franzosen in Unkenntnis der Lage auf dem Rückzug von Metz vermuteten.

Entscheidung bei Sedan am 2. September 1870

Am 20. August 1870 erhielt Mac Mahon dann die Nachricht, dass der Kronprinz von Preußen mit seiner Armee im Anmarsch auf Paris sei. Daraufhin entschloss sich Mac Mahon am 21. August, Stellung in Reims zu beziehen. Von da aus konnte er sowohl noch rechtzeitig Paris erreichen, als auch auf Bazaine warten. Eine Falschmeldung, wonach Bazaine bereits auf dem Marsch nach Norden sei, ließ Mac Mahon dann am 23. August ihm in Richtung Stenay entgegenziehen.

Am selben Tag begann der deutsche Vormarsch zur Maas. Die Armee des Kronprinzen erhielt den Befehl, die Maas-Übergänge bei Dun und Stenay zu besetzen. In bewundernswerter Marschleistung waren beide deutsche Armeen weit nach Norden vorgedrungen; die Maas-Armee rückte auf Beaumont vor, die III. Armee links davon auf Grand-Pré.

Als Mac Mahon vom Abmarsch der deutschen Truppen Nachricht bekam und zugleich erfuhr, dass Bazaine in Metz festsaß, wollte er in Richtung Paris aufbrechen, erhielt jedoch vom Kriegsministerium den Befehl, seinen Marsch auf Metz fortzusetzen. Bei Beaumont kam es dann zwischen einer Nachhut des V. Französischen Korps und des I. Bayerischen Korps zu einem Zusammenstoß, der für das Bayerische Korps siegreich ausging.

Danach setzte Mac Mahon seinen Marsch nach Metz nicht fort, sondern versammelte seine Soldaten auf der Festung von Sedan. Verpflegung und Munition sollten aufgenommen werden. Auch Kaiser Napoleon stieß am 31. August zu den Truppen nach Sedan. Die Stadt Sedan liegt etwa 15 km nordwestlich vom Gefechtsfeld des 30. August am Ufer der Maas, hart an der belgischen Grenze. Bekannt war die Stadt mit ihren 60.000 Einwohnern durch bedeutende Tuchfabriken. Die veraltete Festung, deren Bastionen und Zitadellen in einer Senke lagen, konnte von den umliegenden Höhen mit moderner Artillerie beschossen werden.

Prinz Friedrich Karl befehligt preußische Truppen bei Sedan

Am Abend des 31. August formierten sich dann auch die beiden deutschen Armeen vor Sedan. Im Osten marschierte der Kronprinz von Sachsen mit starken Kräften zwischen Sedan und der belgischen Grenze auf. Im Süden stand der preußische Kronprinz mit vier Korps und zwei Kavalleriedivisionen an der Maas, um bei einem Rückzug des Gegners an den beiden Maas-Brücken, diesem in die Flanke fallen zu können.

Am frühen Morgen des 1. September begannen bayerische Truppen mit einem Kanonenfeuer. 250.000 Deutsche umzingelten die von 130.000 Franzosen besetzte Festung. In einem Quadrat von je drei Kilometern Seitenlänge waren die Verteidiger eng aufeinander gedrängt.

Bei einem morgendlichen Aufklärungsritt wurde Marschall Mac Mahon durch Granatsplitter so stark verwundet, dass er den Oberbefehl an General Ducrot abgab. Das Kriegsministerium hatte jedoch

Kronprinz Albert von Sachsen (seit 1873 König)

für den Fall, dass Mac Mahon ausfallen sollte, ohne dessen Wissen ausdrücklich General de Wimpffen als Nachfolger bestimmt, der zwei Tage vorher aus Algerien auf der Festung eingetroffen war. Dieser wollte jetzt unbedingt eine Vereinigung mit Bazaine durchsetzen. Daher versuchte er, mit der Kavalleriedivision Margueritte in einem überraschenden Vorstoß aus der Festung bayerische und sächsische Truppen zu durchbrechen. Es kam zum erbitterten Kampf. Die überlegene französische Reiterei warf die deutschen Truppen zunächst zurück. Eine eintreffende sächsische Brigade konnte jedoch durch ihr überraschendes Eingreifen die Situation bereinigen und die Franzosen zurückdrängen. Nach schweren Gefechten wurde sodann die in der Nähe liegende Stadt Bazeilles von deutschen Truppen eingenommen. Mehr und mehr schloss sich der Ring um die Franzosen, viele weitere deutsche Truppen trafen ein.

Von 71 Batterien wurde das eingeschlossene französische Heer jetzt aus Norden, Osten und Süden beschossen. Auf den Höhen von Frénois konnte Wilhelm I. mit dem Fernglas das Fortschreiten der Schlacht verfolgen. Kriegsminister von Roon meldete: „So nun ist der Kessel geschlossen.“ [92]

Französische Kavallerie versuchte sodann einen Ausbruch mit fünf leichten Regimentern Chasseurs d’Afrique. Doch heftiges Flankenfeuer der preußischen Batterien zwangen die Reiter unter schweren Verlusten zum Rückzug. Einige der Abteilungen der Kürassiere und Chasseurs wurden dabei total aufgerieben.

Der schneidige und tapfere Vorstoß der Reiter vermochte das Schicksal der französischen Truppen aber nicht mehr aufzuhalten. Noch Jahre später blickte Frankreich jedoch mit Stolz auf seine todesmutige Kavallerie, die unter Einsatz aller Kräfte kämpfte und letztendlich vor der Übermacht der Sieger doch noch kapitulieren musste.

Verzweifelt erkannte General Wimpffen jetzt, dass er Sedan kaum mehr halten konnte. Alle vorgeschobenen Stellungen waren verlorengegangen. Schriftlich forderte er noch den Kaiser auf, sich in Person an die Spitze der Truppen zu stellen:

„Sire, ich gebe dem General Lebrun den Befehl, einen Durchbruch in der Richtung von Carignan zu versuchen, und lasse alle verfügbaren Truppen folgen. Ich befehle General Ducrot, diese Bewegung zu unterstützen und dem General Duoay den Rücken zu decken. Möge Euer Majestät in die Mitte Ihrer Truppen kommen; sie

Graf Felix de Wimpffen, französischer General

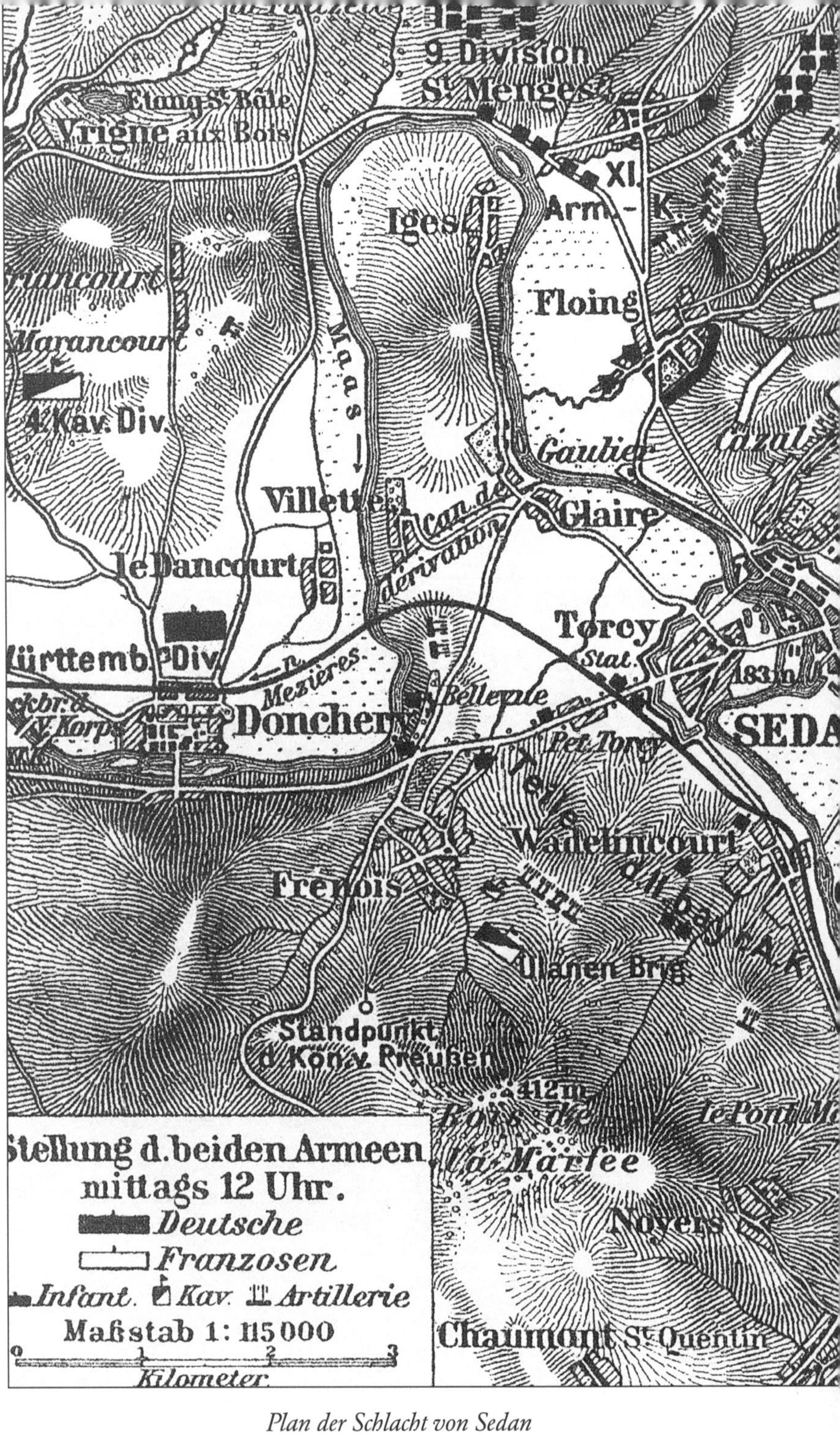

Plan der Schlacht von Sedan

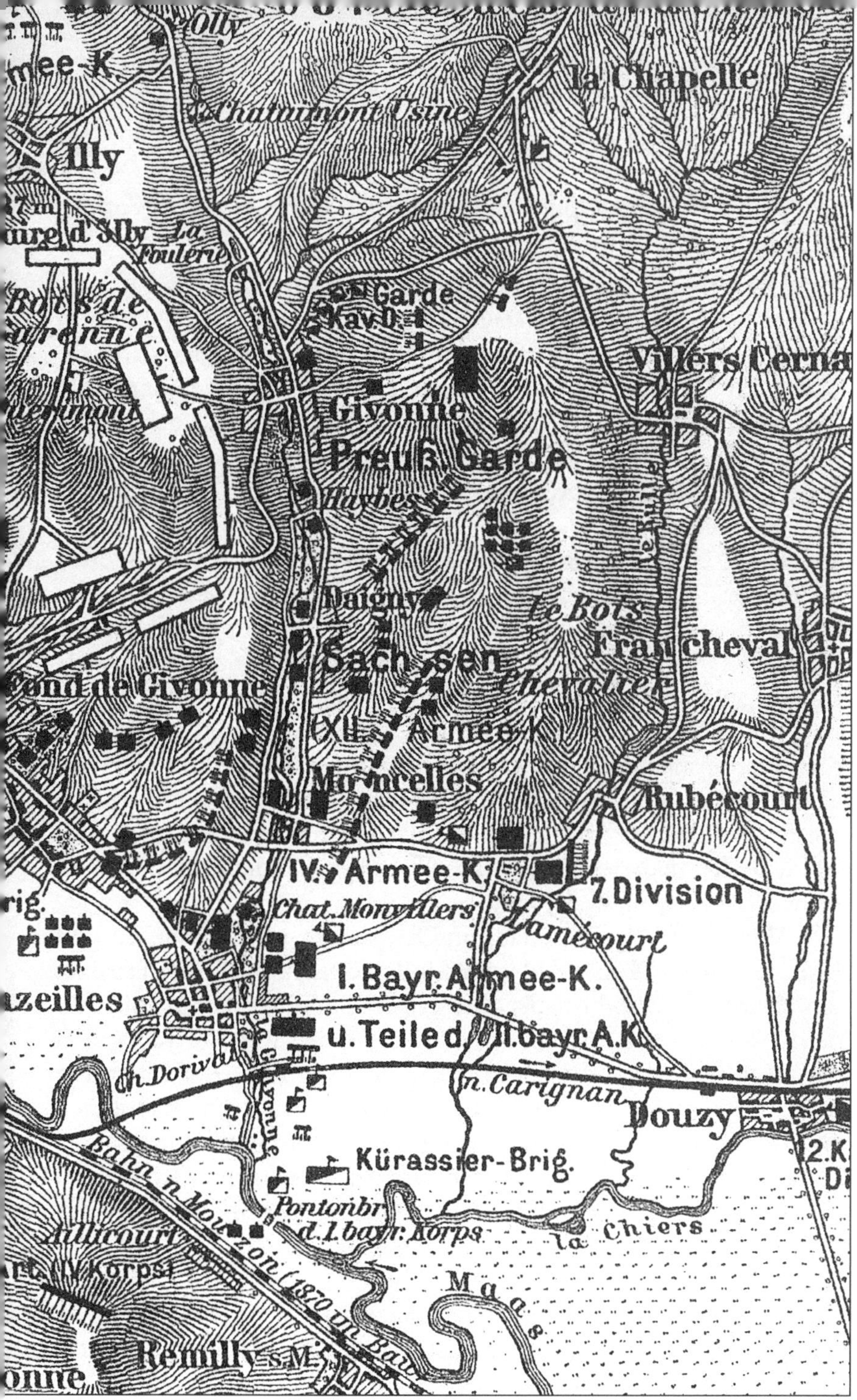
Olly
la Chapelle
Illy
La Foulerie
Garde
Kav.D.
Givonne
Preuß. Garde
Haybes
Daigny
Le Bois
Chevalier
Francheval
Sachsen
(XII. Armee-K.)
Moncelles
Rubécourt
IV. Armee-K.
7. Division
Chat. Monvillers
Lamécourt
I. Bayr. Armee-K.
u. Teile d. II. bayr. A.K.
Ch. Dorival
la Givonne
n. Carignan
Douzy
Kürassier-Brig.
Pontonbr. d. I. bayr. Korps
la Chiers
Maas
Allicourt
Remilly s. M.

werden es sich zur Ehre anrechnen, Ihnen einen Durchweg zu öffnen. de Wimpffen.“

Doch der Kaiser lehnte das vorgeschlagene Unternehmen als undurchführbar ab.

Daraufhin versuchte Wimpffen mit starken Truppen auf eigene Faust einen Ausbruchsversuch, der jedoch bereits am Nachmittag ein unrühmliches Ende fand. 21.000 Franzosen wurden dabei im Wald von Garenne gefangengenommen und ganze demoralisierte Regimenter von deutschen Kompanien entwaffnet. Ein nochmaliger Ausbruch einer französischen Kolonne brachte zwar kurzzeitig eine bayerische Abteilung unter General von der Tann in Bedrängnis, war aber ebenfalls erfolglos.

Um 2 Uhr nachmittags erreichte General Wimpffen am Südosttor der Festung dann ein Befehl des Kaisers, mit den Deutschen in Kapitulationsverhandlungen einzutreten. Der General missachtete jedoch die Anweisung und befahl sogar, von den Soldaten bereits aufgezogene weiße Fahnen wieder einzuholen.

König Wilhelm I. wollte die aus der Verzweiflung entstandene Kapitulationsbereitschaft der Franzosen noch weiter aufheizen, indem er die gesamte auf dem linken Maas-Ufer befindliche Artillerie vor der Festung aufziehen und mit starkem Beschuss beginnen ließ. Als Teile der Stadt Sedan bereits in Flammen standen, zog der Feind die weißen Fahnen wieder auf.

Wilhelm I. schickte daraufhin Oberstleutnant von Bronsart und Hauptmann von Winterfeld vom Großen Generalstab in die Festung, um dessen Oberbefehlshaber zur endgültigen Kapitulation aufzufordern. Sie wurden zu ihrem Erstaunen vor den Kaiser geführt, von dessen Aufenthalt in der Festung dem deutschen Generalstab vorher nichts bekannt war. Napoleon übergab dann durch den französischen General Graf Reille folgendes Schreiben an den preußischen König: „Nachdem es mir nicht vergönnt war, in der Mitte meiner Truppen zu sterben, bleibt mir nichts übrig, als meinen Degen in die Hände Ew. Majestät zu legen.“ [93]

Im Ort Donchéry begannen am späten Abend die Kapitulationsverhandlungen. Den deutschen Bevollmächtigten General von Moltke begleitete der Generalquartiermeister von Podbielski und auf Befehl des Königs auch Bundeskanzler Graf Bismarck.

Auf französischer Seite war General Castelnau mit der Vertretung der Interessen des Kaisers beauftragt, während der Oberbefehlshaber General de Wimpffen lediglich für die Armee verhandeln wollte.

Bismarck stellte ernsthafte Überlegungen an, inwieweit man dem geschlagenen tapferen Gegner entgegenkommen konnte. Moltke dagegen setzte mit Vernunftgründen einen härteren Kurs durch; nur eine Niederlegung der Waffen und Gefangenschaft aller französischen Soldaten käme in Frage. General Wimpffen wollte eine solch ehrverletzende Forderung nicht akzeptieren. Er verlangte die Entlassung der französischen Soldaten auf deren Ehrenwort hin, sich an keiner kriegsgegnerischen Auseinandersetzung mehr zu beteiligen. Doch darauf ließ sich Moltke nicht ein. Er erklärte in einem Ultimatum, nur eine bedingungslose Kapitulation bis zum nächsten Morgen 10 Uhr würde die deutschen Truppen von einem weiteren Beschuss abhalten. Gerne könne sich General Wimpffen durch Besichtigung der deutschen Stellungen von der Sinnlosigkeit eines weiteren Widerstandes überzeugen.

Am 2. September – vor Ablauf des Ultimatums – machte sich nicht Wimpffen, sondern Kaiser Napoleon III. persönlich in Begleitung einiger Offiziere auf den Weg nach Donchéry. Zur gleichen Zeit wurde Bismarck durch den französischen General Reille um eine Unterredung mit dem Kaiser gebeten. Bismarck ritt sofort nach Donchéry und traf den Kaiser auf halben Weg auf der Landstraße. Dieser bat ihn, den König sprechen zu können. Bismarck wies darauf hin, dass das Hauptquartier 22 km entfernt liege, woraufhin der Kaiser fragte, wohin man ihn denn als Kriegsgefangenen bringen würde. Auf diese Frage war der Kanzler nicht vorbereitet und bot ihm höflich das von ihm bewohnte Haus an. Auf dem Weg dorthin bekam der Kaiser jedoch plötzlich Bedenken, sich in den nächsten Ortschaften der Bevölkerung zeigen zu müssen. Darauf ließ Bismarck halten und führte den Kaiser in das ärmliche Haus eines Webers.

Dort entspann sich zwischen den beiden ein Gespräch, in dem der Kaiser den Krieg beklagte und erklärte, dass er diesen nicht gewollt habe; nur unter dem Druck der öffentlichen Meinung Frankreichs hätte er seine Zustimmung erteilt. Bismarck schrieb später über die denkwürdige Begegnung an seine Frau:

„Ich stieg mit dem Kaiser eine gebrechlich enge Stiege hinauf. In einer Kammer von 10 Geviertfuß mit einem Tisch aus Fichtenholz

Schloss Bellevue bei Sedan, Aufenthaltsort Napoleons III. nach der Schlacht

und zwei Binsenstühlen saßen wir eine Stunde, die anderen warteten unten. Ein gewaltiger Kontrast mit unserem letzten Beisammensein 1867 in den Tuilerien. Unsere Unterhaltung war schwierig, wenn ich nicht Dinge berühren wollte, die den von Gottes gewaltiger Hand Niedergeworfenen schmerzlich berühren mußten. Ich hatte Offiziere aus der Stadt holen und auch Moltke bitten lassen zu kommen. Wir schickten dann einen der ersten auf Rekognoszierung und entdeckten eine halbe Meile davon in Frenois ein kleines Schloß mit Park. Dorthin geleitete ich ihn mit einer inzwischen herangeholten Eskorte vom Leibkürassier-Regiment." [94]

Der Kaiser und General Wimpffen schoben sich gegenseitig die Verantwortung für den Abschluss der Kapitulation zu. Als der Kaiser dann auch noch die Regentschaft in Paris als für die Kapitulation allein verantwortlich ins Gespräch brachte, wurde ein neues Ultimatum bis zum kommenden Tag vereinbart. Doch in der Festung fingen die Soldaten bereits an zu meutern; Lebensmittel und auch Munition waren fast aufgebraucht. Auf Grund dessen sah sich General Wimpffen – mit Tränen in den Augen – gezwungen, die Kapitulation zu unterzeichnen.

Diese sah vor: „Ein Marschall, 39 Generale, 230 Stabsoffiziere und 3.000 weitere Offiziere, 84.450 Mannschaften, 14.000 Verwundete, alle Adler und Fahnen der Armee von Sedan, 70 Mitrailleusen, 330 Feld- und 150 Festungsgeschütze und 10.000 Pferde sind den Deutschen auszuliefern." [95] Die in den vorangegangenen Schlachten gefangengenommenen 25.000 Mann wurden in die Bedingungen mit einbezogen. Ausgenommen waren diejenigen Offiziere, die ein Ehrenwort abgaben, bis zum Ende des Krieges weder gegen Deutschland zu kämpfen, noch anderweitig gegen Deutschland tätig zu werden. Sie durften ihre Waffen und ihr Eigentum behalten. Über 100.000 gefangene französische Soldaten kamen – bewacht von zwei Armeekorps – zunächst auf die Halbinsel Iges, die an einer Flussbiege der Maas lag. Anschließend wurden sie in Eisenbahnzügen nach Deutschland verbracht.

Kriegsziele

In einem Artikel der „Volkszeitung“ vom August 1871, den Kanzler Bismarck ausdrücklich sanktioniert hat, heißt es zum deutschen Kriegsziel und der Landabtretung Frankreichs:

„Die deutschen Heere rücken seit den Siegestagen von Mars la Tour und Gravelotte unaufhaltsam vor, und damit scheint die Zeit gekommen , wo man sich die Frage vorzulegen hat, unter welchen Bedingungen Deutschland mit Frankreich Frieden schließen kann. Ruhm- und Eroberungssucht darf uns dabei nicht leiten, Großmut, wie sie uns vielfach von der ausländischen Presse angesonnen wird, ebensowenig. Lediglich der Hinblick auf die Sicherung Deutschlands, namentlich des Südens, vor neuen Angriffen der französischen Begehrlichkeit, wie sie sich seit Ludwig XIV. bis heute mehr als dutzendmal wiederholt haben und wie sie sich so oft wiederholen werden, als Frankreich sich stark genug fühlt, hat uns bei unseren Verfahren zu bestimmen. Die ungeheuren Opfer an Geld und Blut, die das deutsche Volk in diesem Kriege gebracht hat, und alle unsere jetzigen Siege würden vergeblich sein, wenn Frankreichs Angriffskraft nicht geschwächt, Deutschlands Verteidigungskraft nicht gestärkt würde. Das deutsche Volk hat ein Recht, dies zu verlangen. Begnügte man sich mit Dynastiewechsel, mit einer Kontribution, so wäre damit nichts gebessert, so wäre nicht gehindert, daß dieser Krieg nur eine Reihe anderer eröffnete, zumal der Stachel der jetzigen Niederlage den Stolz der Franzosen treiben würde, die deutschen Siege wettzumachen. Die Kontribution wäre bei dem verhältnismäßig großen Reichtum Frankreichs bald verschmerzt, jede neue Dynastie würde, um sich zu halten, das Mißgeschick der jetzt herrschenden durch Erfolge über uns auszugleichen suchen. Großmut ist eine sehr achtbare Tugend, die aber in der Politik in der Regel keinen Dank erntet. Wir haben den Österreichern 1866 keinen Acker an Gebiet abgenommen, und haben wir gesehen, daß man uns diese Enthaltsamkeit in Wien gedankt hat? Ist man dort nicht voll bitterer Rachegefühle einfach deshalb, weil man besiegt wurde? Und mehr noch: Die Franzosen grollten uns schon aus Neid wegen Königgrätz, wo nicht sie geschlagen wurden, sondern eine fremde Macht; wie erst werden sie uns, ob wir nun großmütig auf jede Landabtrennung verzichten oder nicht, die Siege von Wörth und Metz nachtragen, wie erst werden sie auf Rache für die Niederlage sinnen, die sie selbst durch uns erlitten haben!

Ist man 1814 und 1815 anders verfahren, als wir hier andeuten, so hat der Erfolg der damaligen schonenden Behandlung Frankreichs genügend bewiesen, daß sie übel angebrachte war. Hätte man die Franzosen in jenen Tagen so schwächen können, wie es im Interesse des Weltfriedens wünschenswert war, so hätten wir jetzt keinen Krieg zu führen brauchen. Die Gefahr liegt nicht in dem Bonapartismus, obwohl er vorzugsweise auf chauvinistische Velleitäten angewiesen ist; sie liegt in der unheilbaren und untilgbaren Anmaßung desjenigen Teils des französischen Volkes, der für ganz Frankreich den Ton angibt. Dieser Zug des französischen Nationalcharakters, der jeder Dynastie, heiße sie, wie sie wolle, der selbst einer französischen Republik die Bahn ihres Verfahrens vorzeichnen wird, wird stets ein Trieb zu Angriffen auf friedliche Nachbarn sein. Die Frucht unserer Siege kann nur in einer faktischen Verbesserung unseres Grenzschutzes gegen diesen friedlosen Nachbar bestehen. Wer in Europa Erleichterung der Militärlast, wer einen solchen Frieden will, der etwas der Art erlaubt, der muß seine Wünsche darauf richten, daß nicht auf moralischem, sondern auf realistischem Wege dem Kriegswagen der französischen Eroberungslust ein solider, haltbarer Damm entgegengestellt werde, mit anderen Worten, daß es den Franzosen für die Zukunft nach Möglichkeit erschwert werde, mit einer vergleichsweise nicht sehr großen Heeresmacht in Süddeutschland einzufallen und durch den Gedanken an die Möglichkeit eines solchen Einbruchs die Süddeutschen auch im Frieden zur Rücksichtnahme auf Frankreich zu zwingen. Süddeutschland durch haltbare Grenzen sicherzustellen, ist unsere jetzige Aufgabe. Sie erfüllen, heißt Deutschland ganz befreien, heißt den Befreiungskrieg von 1813 und 1814 vollenden. Das mindeste also, was wir fordern müssen, das mindeste, womit die deutsche Nation in allen ihren Teilen, vorzüglich aber unsere Stamm- und Kampfgenossen jenseits des Mains sich befriedigt erklären können, ist die Abtrennung der Ausfallspforten Frankreichs nach der deutschen Seite hin, die Eroberung von Straßburg und Metz für Deutschland. Von der Schleifung dieser Festungen einen dauernden Frieden zu erwarten, wäre eine auf Kurzsichtigkeit beruhende Illusion derselben Art, die Franzosen durch Schonung zu gewinnen, und im übrigen nicht zu vergessen, daß, wenn wir diese Abtrennungen verlangen, es sich um ursprünglich deutsches und zum guten Teile deutsch gebliebenes Gebiet handelt, dessen Bewohner mit der Zeit vielleicht lernen werden, sich wieder als Deutsche zu fühlen.

Dynastiewechsel kann uns gleichgültig sein. Kriegskosten sind eine vorrübergehende finanzielle Schwächung Frankreichs. Was wir brauchen, ist Erhöhung der Sicherheit deutscher Grenzen. Letztere aber ist nur erreichbar durch Verwandlung der beiden uns bedrohenden Festungen in Bollwerke zu unserem Schutz: Straßburg und Metz müssen aus französischen Aggressivfestungen deutsche Defensivplätze werden.

Wer den Frieden auf dem europäischen Kontinent aufrichtig will, wer die Niederlegung der Waffen und die Herrschaft des Pfluges über das Schwert will, der muß zunächst wünschen, daß die Nachbarn Frankreichs im Osten darauf eingehen können, da Frankreich der einzige Friedensstörer ist und es bleiben wird, so lange es die Macht dazu hat." [96]

Bei einem am 1. September 1870 stattgefundenen Abendessen, an dem Legationsrat Buchner, Abeken, Keudell und Graf Bismarck-Bohlen teilnahmen, wurde erwähnt, dass der bei Sedan in Gefangenschaft geratene General Ducrot zum Dank dafür, dass man ihm gegen sein Ehrenwort mehr Freiheiten als anderen gestattet habe, auf dem Weg nach Deutschland schmählicherweise geflohen sei. Bismarck bemerkte dazu: „Wenn man solche Schurken, die ihr Wort gegeben haben – andere die ausreißen sind nicht zu tadeln – wieder kriegt, so soll man sie hängen in ihren roten Hosen und auf ein Bein meineidig und auf das andere ehrlos schreiben. Inzwischen muss das in der Presse ins rechte Licht gestellt und der Bursche madig gemacht werden." [97]

In Deutschland wollte der Jubel über den Sieg bei Sedan kein Ende nehmen. Die Kinder erhielten schulfrei und die Statue Friedrichs des Großen wurde umkränzt. Im Hauptquartier hatte der König seine

Louis Jules Trochu, französischer General

Gefolgschaft versammelt. Sein Trinkspruch bei einem gemeinsamen Mahl lautete: „Wir trinken heute auf das Wohl meiner braven Armee, Sie, Kriegsminister von Roon haben unser Schwert geschärft, Sie General von Moltke haben es geleitet und Sie Graf Bismarck haben seit Jahren durch die Leitung der Politik Preußen auf seinen jetzigen Höhepunkt gebracht." [98]

Am 3. September erreichte die Nachricht Paris, dass die Armee Mac Mahons untergegangen und Kaiser Napoleon III. gefangengenommen war. Eine aufgebrachte Menge versammelte sich zur Sitzung der Gesetzgebenden Körperschaft vor dem Rathaus. Dort wurde am 4. September – zum dritten Mal nach 1792 und 1848 – die Republik ausgerufen und eine provisorische Regierung unter General Trochu und dem Abgeordneten Jules Favre als Außenminister gebildet.

In einem Rundschreiben vom 6. Dezember an die diplomatischen Vertreter Frankreichs erklärte der neue Außenminister: „Wir werden keinen Fuß breit unseres Gebietes, keinen Stein unserer Festung opfern." [99]

Kaiser Napoleon wurde von den Deutschen in einem Gala-Wagen nach Schloss Wilhelmshöhe bei Kassel geleitet. Von dort aus ging er später ins englische Exil nach Chislehurst, wo er am 9. Januar 1873 starb. Seine Frau, Kaiserin Eugénie, entkam aus Paris nur mit knapper Not und folgte ihrem Gemahl ins Exil nach. Sie starb am 11. Juli 1920 94-jährig. Ihr Sohn Lulu war bereits 1879 als englischer Offizier im Kaffernkrieg gefallen.

Die Festung Paris

Die neuen Machthaber in Frankreich wollten den Krieg auf keinen Fall verloren geben. „Krieg bis aufs Messer" war die verbreitete Losung. In aller Eile wurde Proviant nach Paris gebracht und die Stadt in den Verteidigungszustand versetzt. Als Truppen standen ein Armeekorps zur Verfügung, dem es gelungen war, der Einschließung in Sedan zu entkommen, sowie die Territorialmiliz. Alle Wälder rund um die Hauptstadt wurden abgeholzt, um Schussfeld zu bekommen. Tausende von Flüchtlingen verließen die Stadt. Häuser außerhalb des Verteidigungsringes mussten ebenso gesprengt werden, wie die Brücken rings um Paris.

Schon vor Jahren war die 2 Millionen Stadt zum Festungswerk ausgebaut worden, umgeben von einer hohen Mauer mit 94 Bastionen sowie einem elf Meter breiten Wassergraben. 15 Forts lagen ringförmig außen um die Mauern herum. Sie waren so angelegt, dass sich Angreifer einem tödlichen Kreuzfeuer aussetzen mussten. Alle Forts verfügten über bombensichere Kasematten für eine größere Anzahl Besatzungen. Die Verteidigungsanlagen waren so gut wie uneinnehmbar. Eine Belagerung wäre nur dann erfolgreich, wenn man alle Zufahrten zur Stadt abschneiden würde, um damit den Nachschub von Nahrungsmitteln zu verhindern. Nach dem Verbrauch aller Vorräte müssten die Verteidiger letztendlich aus Hunger aufgeben.

Zwei Wochen nach dem Aufbruch bei Sedan war Paris fast eingeschlossen. Jedoch nur zwei deutsche Armeen standen anfangs in einem Ring um die Festung; das waren 120.000 Mann Fußvolk und 24.000 Reiter, sowie 622 Kanonen. Deshalb zeigten sich große Lücken im 90 km langen Belagerungsring, denn pro Kilometer standen nur 1.600 Soldaten als Einschließungstruppen zur Verfügung.

In der Hauptstadt Paris dagegen standen 300.000 Franzosen für Ausfälle bereit. Zudem begannen sich im Rücken der deutschen Belagerer neue französische Truppen zu formieren.

Ludwig von der Tann, bayerischer General

„Wir übernehmen ein Wagestück, über das die Welt nach dem Ausgang urteilen wird“ [100], sagte Moltke, doch eine Alternative blieb ihm nicht. Bis Ende September war nur gegenseitige Beobachtung bei völliger Waffenruhe angesagt.

Am 30. September 1870, als der Tag anbrach, versuchten zwei französische Kompanien aus dem Fort Issy einen Ausfall, der bereits um 11 Uhr zurückgeschlagen war. Ein französischer General kam dabei ums Leben.

Nach einem Anmarsch von 210 Kilometern waren dann noch zur Verstärkung der Belagerer acht deutsche Armeekorps, eine württembergische Division und vier Kavalleriedivisionen, zusammen 260.000 Mann, eingetroffen.

Am 5. Oktober verlegte König Wilhelm sein Hauptquartier von Ferriéres nach Versailles, wo sich auch ein Lazarett für die Verwundeten befand. Eine Abwechslung im Belagerungsalltag war die Nachricht, dass Leon Gambetta, der Chef des französischen Nationalen Verteidigungsrates, mit einem Luftballon von Paris nach Tours gefahren war, um die Kriegsführung voranzutreiben. Doch Kampf bis aufs Messer drohte auch Gambetta den Deutschen.

In Orléans hatte sich inzwischen ein neues französisches Korps mit drei Divisionen, zusammen 60.000 Mann, gebildet, die sogenannte Loire-Armee. Nur bei wenigen handelte es sich allerdings dabei um ausgebildete Soldaten. Das Korps bestand aus Bauern, Abenteurern und einer Mehrzahl von Franktireurs; letztere waren Partisanen ohne Uniform, die üblicherweise am Straßengraben sitzend mit dem im Gebüsch versteckten Gewehr den Feinden in den Rücken schossen, um dann sofort im Wald zu verschwinden. Nach deutschen Kriegsgesetzen waren die Franktireurs keine Soldaten, sie konnten sofort standrechtlich aufgehängt werden.

Prinz Friedrich Karl kam mit der II. Armee gerade noch rechtzeitig. Am 28. Februar 1871 stoppte er 90 Kilometer vor Paris bei Beaune-la-Rolande den Vormarsch der Loire-Armee. Auch General von der Tann war mit einigen bayerischen Kontingenten dem Gegner nach Orléans entgegengezogen. In schneidiger Umfassung wurde eine Vorhut der Loire-Armee, die dabei 1.000 Mann verlor, geschlagen. Am nächsten Morgen stieß dann das Heer von der Tanns auf die Hauptmacht der Loire-Armee. Im blutigen Kampf mussten Gehöft um Gehöft erobert werden. Am Abend war der bayerische General wiederum der

Sieger. Dieser Erfolg war von großer Bedeutung; er hielt zum einen der Belagerungsarmee den Rücken frei und unterband zum anderen die Lieferung umfangreicher Lebensmittel nach Paris, die auch noch den Belagerern zugute kamen. 900 Mann hatten die Deutschen im Kampf verloren, die Franzosen dagegen doppelt so viele.

Ein Hindernis für die vor Paris stehenden deutschen Truppen bildete nach wie vor in ihrem Rücken die von Marschall Bazaine besetzte Stadt Metz mit 177.000 Besatzern. Am 31. August 1870 machten dort französische Truppen einen Ausfall, der jedoch erfolgreich zurückgeschlagen werden konnte. 3.500 Franzosen fielen dabei. Die Verluste des deutschen I. Armee-Korps waren nicht viel geringer. Weitere kleine Ausfälle zur Beschaffung von Nahrungsmitteln für die Festung konnten danach ebenfalls abgewehrt werden. Immer verzweifelter gestaltete sich daraufhin die Lage der Verteidiger in der Festung. Die Rationen wurden mehrfach gekürzt. Den Hungertod vor Augen musste Bazaine am 24. Oktober schließlich kapitulieren.

Bis zum 27. Oktober zogen sich dann Kapitulationsverhandlungen hin. Endlich einigten sich die Parteien auf die gleichen Bedingungen wie bei Sedan. Wieder wurde den Offizieren freigestellt, auf Ehrenwort aus dem Krieg auszuscheiden oder nach Deutschland in Kriegsgefangenschaft zu gehen. Frankreich verlor drei Marschälle – Bazaine, Canrobert und Leboeuf – 90 Generale, 4.000 Offiziere und 173.000 Soldaten; dazu 1.570 Geschütze, die in deutsche Hand fielen.

Der einzigartige Sieg der deutschen Truppen unter Prinz Friedrich Karl übertraf alles bisher Dagewesene. Viele Soldaten des Besatzungsheeres erhielten das Eiserne Kreuz. Freiherr von Moltke, der „Denker der Schlachten“, wurde in den Grafenstand erhoben. Die beiden preußischen Prinzen, der Thronerbe und der „Rote Prinz“, dem mit Ausdauer und Geschick der Fall von Metz gelungen war, wurden zu General-Feldmarschällen ernannt.

Den unglücklichen Marschall Bazaine stellten die Franzosen am 6. Dezember 1871 in Trianon vor Gericht. Die Anklage lautete, dass er sich nicht gemäß dem Befehl Palikaos mit Mac Mahon in Verdun oder Malmedy vereint hätte, sondern stattdessen in Metz verblieben wäre. Dadurch habe er sich des Ungehorsams schuldig gemacht. Das Urteil wurde am 10. Dezember gesprochen und lautete auf schuldig, da aufgrund von Bazaines Verhalten die Kapitulation der Festung

Leon Gambetta

Metz möglich geworden sei. Das bedeutete für ihn Degradierung und Erschießung. Das Urteil wurde jedoch letztendlich nicht vollstreckt. [101]

70.000 Mann der französischen Besatzung von Paris stürmten am 30. November 1870 gegen die deutschen Einschließungslinien im Süden von Paris. Der Abwehrkampf war schwer und verlustreich, doch Württembergern, Sachsen und Preußen gelang es, die feindlichen Truppen im heldenhaften Kampf zurückzuwerfen.

Zweieinhalb Monate war Paris nun schon eingeschlossen. Doch noch immer wollten die Pariser nicht aufgeben. Da die deutschen Nachschublinien Sicherungsschwächen aufwiesen, verlegte sich Gambetta jetzt darauf, diese zu überfallen.

Der Winter kam dann mit Macht. In Paris zeigte das Thermometer 17 Grad Kälte. Die fast 350.000 deutschen Belagerungstruppen standen weit auseinandergezogen. Ausfälle durch Tod und Krankheit nahmen zu. Stiefel wurden Mangelware. Die Pferde stürzten auf den Eisflächen. Die Verpflegung wurde knapp. Dieses riesige Heer brauchte täglich 225.000 Laib Brot, 185 Stück Rinder, 400 Zentner Speck, 540 Zentner Reis, 40.000 Liter Brandwein, 40 Zentner Kaffee, sowie für die 160.000 Pferde 3.000 Zentner Hafer, 7.000 Zentner Heu und 10.000 Bündel Stroh. Diesen Bedarf errechnete die Vossische Zeitung in Berlin.

Nur die Feldpost von zuhause hielt die Moral der deutschen Truppe an Weihnachten noch einigermaßen aufrecht. Doch auch deren Boten wurden auf ihrem Weg immer öfter von Partisanen überfallen. Eine Beschießung aus hunderten von Kanonen hätte die Lage noch ändern können, doch es regte sich Widerstand. Königin Victoria war aus humanitären Gründen gegen ein Bombardement. Der König zauderte, Moltke schwankte, zumal die großen Belagerungsgeschütze noch nicht eingetroffen waren.

Trotzdem feuerte am 5. Januar 1871 das erste Geschütz vom Plateau von Châtillon aus die erste Granate auf die Hauptstadt, woraufhin 240 Rohre in den tödlichen Reigen einfielen. Eine Nachrichtenagentur verzeichnete 400 Einschläge täglich. Die Granaten hatten ein Gewicht von je 80 Kilogramm, entsprechend groß war die Zerstörung, die sie anrichteten.

Ballons mit Nachrichten konnten zwar Paris verlassen, doch zurückkehren konnten sie nicht. Deshalb wurden von den Franzosen Brieftauben eingesetzt, denen es möglich war, hin und her zu fliegen. Ihnen übergab man kleinere Nachrichten. Um diese Art der Nachrichtenvermittlung einzuschränken, setzten jedoch die Preußen Jagdfalken gegen die Brieftauben ein.

In Paris selbst gab es schon seit längerem nur noch Pferdefleisch zu essen, doch auch Hunde und Katzen – ja sogar Ratten – mussten die Hungersnot stillen. Am 19. Januar wurde sogar das Brot rationiert: 300 Gramm für Erwachsene, 250 Gramm für Kinder.

Adolphe Thiers

Der Fall von Paris

Bereits Ende 1870 war ein Angriff der französischen Ost-Armee unter General Bourbaki an der deutschen Sperrmauer gescheitert. Auch die West-Armee wurde bei Le Mans aufgerieben. Diese Niederlage traf das eingeschlossene Paris besonders hart, denn man hatte fest mit General Chancy als Befreier von Paris gerechnet. Am 19. Januar 1871 wurde dann auch noch die Nord-Armee bei Saint-Quentin vernichtet.

In Paris verschärfte sich die Lage zusehends. 126 Tage dauerte die Belagerung nun schon. Ab 21. Januar wurde die Stadt auch aus dem Norden bombardiert. Immer mehr Pariser starben jetzt durch die Granaten oder an Pocken und Typhus. In den überfüllten Krankenhäusern fehlte es an Medikamenten, vor allem aber an antiseptischen Mitteln, um die durch Granaten Verletzten provisorisch zu versorgen.

Das ohnehin schon rationierte Brot wurde mit Kleie und Hafer gestreckt. Die Vorräte – nicht nur an Getreide – reichten nur noch für drei Wochen.

Am 22. Januar bewaffneten sich aufgebrachte radikale Pariser und begannen einen Sturm auf das Stadthaus. Eine Kompanie der Nationalgarde schloss sich mit roten Fahnen an. Dann fielen Schüsse, woraufhin die Mobilgardisten zur Verteidigung des Stadthauses zurückschossen. Es gab die ersten Toten in Paris, die durch eigene Landsleute erschossen wurden.

Victor Hugo appellierte an die Völker Europas: „Paris retten heißt nicht Frankreich allein, sondern die Welt retten. Paris ist der Mittelpunkt der Welt. Paris ist die heilige Stadt. Darf es sein, daß eine solche Hauptstadt, ein solcher Herd des Lichtes, ein solcher Mittelpunkt der Geister, Herzen und Seelen, ein solches Gehirn des allgemeinen Gedankens entweiht, gestürmt, zerschmettert werden könnte.“ [105]

Schon am 26. September 1870 hatte Louis Adolphe Thiers, der Innenminister und vormals Ministerpräsident des Königs Louis Philippe,

Paris verlassen, um in Europa um Hilfe für Frankreich und Paris zu bitten. In London, seiner ersten Station, erreichte ihn dann die Nachricht von der Einschließung seiner Hauptstadt.

Auch wenn nach Sedan die Stimmung der Engländer gegen Preußen und zugunsten der unterlegenen Franzosen umschlug, blieb England dennoch neutral. Entscheidend dafür war das Schreiben Bismarcks, in dem er den Engländern klar machte, dass nicht Preußen, sondern alleine Frankreich als Angreifer den Krieg begonnen habe.

Thiers zweite Station war der Zarenhof in Sankt Petersburg. Der Zar empfing ihn ablehnend. Er sympathisierte mit den Republikanern in Paris ebenso wenig wie mit dem Emporkömmling Napoleon III. und sah sich als Verbündeter Preußens. Hatte er doch erst kürzlich dem preußischen Chef des Generalstabes von Moltke den höchsten Orden des Zarenreiches, den Sankt-Georg-Orden, verliehen. Auch der russische Reichskanzler Gortschakow erklärte einem hohen Vertreter Preußens gegenüber: „Nehmen Sie Elsaß-Lothringen und was Sie sonst noch wollen, wenn Sie imstande sind, eine so schwere Speise zu vertragen. Wir werden Sie nicht daran hindern." [106]

Beim Gegner Preußens von 1866 – Österreich – erwartete Thiers noch am ehesten Unterstützung. Der österreichische Reichskanzler Beust, bekanntlich ein Feind Preußens und Freund der Franzosen, hätte gerne die Partei Frankreichs ergriffen, doch als er von den Misserfolgen der Franzosen in London und Sankt Petersburg erfuhr, verließ ihn der Mut, denn als einziger Verbündeter wollte und konnte auch Österreich-Ungarn nicht helfen.

In Italien befürwortete Garibaldi zwar eine Republik in Frankreich, aber die königlich-italienische Regierung beließ es bei einem halbherzigen Ersuchen an den Norddeutschen Bund, einen Waffenstillstand zu schließen.

Doch diesen Waffenstillstand konnte Thiers bei seinem Besuch bei Bismarck in Versailles am 31. Oktober auch nicht erreichen. Er musste im Gegenteil hinnehmen, dass Bismarck ihm empfahl, sich nachdrücklich für die Aufgabe von Paris einzusetzen. „Wir haben Zeit, bis Sie Ihre Hunde und die schönen langhaarigen Katzen gegessen haben" [107], meinte der Kanzler außerdem zynisch.

Der einzige Erfolg, den Thiers erreichte, war der, dass die europäischen Regierungen über ein Zusammentreffen, ähnlich dem Wiener Kongress von 1815, nachdachten.

Charles Denis Sauter Bourbaki, französischer General

Jules Favre

Eine solche Konferenz fand am 17. Januar 1871 dann tatsächlich statt. Doch diese befasste sich nicht mit dem Wunsch von Minister Thiers, einen Frieden zwischen Frankreich und Deutschland zu erreichen, sondern das Ergebnis bestand nur darin, noch neue kriegerische Konflikte zu vermeiden.

So hatte Russland am 31. Oktober 1870 eine Verpflichtung gekündigt, die ihm als Verlierer des Krim-Krieges im Pariser Vertrag von 1865 auferlegt worden war, die Neutralisierung der Regionen des Schwarzen Meeres nicht anzutasten. Frankreich, England und Österreich verpflichteten sich in diesem Vertragswerk, jeden Verstoß Russlands als Kriegsgrund anzusehen. Das hätte wiederum Krieg bedeutet, dieses Mal ohne Frankreich, aber gegen Russland.

Doch Bismarck gelang es dann – nach vorheriger Absprache mit dem Zaren – auf diplomatischem Weg den Konflikt beizulegen. Er vertrat die Ansicht, dass sich künftig jedes Land einer Einmischung in die inneren Angelegenheiten anderer Staaten zu enthalten habe. Allein durch sein Verdienst konnte der Krieg verhindert werden.

In Paris hatte der tägliche Kanonenbeschuss die Bevölkerung noch nicht zur Aufgabe der Stadt bewegen können. Die Anzahl von 97 Toten und 278 Verwundeten betrachtete man als relativ gering. Hunger und Krankheiten forderten dagegen täglich bis zu 2.000 Menschenleben. Die erheblichsten Verluste waren jedoch durch die letzten Ausfälle der Franzosen entstanden, ohne dass auch nur die geringsten Erfolge verzeichnet worden waren.

Als Sündenbock dafür wurde der früher als Ehrenretter gefeierte General Trochu gestempelt, den noch Napoleon III. zum Gouverneur von Paris ernannt hatte. Jetzt sogar als Verräter geschmäht, musste er den Oberbefehl als Verteidiger abgeben.

Sein Nachfolger, General Vinoy, einigte sich mit den gemäßigten Teilen der Regierung darauf, ein weiterer Widerstand sei sinnlos geworden. Es müsse jetzt der Not der Bevölkerung ein Ende gemacht werden.

Daraufhin wurde der Außenminister Jules Favre, ein 61-jähriger Rechtsanwalt aus Lyon, nach Versailles geschickt, um mit dem deutschen Reichskanzler über die Zukunft der Hauptstadt Verhandlungen zu beginnen. Diese führten schließlich zu einer Zusammenkunft mit Kaiser Wilhelm I., Kronprinz Friedrich Wilhelm, dem Grafen von

Bismarck, Moltke und Roon auf deutscher Seite – und deren Gegnern Jules Favre, sowie dem französischen General Baufort.

In der Nacht zum 27. Januar 1871 schwiegen dann die Kanonen. Am 28. Januar folgte die endgültige französische Kapitulation. Die Bedingungen lauteten auf Entwaffnung der Truppen und Mobilgarden, etwa 250.000 Mann. 12.000 sollten bewaffnet bleiben, um innere Unruhen zu vermeiden. Sämtliche Forts gingen mit allem Kriegsmaterial an die Sieger. Nach Ablieferung der Waffen durfte sich die Stadt verproviantieren. Darüber hinaus war eine Kriegskontribution in Höhe von 200 Millionen Franken zu bezahlen.

Eine unermessliche Anzahl von Kriegsmaterial fiel den Deutschen in die Hände: 602 Geschütze, 1.770.000 Gewehre und über 1.000 Munitionswagen der französischen Feldarmee. Von der Festung und den Festungsforts kamen nochmals 362 schwere Geschütze und 200.000 Granaten.

Die entwaffneten Truppen wurden innerhalb der Stadt und Festung interniert. Der Grund lag darin, dass sich ein Transport nach Deutschland nicht anbot, da dort alle Gefangenenlager restlos überfüllt waren. Außerdem hoffte man auf deutscher Seite auf einen baldigen Friedensschluss, der eine solche Überführung der Soldaten ohnehin überflüssig machen würde. 132 Tage hatte die Belagerung von Paris gedauert.

Kaiserproklamation Wilhelms I. und Verfassung des Reiches

Bereits am 2. Dezember 1870 hatte König Ludwig II. von Bayern durch einen Prinzen seines Hauses, der als Offizier an der Front stand, ein persönliches Anschreiben an Bismarck gesandt, in dem er das Eintreffen seines "Kaiserbriefes" für den 3. Dezember 1870 bei König Wilhelm I. ankündigte:

»Mein lieber Graf!
Mit lebhaftem Vergnügen habe ich bemerkt, daß Sie trotz zahlreicher und dringender Geschäfte Muße gefunden, Ihren Gefühlen gegen mich Ausdruck zu verleihen. Ich sende Ihnen deshalb meinen wärmsten Dank; denn ich lege hohen Wert auf die ergebene Gesinnung eines Mannes, nach dem das ganze Deutschland freudigen Stolzes seine Blicke richtet. Mein Brief an Ihren König, meinen vielgeliebten hochverehrten Oheim, wird morgen in dessen Hände gelangen. – Ich wünsche von ganzem Herzen, daß mein Vorschlag beim Könige, den übrigen Bundesgliedern, welchen ich geschrieben, und auch bei der Nation vollsten Anklang finde, und ist es mir ein befriedigendes Bewußtsein, daß ich vermöge meiner Stellung in Deutschland wie beim Beginne, so beim Abschlusse dieses ruhmreichen Krieges in der Lage war, einen entscheidenden Schritt zu Gunsten der nationalen Sache thun zu können. Ich hoffe aber auch mit Bestimmtheit, daß Bayern seine Stellung fortan erhalten bleibt, da sie mit einer treuen, rückhaltlosen Bundespolitik wohl vereinbarlich ist und verderblicher Centralisation am sichersten steuert.
Groß, unsterblich ist das, was Sie für die deutsche Nation gethan haben, und ohne zu schmeicheln, darf ich sagen, daß Sie in der Reihe der großen Männer unseres Jahrhunderts den hervorragendsten Platz einnehmen. Möge Gott Ihnen noch viele, viele Jahre verleihen, damit Sie fortfahren können zu wirken für das Wohl und Gedeihen unseres gemeinsamen Vaterlandes.

Meine besten Grüße Ihnen sendend, bleibe ich, mein lieber Graf, stets
Ihr aufrichtiger Freund
Hohenschwangau, den 2. Dezember 1870
Ludwig«
[125]

Der Brief Ludwigs II.an König Wilhelm I. lautete:
„Nach dem Beitritt Süddeutschlands zu dem Deutschen Verfassungsbündnis werden die Ew. Majestät übertragenen Präsidialrechte über alle deutschen Staaten sich erstrecken. Ich habe mich zu deren Vereinigung in einer Hand in der Überzeugung bereit erklärt, dass dadurch dem Gesamtinteresse des deutschen Vaterlandes und seiner verbündeten Fürsten entsprochen werde, zugleich aber in dem Vertrauen, daß die dem Bundespräsidium nach der Verfassung zustehenden Rechte durch Wiederherstellung eines Deutschen Reiches und der deutschen Kaiserwürde, als Rechte bezeichnet werden, welche Ew. Majestät im Namen des gesamten deutschen Vaterlandes aufgrund der Einigung seiner Fürsten ausüben. – Ich habe mich daher an die deutschen Fürsten mit dem Vorschlag gewendet, gemeinschaftlich mit mir bei Ew. Majestät die Anregung zu geben, daß die Ausübung der Präsidialrechte des Bundes mit Führung des Titels eines deutschen Kaisers verbunden werde. – Sobald mir Ew. Majestät und die verbündeten Fürsten ihre Willensmeinung kundgegeben haben, würde ich meine Regierung beauftragen, das weitere zur Erzielung der entsprechenden Vereinbarung einzuleiten.“ [102]

Alle deutschen Fürsten und der Reichstag des Norddeutschen Bundes baten König Wilhelm I. jetzt, die Kaiserwürde anzunehmen. Die in Versailles anwesenden deutschen Fürsten, die Führer der Armeen und die Vertreter des deutschen Volkes jubelten Wilhelm I. zu, als er diesem Vertrauen zu entsprechen versprach.

Die Kaiser-Frage hatte für Bismarck eine ungeheure symbolische Bedeutung. Sowohl bei den Nationalliberalen, wie auch bei den Föderalisten bestand die Wunschvorstellung nach Kaiser und Reich. Bismarcks eigene Überlegung in dieser Angelegenheit war nüchternes Kalkül. 1866 hatte er mit Rücksicht auf Napoleon III. und auch auf Kaiser Franz Joseph noch gegen den Kaisertitel für den preußischen König gestimmt. Jetzt wollte er durch den altehrwürdigen Titel, der keinesfalls ein preußischer Titel war, den süddeutschen Fürsten die

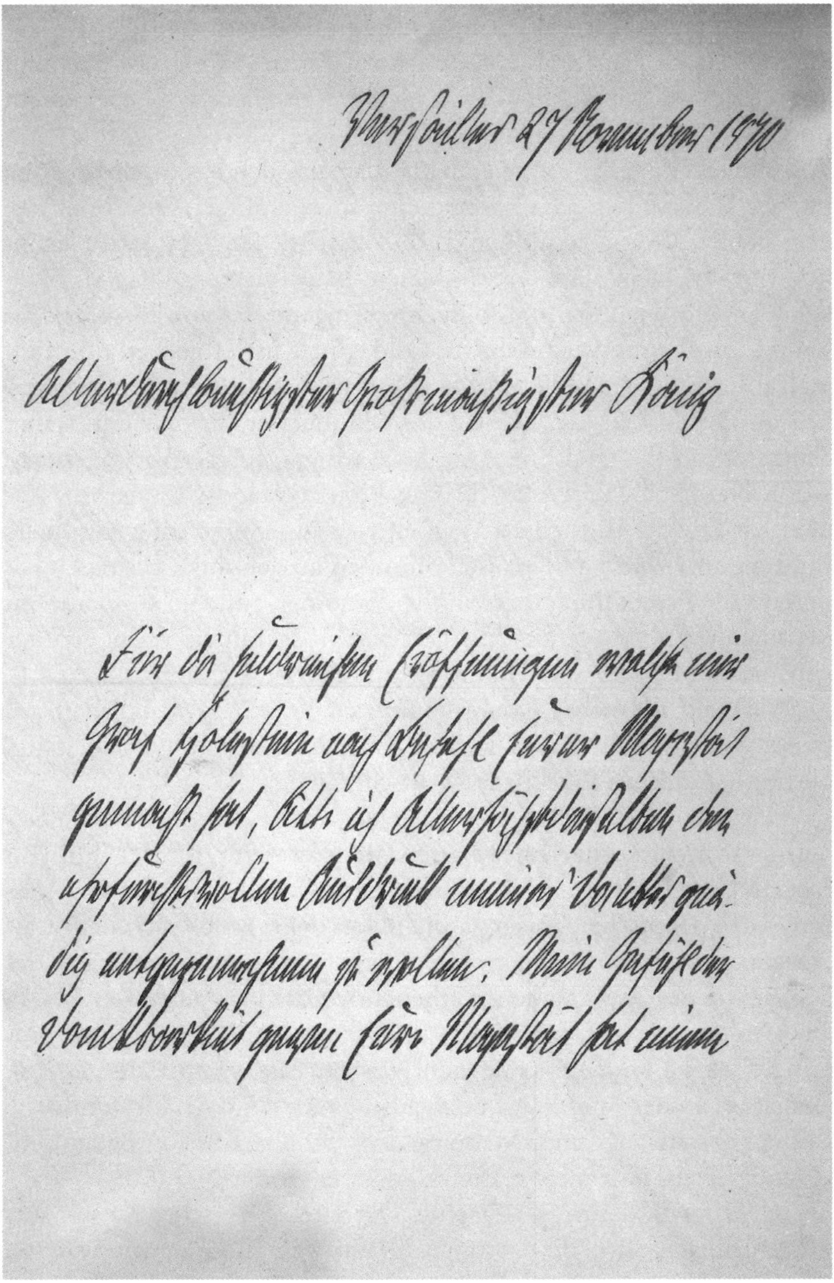

Versailles 27 November 1870

Allerdurchlauchtigster Großmächtigster König

Für die huldreichen Eröffnungen welche mir Graf Holnstein auf Befehl Eurer Majestät gemacht hat, bitte ich Allerhöchstdieselben den ehrfurchtsvollen Ausdruck meines Dankes gnädig entgegennehmen zu wollen. Mein Gefühl der Dankbarkeit gegen Eure Majestät hat einen

Seite eins des persönlichen Anschreibens von Otto von Bismarck an Ludwig II. vom 27.11.1870 als Vorlage zum Kaiserbrief

Anerkennung der preußischen Führung erleichtern und gleichzeitig die preußische Hegemonie verschleiern. Einem König von Preußen konnte sich ein bayerischer König nicht unterstellen, wohl aber einem Kaiser.

In Geheimverhandlungen hatte Bismarck den bayerischen König Ludwig II. dazu bewegen können, den sogenannten „Kaiserbrief" an den Preußen-König zu senden. Bismarck hatte den Text dazu persönlich verfasst. Dem stark verschuldeten, bauwütigen Ludwig II. blieb keine andere Wahl, denn er brauchte dringend das von Bismarck für seine Einwilligung versprochene Geld. Zunächst erhielt er eine Einmalzahlung von 5 Millionen Mark, danach wurde diese Summe jährlich an ihn ausbezahlt. Die Gelder benötigte er für den Bau seiner Schlösser, für die Gralsburg Neu-Schwanstein, für die Versailles-Imitation Herrenchiemsee und für sein Rokoko-Schloss Linderhof. Zudem hat Ludwig II. Richard Wagner, zu dem er eine enge spirituelle Bindung unterhielt, mit großen Summen ausgeholfen. Bismarck hat sich für die Beschaffung dieser hohen Summen aus dem sogenannten Reptilienfond bedient, der aus den beschlagnahmten Vermögen der entthronten Fürsten von Hannover und Hessen stammte.

Nur ein deutscher König konnte einem König den Erhalt der Kaiserwürde anbieten und Ludwig II. nahm von der Größe seines Staates her die zweite Stelle in Deutschland ein.

Für König Wilhelm I. bedeutete der Titel eines preußischen Königs zwar mehr als der eines Kaisers, doch er fügte sich der ihm von Bismarck interpretierten Staatsräson. Er wollte aber nicht den Verfassungstitel „Deutscher Kaiser" annehmen, denn er sah sich damit als „Charaktermajor" mit einem Rang, der einem Hauptmann unter der Bedingung des Ausscheidens verliehen wurde. Er wollte „Kaiser von Deutschland" sein. Doch darin sah Bismarck zu sehr eine Überordnung über die anderen deutschen Fürsten. Fast wäre die Kaiser-Proklamation an der Titel-Frage noch gescheitert, denn der altpreußische König beharrte auf seiner Meinung. Der Großherzog von Baden umging die Titel-Frage diplomatisch indem er ein Hoch auf den 74-jährigen „Kaiser Wilhelm" ausbrachte. Der Titel „Deutscher Kaiser" war dann schließendlich die Lösung, die am wenigsten Schwierigkeiten bereitete.

Der Tag der Kaiser-Proklamation war der 18. Januar 1871, der sogenannte Reichsgründungstag, an dem bereits 1701 Friedrich von

Brandenburg in Königsberg zum ersten preußischen König gekrönt wurde. Formal bestand das Reich ab 1. Januar 1871.

Die Begeisterung all derer, die jahrzehntelang für die Einheit Deutschlands gekämpft hatten, kannte keine Grenzen. In einem Brief, den der damals 53-jährige nationalliberale Bonner Historiker Heinrich von Sybel an den gleichgesinnten Historikerkollegen Hermann Baumgarten schrieb, ließ er seiner Begeisterung freien Lauf: „Wodurch hat man die Gnade Gottes verdient so große und mächtige Dinge erleben zu dürfen? Und wie wird man nachher leben? Was 20 Jahre der Inhalt alles Wünschens und Strebens gewesen, das ist nun in so unendlich herrlicher Weise erfüllt. Woher soll man in meinen Lebensjahren noch einen neuen Inhalt für das weitere Leben nehmen?“ [103]

Die Verfassung des Deutschen Reiches entsprach im Kern der des Norddeutschen Bundes von 1867. Das Reich war ein Bundesstaat. Die Einzelstaaten behielten ihre Hoheit, verloren allerdings die Souveränität in einigen Zuständigkeiten und Institutionen. Sie waren noch Träger der Verwaltung, der Justiz und des Schulwesens im Verwaltungsföderalismus mit eigener Steuerpolitik und eigenen Einnahmen. Sie behielten ihr Wahlrecht, ihre einzelnen Verfassungen gehörten zur Gesamtverfassung des Reiches. Den Landtagen stand der Reichstag gegenüber. Außenpolitik und Militär waren in der Kompetenz des Reiches. Der Kanzler wurde zum Kern der Exekutive der Reichsregierung. Neben der Regierung bestand der Bundesrat, quasi als Bollwerk des Föderalismus. Preußen spielte jedoch in allen Bereichen die erste Rolle. Das Deutsche Reich war föderalistisch, doch preußisch hegemonial strukturiert, zugleich ein einheitlicher Nationalstaat mit monarchischen und demokratischen Elementen. An der Spitze des Reiches stand der Kaiser, doch schränkten Parlament und Verfassung seine Macht ein. Er war oberster Kriegsherr und konnte den Kanzler bestellen und entlassen. Das Deutsche Reich war zwar ein Macht- und Militärstaat, doch auch ein Rechts- und Kulturstaat, sowie ein Wirtschafts- und Sozialstaat. Es war ein Nationalstaat mit einer konservativen Monarchie und einer bürgerlichen Gesellschaft. Die Umbenennung von Präsidium und Bund auf nunmehr Kaiser und Reich sollte dieses auf diplomatischem Wege zustandegekommene Verfassungskonstrukt beenden.

Der Kulturkampf

Zwischen dem Deutschen Kaiserreich unter Reichskanzler Otto von Bismarck und der katholischen Kirche unter Papst Pius IX. kam es 1871 zu Auseinandersetzungen, die zunehmend stärker wurden. Ähnliche Streitigkeiten hatte es bereits als Vorläufer in Bayern und Baden gegeben. Diese eskalierten später sogar zu einem gesamteuropäischen Phänomen. In dem sogenannten „Kulturkampf“ ging es um die Durchsetzung einer liberalen Politik, die eine Trennung von Kirche und Staat vorsah und sich für die Zivilehe einsetzte.

Im Gegensatz dazu setzten sich vornehmlich die katholischen Christen für mehr Einfluss der Kirche in Politik und Öffentlichkeit ein. Sie verlangten ein Primat der Kirche und der Religion über den Staat und die Wissenschaft.

Papst Pius IX. veröffentlichte 1864 eine Liste von 80 Irrtümern der Moderne in Politik, Kultur und Wissenschaft. Darin verurteilte er die Rede- und Religionsfreiheit, sowie die Trennung von Staat und Kirche. Das Erste Vatikanische Konzil von1869 – 1870 stärkte die päpstliche Autorität, indem es dem Papst Unfehlbarkeit in der Glaubens- und Sittenlehre zugestand, und diese zugleich zu Grundsätzen erklärte, denen universelle Geltung zukam. Diese päpstliche Politik erzeugte in den deutschen Ländern, besonders unter den Liberalen, Empörung, da sie sich in ihrer Meinungs- und Gewissensfreiheit verletzt sahen.

1870 hatte Frankreich seine zum Schutz des Vatikans in Rom stationierten Truppen abziehen müssen, da diese im Krieg im eigenen Land zur Verfügung stehen sollten. In Folge verlor der Papst den Kirchenstaat an Italien. Rom wurde italienische Hauptstadt.

Unter den 24 Bundesstaaten des Deutschen Reiches – darunter die Hansestädte Hamburg, Bremen und Lübeck – galten nur das Wittelsbacher Königreich in Bayern und die Wettiner im Königreich Sachsen als katholisch. Somit war das neugegründete Deutsche Reich ein ausgesprochen protestantischer Staat. Auf dem protestantischen Charakter des neuen deutschen Kaisertums beharrte der Reichsgründer auch noch viele Jahre später nach seiner Entlassung. Am 31. Juli 1892 erklärte Bismarck auf dem Marktplatz in Jena: „Ich bin eingeschworen auf die weltliche Leitung eines evangelischen Kaisertums, und diesem hänge ich treu an.“ [104]

Dieser Standpunkt vom evangelischen Kaisertum führte zwar einerseits evangelische Preußen und evangelische Nicht-Preußen zusammen, trieb aber andererseits zwischen die beiden Konfessionen einen Keil, der die Nationsbildung eher belastete, als sie zu fördern. Nach dem Verlust des Kirchenstaates und der Einigung Deutschlands organisierten sich Ende 1870 die Katholiken in der Zentrumspartei und verlangten, die Rechte der Kirche gegenüber dem Staat nicht anzutasten.

Ebenso wie die Liberalen sah auch Kanzler Bismarck in der Zentrumspartei den Hort der Fortschrittsfeindlichkeit und eine Gefahr für die staatliche Autorität. Er ging infolgedessen mit scharfen Mitteln gegen die katholische Minderheit vor und brachte eine Anzahl von Gesetzen durch, die gegen die katholische Kirche gerichtet waren; so 1871 im „Kanzlerparagraphen“ ein Reichsgesetz zur Abänderung des Strafgesetzbuches, das den Geistlichen verbot, bei Verlautbarungen in ihrem Beruf den öffentlichen Frieden zu gefährden. Außerdem durften ab 1872 Jesuiten in Deutschland keine Niederlassung mehr errichten. Im Jahr 1874 wurde auch noch die Zivilehe eingeführt, die vor dem Gesetz nur eine vor den neugegründeten Standesämtern abgelegte Trauung als gültig zuließ. Zudem löste Bismarck die „katholische Abteilung“ im Kultusministerium auf. Er ersetzte die geistliche Schulaufsicht durch eine staatliche und kontrollierte die Einstellungen Geistlicher und deren Ausbildung. Außerdem ließ er das kirchliche Vermögen durch Gemeindevertretungen verwalten. 1875 entzog der Kanzler der katholischen Kirche im sogenannten „Brotkorbgesetz“ jegliche staatliche Zuwendung und löste Klöster in Preußen auf, soweit sie nicht der Krankenpflege dienten. Insgesamt 1.800 katholische Pfarrer wurden ins Gefängnis gebracht und 16 Millionen Goldmark Kircheneigentum beschlagnahmt.

Es ging Bismarck darum, die Eigenständigkeit und Unabhängigkeit der Kirche weitgehend einzuschränken. Bereits 1872 wurden die diplomatischen Beziehungen zum Vatikan abgebrochen, die erst nach dem Tode von Papst Pius IX. unter Papst Leo XIII. wieder aufgenommen wurden. Der endgültige und zukunftsweisende Erfolg des Bismarck'schen Kulturkampfes war die völlige Trennung von Staat und Kirche.

Der Vorfriedensvertrag

Und noch immer war der Krieg mit Frankreich nicht ganz beendet. So wurde auch die Festung von Belfort, die hoch auf einem Felsmassiv lag, von deutschen Truppen unter General von Tresckow belagert. Am 26. Januar 1871 misslang jedoch ein Sturm auf die unbezwingbare Burg unter schweren Verlusten. Erst als die Nachricht vom Fall der Hauptstadt eintraf, kam es zum Waffenstillstand mit anschließender Kapitulation. Doch die Deutschen gewährten dieses Mal den tapferen 12.000 Verteidigern wegen ihres heldenhaften Widerstandes freien Abzug mit allen soldatischen Ehren und unter Beibehaltung von Waffen und Gepäck.

Da die französische Nationalversammlung nicht mehr in der Hauptstadt Paris zusammentreten konnte, tagte sie in Bordeaux. In einem Vorfriedensvertrag mussten die Teilnehmer zustimmen, dass Frankreich auf das Elsaß und Deutsch-Lothringen mit Metz und Diedenhofen verzichten sollte. Das war ein Gebiet von 1.950 Quadratkilometern und eineinhalb Millionen Menschen. Im Artikel 1 des Vertrages hieß es: „Das Deutsche Reich wird diese Gebiete für immer und mit voller Souveränität und Eigentumsrecht besitzen."

Weiterhin hatte sich Frankreich auf die Zahlung einer Kriegsentschädigung von 5 Milliarden Goldfranken in drei Jahren zu verpflichten. Je nach Eingang der Summe sollten noch besetzte Territorien Frankreichs von Deutschland freigegeben werden.

An seine Frau schrieb Bismarck am 27. Februar 1871 von Versailles aus: „Gestern haben wir endlich unterzeichnet und mehr erreicht, als ich für meine persönlich politische Berechnung nützlich halte. Aber ich muss nach oben und nach unten Stimmungen berücksichtigen, die eben nicht rechnen. Wir nehmen Elsaß und Deutsch-Lothringen, dazu auch Metz mit sehr unverdaulichen Elementen und über 1.300 Millionen Taler." [108]

Einzug der deutschen Truppen in Paris am 1. März 1871

Am 1. März 1871 nahm der deutsche Kaiser eine Siegesparade auf der Pferderennbahn Longchamps ab. 30.000 Mann zogen an der Tribüne vorbei: die preußische Infanterie in blauen Uniformen, bayerische Truppen mit Raupenhelmen, Husaren, Dragoner, Pioniere und Jäger. Danach ging es zum Triumphbogen, der außerhalb des Besetzungsgebietes lag, das vom rechten Ufer der Seine über die Rue du Faubourg – Saint-Honoré bis zur Champs-Elysée reichte. Der Sohn des Dichters Victor Hugo beschrieb die Soldaten der Siegesparade aus seiner Sicht: „Eine Art teutonischer Wildheit hatte sich in ihren Brauen eingenistet. Sie gehören nicht mehr ihrem Jahrhundert an, man meint die Zimbern defilieren zu sehen." [109]

Mit 566 gegen 107 Stimmen ratifizierte die Nationalversammlung zwei Tage später – am 3. März 1871 – den Vorfriedensvertrag, der die Besatzungszeit beendete. Damit wurde der Abmarsch der deutschen Truppen aus Paris ermöglicht.

Der Aufstand in Paris

Die Pariser betrachteten sowohl die Niederlage, als auch den Auszug der Nationalversammlung nach Bordeaux als nationale Schande. Die Verbitterung war linken Anführern – dem sogenannten Mob der Straße – willkommener Anlass für einen Aufstand. Der letzte Funke entzündete sich an dem Gesetz der Nationalversammlung, wonach alle Schulden, die während des Krieges der Bevölkerung gestundet wurden, binnen zweier Tage an den Staat zu zahlen seien. Das bedeutete, es waren alle bisher ausgesetzten Mieten sofort nachzuzahlen.

Der Oberkommandierende der französischen Nationalgarde, General Aurelles de Paladine, gerade gewählt, sollte für Ruhe und Ordnung sorgen. Doch jetzt zogen die empörten Bürger rote Fahnen statt der Tricolore auf. Am 10. August 1871 erfolgte die gewaltsame Absetzung des Pariser Stadtrates und die Einsetzung der revolutionären Kommune. Kanonen wurden auf die Barrikaden gestellt. Die ersten Köpfe rollten.

Jules Favre versuchte vergeblich dagegen zu halten, indem er die Garnison der Stadt auf 40.000 Mann zu bringen versuchte, wie es der Vorfriedensvertrag vorsah. Die Soldaten jedoch drehten die Gewehre einfach um und riefen: „Nieder mit Thiers“. Sogar erste Generale wurden an die Wand gestellt und erschossen.

Das Zentralkomitee war absoluter Herr der Lage und Herr der Straße. Es erklärte alle Befehle und Verordnungen der Regierung in Versailles für ungültig. Thiers, Favre und alle Minister wurden vor einem Volksgericht des Verrates angeklagt.

Thiers sammelte daraufhin sein Heer bei Versailles. Den Oberbefehl erhielt Mac Mahon. Als 100.000 aufständische Nationalgarden dann nach Versailles marschierten, schlugen die Truppen Mac Mahons diese jedoch zurück.

Der Pöbel in Paris schrie nach Vergeltung. Gendarmen wurden ermordet, Geiseln – meist Priester und Polizisten – erschossen. Die

Aufstand in Paris im August 1871 – Kommunarden besetzen Barrikaden

Hauptstadt stand in Flammen, auch Teile des Tuilerien-Schlosses, des Louvres sowie das Stadthaus verbrannten.

Die Regierungssoldaten nahmen daraufhin blutige Rache, indem sie Kommunarden erschossen und viele verhafteten. Kriegsgerichte fällten 110 Todesurteile. Die Kommunarden selbst hatten 500 Menschen ermordet, doch jetzt fielen 3.000 von ihnen im blutigen Straßenkampf. 17 Tage wehte die Rote Fahne des Aufstandes über Paris.

Noch während in Paris die Revolution tobte, eilte Jules Favre nach

Frankfurt, um von der deutschen Regierung Hilfe anzufordern. Entlassene französische Soldaten sollten wieder bewaffnet werden dürfen.

Danach sollte der endgültige Friedensvertrag ausgehandelt werden. Doch die französischen Bevollmächtigten versuchten, günstigere Bedingungen, als im Vorfriedensvertrag beschlossen, zu erreichen. Daraufhin drohte Bismarck mit der Wiederbesetzung bereits geräumter Gebiete und unterband die Rücksendung von Kriegsgefangenen aus Deutschland. Als er auch noch die Wiederbesetzung von Paris durch deutsche Truppen als Ultimatum androhte, brach der Widerstand zusammen.

Der Frieden von Frankfurt

Am 10. Mai 1872 unterschrieb Jules Favre im Hotel „Zum Weißen Schwan“ in Frankfurt dann endgültig den Frieden von Frankfurt, worin alle im Vorfriedensvertrag ausgehandelten Bedingungen bestätigt wurden. Die Kriegsentschädigung von 5 Milliarden Franken entsprach etwa 4 Milliarden Mark. Frankreich musste sie mit soliden Zahlungsmitteln entrichten: Gold oder Noten sicherer Banken aus den Ländern England, Niederlande und Preußen. Mit der ersten Milliarde Mark wurde der Reichsinvalidenfond gebildet, mit der zweiten Milliarde tilgte man Kriegsanleihen.

Als Bismarck dann gefragt wurde, ob er auf die im Friedensvertrag ausgehandelten Passagen stolz sei, antwortete er ausweichend: „Es gibt im politischen Leben keinen Ruhepunkt, der ein befriedigendes Rückschauen zuläßt; ich weiß nicht was aus dem heute gepflanzten morgen wird.“ [110]

Der Reichstag genehmigte mit 175 gegen 51 Stimmen außerdem eine Dotation, die Heerführern und Staatsmännern zu Gute kommen sollte: Roon, Moltke und Manteuffel bekamen je 300.000 Mark, sämtliche weiteren Generale und Staatsmänner – je nach Verdienst – abgestufte Summen. Otto von Bismarck erhielt das Schloss Friedrichsruh im Sachsenwald bei Hamburg und den Fürstentitel – sowie eine Marmorbüste des Kaisers.

Die Bilanz beider Parteien sah folgendermaßen aus: Die Sieger hatten 1.871 gefallene Offiziere und 26.397 Soldaten zu beklagen, dazu 4.184 Verwundete Offiziere und 83.304 verwundete Soldaten. Vermisst wurden 102 Offiziere und 12.752 Soldaten.

Die genaue Zahl der gefallenen Soldaten auf französischer Seite konnte nicht ermittelt werden. Das Kriegsministerium gab lediglich an: 32 gefallene Generale, 28 Generalstabsoffiziere und 2.100 Offiziere der verschiedenen Waffengattungen. Über die getöteten Soldaten wurde nicht Buch geführt. Darüber hinaus waren in Deutschland 11.800 französische Offiziere und 375.788 Soldaten interniert und registriert.

Niemals zuvor hatte ein Krieg eine so hohe Zahl von Menschenleben gekostet. Kaiser Wilhelm zog daraus die Konsequenz und schlug eine neue Infanterietaktik vor. Angriffe der Infanteristen hätten danach erst zu erfolgen, wenn die feindliche Stellung vorher durch Artilleriefeuer und gezieltes Schützenfeuer bereits geschwächt wäre. Das Gelände müsse zudem besser in jegliche Angriffshandlungen einbezogen und zur Deckung benutzt werden. Außerdem sei eine intensivere Umfassungstaktik anzuwenden und der Flankenangriff zu bevorzugen. Beim Angriff sollte nicht mehr in Kolonnenform, sondern in kleinen, lockeren Formationen vorgegangen werden. Erstaunlich moderne taktische Ansichten eines nicht mehr jungen Kaisers!

Wieder, wie in den beiden vorangegangenen Kriegen, spielte auch 1870 das Rote Kreuz eine große Rolle. Wie nach der Schlacht bei Weißenburg kümmerte es sich in den deutschen Feldlazaretten um die Verwundeten beider Gegner und die Kriegsgefangenen.

Erstmals - im Gegensatz zu den vorherigen Kämpfen – war jetzt auch die Zivilbevölkerung in Kriegshandlungen mit einbezogen gewesen, da der Bewegungskrieg sich sehr schnell zum Festungskrieg verändert hatte. Noch zu Beginn des Feldzuges hatte Wilhelm I. bei seinem Einmarsch proklamiert: „Ich führe Krieg mit den französischen Soldaten, nicht mit den Bürgern von Frankreich." [111]

Neu war auch das geballte Auftreten von Partisanen in kriegerischen Auseinandersetzungen. Garibaldi hatte diese im „totalen Volkskrieg" dazu aufgerufen, aus dem Hinterhalt zu morden. Ein erstes Anzeichen für die zukünftigen Veränderungen in der gesamten Kriegsführung!

Bismarck, Ministerpräsident und Außenminister Preußens, sowie Bundeskanzler des Norddeutschen Bundes, war jetzt auf der Höhe seines Erfolges. Auf seinem Rock prangte das orangefarbene Band des Schwarzen-Adler-Ordens, der achtspitzige Stern und die Kette aus Adlern und Donnerkeilen. Doch noch betrachtete er sein Lebenswerk als nicht ganz vollendet. Noch waren die süddeutschen Staaten selbstständige Gebilde und gehörten nicht zu Preußen, noch war Frankreich nicht endgültig besiegt.

Bismarcks Mitarbeiter

In dieser entscheidenden Phase des Jahres 1871 hatte Bismarck ständig seine engsten Mitarbeiter um sich. Sein Dezernent für die hohe Politik war der Geheime Legationsrat Heinrich Abeken, daneben der ehemalige Demokrat und jetzige Vortragende Rat Lothar Buchner. Als Linker in der preußischen Nationalversammlung wurde letzterer nach einem damaligen Aufstand zu einer Strafe von 15 Monaten Festungshaft verurteilt, der er sich jedoch durch die Flucht nach England entzog. Jetzt tat er für Bismarck gute Dienste.

Er engagierte sich beispielsweise als Vermittler zu dem Sozialistenführer Ferdinand Lasalle, einem jüdischen, philosophisch-juristischen Schriftsteller. Als Sozialist hatte dieser 1848/49 im Rheinland zum Umfeld des Kommunisten Karl Marx gehört. Als revolutionärer Demokrat arbeitete er gegen den „Bourgeois-Liberalismus“ und dessen Kompromisspolitik. Damit wandte er sich der Arbeiterpartei zu. Lasalle trat für das allgemeine Wahlrecht als demokratisches Ur-Recht ein. Darin lag für ihn die Lösung der sozialen Frage, die seiner Ansicht nach nur durch eine revolutionäre Umgestaltung erreicht werden konnte. Seine Demokratie war im Grunde eine plebiszitäre Diktatur. Wenn der Staat Demokratie ist – so sein Credo – hat er auch Recht und Macht, er ist dann das Instrument des Sozialismus. Als Voraussetzung für ein nationales Dasein, für einen einheitlichen und freien Volksstaat, galt ein Sieg der Arbeiterklasse. Die Arbeiter haben sich, so seine Forderung, als Partei zu organisieren und den Staat umzubilden. Lasalle gründete demzufolge dann selbst die Sozialdemokratische Partei und wurde deren Präsident. Lasalle galt nationalpolitisch als entschieden anti-österreichisch und darum pro-preußisch gesinnt, sowie als ein Vertreter der kleindeutschen Lösung.

Der Dritte im Bunde der ständigen Mitarbeiter Bismarcks war Hermann Wagner, der Führer der Konservativen im Abgeordnetenhaus und Hauptschriftleiter der Kreuzzeitung.

Bismarck und seine engsten Mitarbeiter, v.l.n.r: Heinrich Abeken, Robert von Keudell, Bismarck, Rudolf von Delbrück, Paul Graf von Hatzfeld zu Trachenberg, Friedrich Graf von Bismarck-Bohlen

Ein weiterer Mitarbeiter, Friedrich von Holstein, zeichnete als Diplomat verantwortlich für alle geheimen Vorgänge im Reich.

Bismarcks Tagebuch und seine Tischgespräche dokumentierte Dr. Moritz Busch, ein Journalist und Amerika-Emigrant. Der Sohn eines Unteroffiziers war außerdem Bismarcks Pressesprecher.

Als Kommandant des Kanzlerquartiers und verantwortlich für seine Sicherheit – quasi als Haushofmeister – fungierte Karl von Bismarck-Bohlen, ein Vetter des Kanzlers.

Den Reigen von Bismarcks ständigen Mitarbeitern schlossen der Legationsrat von Keudell, der in früheren Jahren der Gesandtschaft in Paris zugeteilt war, sowie der Legationsrat Graf Hatzfeld.

Der Privatmann Bismarck

Neun Jahre hatte Bismarck bisher erfolgreich an der Spitze des Staates gestanden. Zunächst als leitender Minister des Norddeutschen Bundes, jetzt als Kanzler des Reiches, das er gegründet hatte. Und doch wollte er sich nicht gänzlich zum Sklaven seiner hohen Stellung machen lassen. Denn als Privatperson musste er in den langen neun Jahren immer den Vorrang seinem Status als Diplomat und Politiker einräumen. Oft hat er bekundet, dass der Preis für seinen Erfolg sehr hoch war. Dennoch galt er im Grunde seines Wesens als ehrgeiziger, leidenschaftlich engagierter Mensch mit ausgeprägtem Sinn für die Macht. Trotzdem bezeichnete er ein unabhängiges Privatleben als das höchste Gut.

Materiell lebte er von seiner Stellung im Staate. Sein Erbe – das väterliche Gut – hätte ihm nur ein schmales Auskommen garantieren können, zumal es hoch verschuldet war. In den wenigen Jahren wurde aus dem fast mittellosen Landjunker Bismarck ein schwerreicher Mann. Er hat jedoch niemals seine hohe Stellung im Staate dazu ausgenutzt, sich unrechtmäßig zu bereichern, zu spekulieren oder durch käufliches Insiderwissen seinen Besitz zu vermehren. Das wird in einer Vielzahl von Geschichtsschreibungen immer wieder betont. Tatsache ist, dass seine Freundschaft zu den führenden Bankiers Rothschild und Bleichröder von großem Nutzen war und deren kluge Anlagen seinen Besitz ständig vermehrten.

Grundlage für diese Investitionen waren die hohen Geldgeschenke, die der preußische Staat ihm machte. So erhielt er im Februar 1867 nach dem Österreichkrieg eine Dotation in Höhe von 400.000 Talern; auf heutige Verhältnisse bezogen waren das mehrere Millionen Euro. Obwohl ihm sein Finanzberater Gerson Bleichröder zu erheblich einträglicheren Anlagen riet, kaufte er ganz konservativ aus dem Besitz des Grafen Blumenthal im April 1867 die Herrschaft Varzin bei Köslin in Pommern. Zu dem Gut gehörten sieben Dörfer und

Land von 22.000 Morgen. Er ließ auf der Gemarkung des Rittergutes die Papierfabrik Hammermühle errichten, die sich bald zum größten Unternehmen Ostpommerns entwickeln sollte. Später folgten noch weitere Papierfabriken nach.

Nach dem Krieg gegen Frankreich schenkte der preußische König dem Sieger das im Sachsenwald gelegene Jagdschloss Friedrichsruh im Herzogtum Lauenburg bei Hamburg, zu dem ein riesiger Forst von 25.000 Morgen gehörte, sowie weiteres Land von 2.000 Morgen. Auch das wieder ein Geschenk, das heute viele Millionen wert ist. Durch die Dotationen wurde Bismarck Großgrundbesitzer.

Als ihm das ererbte Gut Schönhausen zu klein geworden und der Pommersche Besitz Varzin zu abgelegen war, verlegte er 1871 seinen Wohnsitz und Mittelpunkt des Lebens nach Friedrichsruh. Von dort aus konnte der zum Generalleutnant beförderte Bismarck ideal reisen. Die Eisenbahnlinie Hamburg –Berlin mit einem Bahnhof in Friedrichsruh erlaubte ihm große Bewegungsmöglichkeit. Zugleich bot sich die Chance, einen seiner hohen Stellung angepassten Lebensstil als Gutsherr und Landedelmann zu pflegen. Hier fand er Ruhe von seiner anstrengenden Regierungstätigkeit, konnte in langen Ausritten die Natur genießen und ungestört seinen Gedanken als Staatsmann nachgehen. Nur war ihm die Zeit für ein solches Ausspannen, wie er selbst oft traurig feststellte, viel zu selten gegeben. Hier war er auch liebender Ehemann und Vater seiner drei Kinder Marie, Wilhelm und Herbert. Wie sehr er an seiner Familie hing, wie wichtig diese trotz seiner vielen Verpflichtungen als sein Lebensmittelpunkt war, hat er in unzähligen Briefen an seine Frau immer wieder betont.

Dass der jetzt mächtige und reiche Bismarck allerdings auch schon in früheren Jahren von sich als Persönlichkeit überzeugt war, zeigt eine Episode, als er als junger Abgeordneter im Frankfurter Bundestag in seinem Streben nach Gleichberechtigung mit Österreich sich eine Zigarre anzündete. Mit dieser Geste brach er demonstrativ ein Vorrecht, das bisher nur dem österreichischen Vorsitzenden Graf von Thun-Hohenstein zugestanden hatte.

Stets hat er an erster Stelle Preußen gesehen. Im Jahr 1856 schrieb er: „Das Interesse Preußens ist mir das einzige Gewicht, dem ich bei Abwägung in der Politik eine normale Geltung beilege." [112] Damals war Deutschland noch eine ferne Perspektive.

Doch Undank ist der Welten Lohn. Selbst später noch, nach Bismarcks wohl einmaliger Lebensleistung, das Deutsche Reich geschaffen zu haben, versagte ihm der Reichstag zu seinem 80. Geburtstag mit Mehrheit die Überbringung von Glückwünschen.

Aber nicht nur Abgeordnete, Bürger und Journalisten waren seine Gegner, auch die Generale stellten oftmals sich gegen ihn. Als sie nach dem Sieg von Königgrätz 1866 auf einen Einmarsch in Wien drängten, konnte Bismarck nur unter Aufbringung all seiner Kräfte weitsichtig für Mäßigung eintreten und diese Forderung abwehren. So antwortete er mit feinsinniger Ironie: „Wenn die feindliche Armee Wien preis gibt und sich nach Ungarn zurückzieht, müssen wir ihr doch folgen. Es würde dann das Geratenste sein, auf Konstantinopel zu marschieren, ein neues byzantinisches Reich zu bilden und Preußen seinem Schicksal zu überlassen." [113]

Bezeichnend war auch eine Notiz des Königs, der oft mehr Soldat als Politiker war, auf dem Memorandum Bismarcks, das den Frieden mit Österreich erzwingen sollte: „Nachdem mein Ministerpräsident mich vor dem Feinde im Stich lässt und ich hier außerstande bin ihn zu ersetzen, sehe ich mich zu meinem Schmerz gezwungen in diesen sauren Apfel zu beißen und einen so schmachvollen Frieden anzunehmen." [114]

Schloss Friedrichsruh

Die Reaktionen der Nachbarn

Am 18. Januar 1871 hatte die Reichsgründung mit der Kaiserproklamation einen glanzvollen Abschluss erreicht und damit eine neue Periode der deutschen Außenpolitik eingeleitet. Für Bismarck stellte sich jetzt stärker als zuvor die Frage, wie die Länder Europas auf die machtpolitischen Veränderungen reagieren würden.

In England hatte zunächst über den Sturz Napoleons III. Erleichterung geherrscht. Diese war jedoch nach dem Sieg und den Annexionen einer Beunruhigung über die deutsche Machterweiterung gewichen. Die Politik des liberalen Kabinetts Gladstone-Granville, das von 1868 bis 1874 dem Parlament vorstand, verhielt sich den kontinentalen Problemen gegenüber strikt reserviert. Eine Annäherung des jungen Deutschen Reiches an England hielt Bismarck daher vorläufig für nicht möglich. Das Misstrauen Deutschland gegenüber formulierte der Führer der englischen Opposition, Benjamin Disraeli, am 9. Februar 1871 in einer Parlamentsrede: „Dieser Krieg bedeutet die deutsche Revolution, ein größeres politisches Ereignis als die Französische Revolution des vergangenen Jahrhunderts. Die bisherigen Grundsätze der Außenpolitik sind ungültig geworden, es gibt keine überkommene Auffassung der Diplomatie, welche nicht fortgeschwemmt wäre. Das Gleichgewicht der Macht ist völlig zerstört und das Land, welches am meisten leidet und die Wirkung dieser großen Veränderung am meisten spürt, ist England.“ [115]

Hinter dieser scharfsinnigen Rede stand die realistische Einsicht, dass durch die Verschiebung des Gleichgewichts die politische Ausbalancierung künftig nicht mehr von London aus, sondern von Berlin erfolgen würde. Diesen Wechsel hatte England in der Tat bereits zu spüren bekommen, als sich Russland von den Fesseln des Pariser Friedens mit Deutschland befreien konnte und die Pontus Klausel am 31.10.1870 kündigen durfte. Nach dieser Klausel im Friedensvertrag von Paris musste sich Russland verpflichten, nur eine begrenzte Zahl

Benjamin Disraeli, Earl of Beaconsfield

von kleineren Kriegsschiffen im neutralisierten Schwarzen Meer zu stationieren, die der Zahl der dortigen türkischen Kriegsschiffe zu entsprechen hatte.

Die deutsche Rückenfreiheit in der Auseinandersetzung mit Frankreich war bekanntlich der Neutralität Russlands zu verdanken gewesen. Im März 1871 hatte Bismarck in diesem Sinne an den Zaren telegrafiert: „Nie wird Preußen vergessen, daß es Ihnen verdankt, daß der Krieg nicht äußerste Dimensionen angenommen hat." [116] Damit wollte er den Zaren stärken gegen eine russische Bewegung des Fürsten Gortschakow, der die dynastischen Beziehungen zum Deutschen Reich bereits in Frage stellte; denn es gehörte zu den festen politischen Grundsätzen des Fürsten, dass im Interesse Russlands Frankreich „eine europäische Notwendigkeit sei".

Der Kampf um Süddeutschland

Unerreichbar wären die politischen und militärischen Ziele des Staatsmannes Bismarck jedoch gewesen, ein vereintes Deutsches Reich zu schaffen, wenn es nicht im Süden Deutschlands Ende der 60-er Jahre einen Umschwung und einen sich deutlich abzeichnenden Gesinnungswandel der gesamten Bevölkerung gegeben hätte, der die einzelnen Dynastien in ihren Entschlüssen beeinflusste. Obwohl Bismarck diese anwachsende nationale Bewegung beobachten konnte, folgte er ganz seinem Gebot staatsmännischer Klugheit und ließ sich die Dinge entwickeln, ohne der Versuchung nachzugeben vorschnell einzugreifen.

Der beiden Länder Baden und Hessen glaubte er sich bereits sicher zu sein.

Das Großherzogtum Hessen war durch seine Zugehörigkeit zum Norddeutschen Bund und durch die Militärkonvention im Schutz- und Trutzbündnis von der Politik Preußens abhängig. Versuche des Großherzogs und seines Ministers Dalwigk, sich der Umklammerung Preußens zu entwinden, drohten ihnen jedoch von der eigenen preußenfreundlichen Bevölkerung zum Verhängnis zu werden. Dalwigk war von vornherein ein erbitterter Gegner Preußens, der schon vor dem Krieg alles versucht hatte, Österreich aufzuhetzen, eine Intervention gegen Preußen zu wagen und mit – wie er hoffte – in Süddeutschland einmarschierenden französischen Truppen ganz Süddeutschland zum Abfall von Preußen zu zwingen. Doch zu Dalwigks großer Enttäuschung blieb Österreich neutral. Bismarck erkannte damals die verräterische Haltung Dalwigks und gab bei der Mobilisierung der hessischen Division dem preußischen Gouverneur in Koblenz, General Herwarth von Bitterfeld, den Auftrag, ein waches Auge auf den hessischen Minister zu haben, wenn auch unter „äußerster Höflichkeit“. Dennoch war Hessen trotz der Opposition des Großherzogs und seines Ministers für Bismarck kein Grund zu ernsthafter Sorge;

er hatte dort genügend zuverlässige Bundesgenossen, auf die er sich verlassen konnte.

Baden dagegen war schon weit vorher voll auf Preußens Seite getreten, auch wenn Bismarck aus Rücksicht auf Frankreich Großherzog Friedrich gebeten hatte, zunächst Zurückhaltung zu wahren. Doch in keinem Land in Süddeutschland war der Wunsch, sich dem Norden anzuschließen, so ausgeprägt wie in Baden. Deshalb konnte sich Bismarck auf die Zuverlässigkeit des Landes und dessen Presse in allen nationalen Fragen unbedingt verlassen. Großherzog Friedrich hatte sogar den Anstoß gegeben, den König von Preußen zum Kaiser in Deutschland zu krönen – aus der Überlegung heraus, selbst Bayern werde sich einem Kaiser unterordnen. In Friedrich hatte Bismarck demzufolge einen starken Verbündeten, der auch Bayern zu einer Bindung an den Norden bewegen sollte. Bismarcks Strategie war es allerdings, keinen Zwang auf Bayern auszuüben, obwohl er wusste, wie notwendig er letztlich für die Durchsetzung seiner Pläne den Wittelsbacher Staat brauchte.

Auch in Württemberg bestand noch Misstrauen gegen Preußen, doch nach der Kriegserklärung Frankreichs strebte die Bevölkerung einen sofortigen Eintritt in den Norddeutschen Bund an. Der preußische Kronprinz als Oberbefehlshaber aller süddeutschen Truppen wurde bei seinem Besuch in Stuttgart am 28. Juli 1870 begeistert von den Einwohnern bejubelt. Die nationale Begeisterung erreichte am 3. September, nach dem Sieg von Sedan, in der Stuttgarter Liederhalle ihren Höhepunkt. Als Vorkämpfer für die nationale Sache in der württembergischen Regierung galt der Kriegsminister und Generalleutnant Albert von Suckow. Es war letzten Endes sein Verdienst und das des Justizministers Freiherr von Mittnacht, den Anschluss Württembergs an den Deutschen Staat erreicht zu haben, zumal es im Stuttgarter Schloss noch ernsthafte Gegner Preußens gab. So erschien der Gemahlin des Württemberger Königs Karl, Königin Olga, der stolzen Tochter des russischen Zaren Nikolaus, eine Unterordnung unter ein anderes Fürstenhaus unmöglich.

Bayern war nach wie vor das größte Problem auf dem Weg zur Einheit. Bismarcks bereits erwähnte Zurückhaltung brachte ihn in Gegnerschaft zum norddeutschen Gesandten in Bayern, Georg Freiherr von Werthern, der in seiner ungestümen Art Bismarcks abwartende

Politik nicht verstand und sie als Stillstand bezeichnete. In der Auseinandersetzung mit ihm zeigte sich Bismarcks diplomatische Vorgehensweise besonders, als er in seinem Erlass vom 26. Februar 1869 als Schlusssatz sagte: „Wir können die Uhr vorstellen, die Zeit geht aber deshalb nicht rascher, und die Fähigkeit zu warten, während die Verhältnisse sich entwickeln, ist eine Vorbedingung praktischer Politik". [117] Von Werthern meinte ergänzend, das Kunststück sei es, Bayern mit „sanfter Hand zu Tode zu führen". Bismarck entgegnete skeptisch, „er glaube in der Lebenszeit des Gesandten und seiner werde sich diese Prophezeiung nicht erfüllen".

Bismarck hatte das Beharrungsvermögen dieses zweitgrößten deutschen Staates mit seiner vielhundertjährigen Wittelsbacher Geschichte erkannt. Noch dazu, da an seiner Spitze ein unberechenbarer, romantischer, schwärmerischer König stand, der ängstlich auf die Wahrung seiner Souveränität bedacht war. Außerdem besaß im Parlament immer noch die preußenfeindliche, partikularistisch-klerikale „Patriotenpartei" die Mehrheit, obwohl sich am Tage der Kriegserklärung Frankreichs, am 19 Juli 1870, das Nationalbewusstsein als stärker erwies als die partikularistische Parteidisziplin.

Der leitende Minister in Bayern, Graf Bray-Steinburg, dagegen hatte die patriotische Verpflichtung der Regierung verteidigt, an die Seite Preußens zu treten, offensichtlich beeinflusst vom aufsteigendem Nationalismus in der Bevölkerung.

Der bayerische Gesandte am Hofe in Berlin wiederum, Baron Perglas, ein streng gläubiger Katholik, verurteilte damals den Krieg mit Frankreich, weil er Bayerns Interessen zuwiderlaufe.

Zur Vorgeschichte sei vermerkt: Als der preußische Kronprinz anlässlich eines Besuches in München einen Brief Ludwigs II. erhielt, in dem der König mitteilte, er fordere, nach einem Friedensschluss ein selbstständiger Staat zu bleiben, sicherte der Kronprinz dieses ausdrücklich zu. Bismarck schloss sich damals sofort an und bewog Wilhelm I. ebenfalls, die Integrität Bayerns zu garantieren. Der Kanzler versprach Bayern außerdem, Metz und Straßburg nach dem Krieg den süddeutschen Staaten zu überlassen.

Dagegen machte Graf Bray, der auch die Meinung König Ludwigs II. vertrat, den Einwand geltend, eine Abtretung französischer Gebiete würde den Hass Frankreichs für alle Zeiten heraufbeschwören. Bayern solle vielmehr sein Augenmerk auf eine Verbindung zwischen der Pfalz und Unterfranken legen, um die badische Pfalz mit Mannheim und Heidelberg zu annektieren. Bismarck entgegnete darauf, die Stunde für die Erörterung der Zukunftsgestaltung sei noch nicht gekommen.

Es war ihm dann durchaus willkommen, dass die süddeutschen Regierungen ihren Wunsch anmeldeten, an den Friedensverhandlungen mit Frankreich teilzunehmen, denn auf diese Weise konnte er die Einstimmigkeit Gesamtdeutschlands bekunden.

Sedan bedeutete dann auch für die Bayern die Wende. Der große Stimmungsumschwung der Menschen in den ersten Septembertagen ließ auch die bayerische Regierung umdenken. Presse und Bevölkerung befürworteten jetzt einen einheitlichen Bundesstaat unter preußischer Führung und den Eintritt der Südstaaten in den Norddeutschen Bund. Ein nationaler Sturm brach los. Alle Städte und Gemeinden aus Oberbayern, Schwaben, Franken und der Rheinpfalz forderten energisch die Beteiligung Bayerns am deutschen Einigungswerk.

Bereits am 7. September 1870 meldete der württembergische Gesandte, dass in München der Wunsch laut werde, der bayerische König Ludwig II. solle dem Preußenkönig die Kaiserkrone anbieten. Am 11. September erklärte die bayerische Regierung ihre Zustimmung zum Ausbau Deutschlands unter der Bewahrung ihrer eigenen Selbstständigkeit und berichtete von der Ermächtigung des Königs, über ein Verfassungsbündnis Bayerns mit dem Norddeutschen Bund verhandeln zu dürfen.

Folgende vier Bedingungen waren allerdings die Voraussetzung: Erstens die Bewahrung besonders von „Kron- und Landrechten“ und damit das Recht auf die Vertretung nach außen, mit dem Zusatz, Verträge zu schließen, soweit sie nicht dem Zweck und den Interessen des Bundes widersprachen. Zweitens die Militärhoheit über die bayerische Armee in Friedenszeiten. Drittens die eigene Gesetzgebung in Verwaltung und Finanzen, soweit sie nicht der Kompetenz des Bundes unterliegen. Viertens die selbstständige Leitung des Post-, Eisenbahn- und Telegrafenwesens.

Zunächst schwieg Bismarck zu den bayerischen Forderungen, ließ aber durchblicken, dass notfalls die deutsche Frage ohne Bayern geregelt werden müsse. Keinesfalls jedoch könnte er – „solange ich lebe“ – Landabtretungen von Baden zulassen. Baden und Hessen würden in jedem Falle dem Norddeutschen Bund beitreten, auch Württemberg sehr wahrscheinlich.

Ganz „bismarckisch" ging der Kanzler dann vor, indem er feststellte, es müssten ja nicht alle Schwierigkeiten auf einmal gelöst werden. Er werde keinesfalls verlangen, eine fertige Verfassung auf einen Schlag in sechs Wochen herzustellen. Es genüge ihm, eine Grundlage zu schaffen, fest genug, um in 10, 20 oder 50 Jahren das Werk zu beenden. Dabei ließ er nichts unversucht, um an den bayerischen König „heranzukommen". Er wollte ihn psychologisch gewinnen, wobei die Rechte Bayerns soweit wie möglich berücksichtigt werden sollten.

In oft schwierigsten Verhandlungen und unter äußersten Kraftanstrengungen konferierte Bismarck dann mit Ministern und leitenden Politikern von Württemberg, Hessen und Baden, um den Druck auf Bayern indirekt zu erhöhen. Nach außen gab er sich dabei weiter abwartend, oft gleichgültig. Sein Grundkonzept war stets, dass die bundesstaatliche Idee nicht getrübt werden und die Grundlage des Bundesstaates nicht erschüttert werden dürfe. Die Macht der Zentralgewalt solle dabei nicht gelockert werden und das Gewicht Preußens nicht geschwächt.

Wieder griff Bismarck auf sein bewährtes Prinzip zurück, mit jedem Vertreter der Länder einzeln zu verhandeln. Als erster Staat trat Baden dem Bund bei. Obwohl das Land keinerlei Reservatrechte stellte, hatten sich die Beitrittsverhandlungen hingezogen, da der Großherzog in Streit mit dem Kriegsminister geriet, welche Kokarde und welche Schärpe die vom Land zu stellende Division tragen sollte. Die Folge war, dass die Militärkonvention mit Baden erst am 25. November 1871 unterschrieben werden konnte.

Die Militärkonvention mit Württemberg dagegen wurde zwischen Roon und Suckow zügig verhandelt. Doch ergaben sich hier Schwierigkeiten in wirtschaftlichen Fragen, als die Vertreter Württembergs erfuhren, dass ihnen Rechte verweigert wurden, die Bayern bereits zugestanden worden waren.

In Besprechungen zwischen dem bayerischen Kriegsminister von Pranckh und Roon traten dann erneut unüberwindliche Hindernisse auf, als Bayern nach wie vor auf der Selbstständigkeit des Heeres im Frieden und auf einem eigenen Militäretat bestand, was sich mit der Verfassung des Bundesstaates jedoch nicht vereinbaren ließ. Sollte

Bayern auf seinem Standpunkt verharren, wäre der einzige Ausweg ein status quo auf der Basis der Verträge von 1866 gewesen. Als Bayern dann auch noch darauf bestand, dass der Norddeutsche Bund aufgelöst und durch einen Deutschen Bund mit eigener Verfassung ersetzt werden sollte, änderte Bismarck seine bisher zurückhaltende Haltung gegenüber Bayern immer noch nicht. Er entschloss sich jedoch, mit den anderen süddeutschen Staaten Verträge zu schließen und Bayern vorerst zu isolieren.

Der Kronprinz verlangte sodann, die Verhandlungen mit Bayern konsequent abzubrechen. Doch Bismarck ließ sich nicht einschüchtern und verhandelte weiter. Und auch dieses Mal wieder hatte seine einzigartige Gabe, abzuwarten und aus einer zunächst ungünstig erscheinenden Lage Vorteile zu ziehen, Erfolg. Denn aus Bayern selber kam später der Rat, Bismarck solle sich zunächst mit den übrigen süddeutschen Staaten einigen. Dieser Vorschlag passte genau in seine Linie und enthob ihn des Vorwurfes, das Land in eine Zwangslage gebracht zu haben.

Inzwischen wurden die bayerischen Unterhändler in Versailles immer unruhiger, als sie die Einigkeit der übrigen süddeutschen Staaten mit Preußen zur Kenntnis nehmen mussten. Außerdem wuchs in der bayerischen Bevölkerung und bei der nationalen Partei die Unruhe und Ungeduld.

Am 9. November 1871 saßen die bayerischen Verhandler mit Delbrück am Tisch, zwei Tage später kam auch Bismarck dazu. Der größte Erfolg der Gespräche war, dass Bayern jetzt auf der Forderung eines weiteren Bundes nicht mehr bestand. Was die Militärkonvention anbetraf, wollte Bayern zwar auf seine Militärhoheit nicht verzichten, sagte aber eine Fülle von Sicherheiten zu, die das bayerische Heer in das des Bundes praktisch eingliederten.

Als die Verhandlungen mit Bayern kein Ende nehmen wollten, brachte der ungeduldig gewordene Kronprinz eine neue Variante ins Spiel. Er sprach sich für ein gewaltsames Vorgehen Preußens gegen Bayern aus. Auch der Kaiser meinte Bismarck vorwerfen zu müssen, er würde in seinen Verhandlungen auf den nationalen Umschwung in der Bevölkerung zu wenig Rücksicht nehmen.

Jetzt reagierte Bismarck mit Zorn und Erbitterung. Neben seinen schwierigen Auseinandersetzungen mit den störrischen süddeutschen

Friedrich Ferdinannd Graf von Beust

Staaten musste er nun auch noch seine ganze Überzeugungskraft gegen den Kaiser und Kronprinzen einsetzen. Er arbeitete praktisch Tag und Nacht, und seine Freunde befürchteten bereits, dass sein Durchhaltevermögen bald am Ende sei. „Ich bin müde, und während ich noch mit dem Leben dieser Welt verknüpft bin, fang ich an, den Reiz der beschaulichen Ruhe zu schätzen. Ich würde am liebsten von der Bühne in eine Zuschauerloge abtreten." [118] Das schrieb nicht etwa ein 70-jähriger Bismarck am Ende der achtziger Jahre, sondern der auf der Höhe seiner Macht stehende Reichskanzler Weihnachten 1871 an Katharina Orlow, mit der ihn eine enge geistig-seelische Freundschaft verband. Das völlige Aufgehen in den Aufgaben seines Amtes, der kontinuierliche Kampf auch im eigenen Haus gegen Kronprinz und Kaiser habe ihn „vertrocknet", klagte er. Weder die Jagd, noch die Musik, nicht einmal mehr Geselligkeit machten ihm Freude. Doch der Gedanke, sich von allem befreien zu können, bewahrte ihm bei allem Ehrgeiz und leidenschaftlichem Engagement einen Sinn für Distanz, gerade in Augenblicken, die von entscheidender politischer Bedeutung waren.

Als der Kanzler vom 18. August bis 6. September 1871 zu Verhandlungen mit dem österreichischen Reichskanzler Graf Beust in Gastein weilte und dieser ihn fragte, was er denn tue, wenn er sich über seinen Kaiser ärgere, antwortete Bismarck: „Ich war mal drüben im Badeschloss in des Kaisers Zimmer und habe mich schwarz geärgert. Ich schließe die Türe kräftig, der Schlüssel bleibt mir in der Hand, ich trete bei Lehndorff ein und werfe ihn in das Waschbecken, das in tausend Stücke geht. Mein Gott, sagt dieser, sind Sie krank? – Gewesen, jetzt bin ich wieder ganz wohl." [119]

Am 7. September 1871 trafen sich Kaiser Wilhelm und Kaiser Franz Joseph in Salzburg. Gleichzeitig fand eine Unterredung der beiden Reichskanzler statt. Bei einer Spazierfahrt nach Schloss Klesheim war Beust Bismarcks Begleiter. Der österreichische Reichskanzler verhielt sich den Hochrufen der Menge gegenüber zurückhaltend und überließ seinem Gast die Ehrung, der militärisch, aber sehr freundlich die Begrüßung erwiderte. „Sehen Sie", bemerkte Bismarck dabei zu seinem Begleiter, „das habe ich mir ganz gut eingerichtet. In der Zeit, in der die Leute vor mir ausspuckten, trug ich Zivilkleider. Da brauchte ich den Hut nicht abzunehmen; jetzt, wo sie mich so viel grüßen, trage ich Uniform, da brauche ich nur die Hand an die Mütze legen."

Am nächsten Morgen sollte die Abreise der beiden Monarchen erfolgen. „Um halb sieben", sagte Beust zu Bismarck. „So?" erwiderte Bismarck, der das frühe Aufstehen eben so wenig liebte wie Beust – „also bald nach Mitternacht." [120]

Bündnispolitik und Reichstagswahlen

Durch die norddeutschen Annexionen, den Anschluss der süddeutschen Staaten und nicht zuletzt Elsaß-Lothringen als Kriegsbeute war der preußisch-deutsche Nationalstaat zur stärksten Kontinentalmacht neben Russland geworden. Mit drei Kriegen und viel Diplomatie hatte Bismarck das erreicht. Jetzt galt es für ihn, seinen neuen Staat zu sichern. Deutschland durfte nicht isoliert werden. Er wusste, dass Frankreich auf ewig ein Feind war und nach erneutem Erstarken die erste Gelegenheit nutzen würde, um Rache zu nehmen. Es galt daher, in Zukunft eine ausgewogene Bündnispolitik zu betreiben.

Niemals durfte Deutschland es zulassen, dass Frankreich sich mit Russland zusammenfände. Aus diesem Grunde befürwortete der Kanzler eine Annäherung an Russland, aber auch ein enges Zusammengehen mit dem Vielvölkerstaat Österreich. Doch ein potenzielles Bündnis Berlin-Wien-Petersburg barg Schwierigkeiten in sich. Russland und Österreich stießen am Balkan aufeinander. Hier könnte in der Zukunft ein Konflikt entstehen, und darauf musste Bismarck vorbereitet sein.

Am 3. März 1872 fanden Wahlen zum Reichstag statt; es war der Tag des Vorfriedens mit Frankreich. Knapp 4 Millionen Bürger nahmen teil, etwa die Hälfte aller Wahlberechtigten. Diese mussten ein Alter von 25 Lebensjahren erreicht haben. Soldaten durften nicht wählen. Zum ersten Mal gab es keine Abstufung nach Reichen und Armen, jeder konnte wählen. Die Stimme war geheim abzugeben.

120 Abgeordnete stellten die Nationalliberalen und wurden damit größte Fraktion. Sie vertraten das patriotische Bürgertum. Als Fraktionsführer fungierte wieder Rudolf von Benningsen. 30 Mitglieder zählte die Fraktion der Liberalen Reichspartei; unter ihnen der bayerische ehemalige Ministerpräsident Fürst Hohenlohe-Schillingsfürst, der ehemalige badische Außenminister Franz von Roggen-

bach, sowie ein weiterer Ehemaliger, der preußische Finanzminister Robert von Patow, was der Fraktion den Namen „Excellenzen-Partei" einbrachte. Bismarcks frühere Gegner, die im Norddeutschen Bund gegen die Verfassung stimmten – die Fortschrittspartei – stellte 45 Abgeordnete. 54 Reichstagsabgeordnete waren Altkonservative; unter ihnen General-Feldmarschall von Moltke und weitere 45 Adlige, zum größten Teil Großgrundbesitzer. Chef der Fraktion wurde der Neffe des Kriegsministers von Roon, Moritz von Blanckenburg. In Bismarcks politische Richtung zielte die konservativ-liberale Deutsche Reichspartei mit 38 Abgeordneten. Außerdem wurden sieben Welfen, die Geschlagenen von 1866, und zwei Abgeordnete aus Schleswig-Holstein gewählt. Die polnische Minderheit aus den preußischen Landesteilen Westpreußen, Posen und Oberschlesien war mit 14 Abgeordneten vertreten. Eine total neue Partei, die in der katholischen Bewegung wurzelte, stellte auf Anhieb 58 Abgeodnete und nannte sich die Zentrumspartei. Gleichgesinnte waren die 18 Abgeordneten der bayerischen Patriotenpartei. Nur zwei sozialistische Abgeordnete konnten den Sprung in den Reichstag schaffen; noch im Norddeutschen Reichstag stellte die Sozialdemokratische Partei sechs Abgeordnete. Einer von den Neugewählten war August Bebel aus dem Industrierevier Glauchau, Sohn eines Unteroffiziers. Er galt als strikter Gegner Preußens und des Reiches, der die Reichsverfassung als „Volksbetrug" bezeichnete.

Die Vertreter der souveränen Staaten des Reiches schlossen sich im Bundesrat zusammen. Die Bevollmächtigten stellten die Reichsexekutive dar. Den Vorsitz im Bundesrat hatte der Reichskanzler.

Wie schon von Bismarck im Norddeutschen Reichstag festgelegt, erhielten auch die neugewählten Reichstagsabgeordneten keine Diäten. Das entsprach Bismarcks Anschauung, wonach bezahlte hauptamtliche Volksvertreter nicht mehr eine lebendige, alle Berufsklassen vertretende Körperschaft, sondern nur noch ein bürokratischer Verein sein würden. Zwar hatte der Reichstag mit 186 Stimmen gegen 128 Stimmen auf Antrag der Fortschrittspartei für die Einführung von Diäten gestimmt, doch der Bundesrat stimmte dagegen, womit der Antrag abgelehnt war.

Der erste Etat des Reichstages betrug 306 Millionen Mark, davon 207 Millionen für den Militäretat. Im Norddeutschen Bund war das Budget des Militäretats auf ein Prozent der Bevölkerungsstärke eingeschränkt gewesen, und pro Soldat wurden damals 225 Taler festgelegt. In einer Abstimmung erhielt die Regierung jetzt mit 152 Stimmen gegen 128 Stimmen einen „eisernen Militäretat“ für den Zeitraum von drei Jahren.

Ein neues Reichstagsgebäude sollte errichtet werden. Zwischenzeitlich diente die ehemalige Porzellanmanufaktur in der Leipziger Straße in Berlin als Provisorium.

Elsaß-Lothringen

Drei Wochen nach dem Kriegsbeginn mit Frankreich und dem Vormarsch der verbündeten deutschen Staaten ins französische Landesinnere wurde der Oberbefehlshaber der preußischen Truppen, General von Bismarck-Bohlen, am 14. August 1870 zum Generalgouverneur des besetzten Elsaß ernannt. Bundeskanzler Bismarck hatte kurz zuvor das Mosel-Departement vom Generalgouvernement Lothringen getrennt und dem Elsaß angegliedert. Eine Kabinettsorder räumte Bismarck-Bohlen auch gesetzgeberische Vollmachten ein und stellte ihm einen Regierungspräsidenten für den Ausbau der Verwaltung an die Seite. Nachdem Preußen die Festung Belfort an Frankreich zurückgegeben hatte, stand damit seit August 1870 das spätere Elsaß-Lothringen unter preußischer Verwaltung.

Vehement wurde jetzt von der dort ansässigen deutschen Bevölkerung und von der preußischen Generalität die endgültige Rückgabe des vor 200 Jahren von König Ludwig XIV. annektierten Gebietes gefordert. Wortführer waren Treitschke, von Sybel, Mommsen und viele andere; sie wollten Elsaß-Lothringen an Preußen und nach der Reichsgründung an den Kleindeutschen Nationalstaat anschließen.

Ursprünglich war das deutsche Kriegsziel frei von Annexionsabsichten gewesen, sondern ausschließlich darauf gerichtet, den Widerstand Frankreichs gegen die Gründung eines nationalen deutschen Staates zu brechen. Erst als nach den ersten Siegen die öffentliche Meinung und das Militär die Abtretung von Elsaß-Lothringen verlangten, schloss sich die politische Führung dem Wunsch an. Treitschke wollte im Vertrauen auf „das unsterbliche Fortwirken der sittlichen Mächte in der Geschichte“ [121] die ihrem Volkstum einst entfremdeten Teile in das werdende Reich zurückholen.

Bismarck stand Gebietsabtretungen grundsätzlich ablehnend gegenüber, was er bereits bei den Siegen über Dänemark und Österreich nachdrücklich vertreten hatte. Auch für ihn zählten nur Überlegungen militärischer Art, um späteren Angriffen Frankreichs vorzubeugen. Ausschließlich deshalb hat er Landesabtretungen in möglichst geringem Ausmaß in sein Friedensprogramm einbezogen. Obwohl er stets versuchte, die weitergehenden Forderungen des Militärs und des Hofes in engen Grenzen zu halten, um ein zukünftiges Verhältnis zu Frankreich nicht zu belasten, so konnte er sich jedoch gegen das Militär und den Hof letzten Endes nicht durchsetzen.

Auch andere Mahner gegen die Annexion Elsaß-Lothringens gab es, wie den balten-deutschen Publizisten Justus von Eckart, der auf die Folgen hinwies, dass Elsaß-Lothringen einer Verständigung zwischen Frankreich und dem Deutschen Reich für immer im Wege stehen werde.

Am 5. September 1870 hatte auch die sozialdemokratische Arbeiterpartei die deutschen Arbeiter zu einer Kundgebung gegen die Annexion von Elsaß und Lothringen aufgerufen. Am 17. Dezember wurden ihre beiden Abgeordneten August Bebel und Wilhelm Liebknecht daraufhin wegen der Vorbereitung des Hochverrates verhaftet. Ihre Haftentlassung erfolgte am 28. März 1871, nachdem Bebel als einer von zwei Sozialdemokraten in den deutschen Reichstag gewählt worden war. Dort bekannte er sich zur Pariser Kommune. Der Hochverratsprozess gegen Bebel und Liebknecht fand vor dem Leipziger Schwurgericht statt und endete mit dem Schuldspruch von zwei Jahren Festungshaft für beide. Bebel erhielt eine zusätzliche Strafe von neun Monaten für Majestätsbeleidigung. Die Urteile entsprachen dem Bild, das sich die Bevölkerung und das Bürgertum von den Sozialdemokraten machte.

Gegen die Annexion hatten außerdem die am 5. Februar 1871 in den Reichstag gewählten Abgeordneten Elsaß-Lothringens protestiert.

Doch der Präliminarfrieden vom 26. Februar 1871 setzte sich über alle Proteste hinweg. Mit seiner Ratifikation wurde das Deutsche Reich anstelle des auf der Eroberung basierenden Okkupators völkerrechtlich zum anerkannten Besitzer von Elsaß-Lothringen. Am 6. September 1871 erfolgte die Auflösung der Stellung des Militärgouverneurs und die Einsetzung eines der besten Fachleute Preußens auf dem Verwaltungsgebiet, Eduard von Moeller, als Oberpräsident von Elsaß-Lothringen. Anstelle der französischen Präfekten wurden Bezirkspräsidenten in den Städten Straßburg, Metz und Colmar eingesetzt. Doch die Verwaltungspolitik stellte sich als schwierig heraus.

Die Proteste in Elsaß-Lothringen ließen nicht nach, und eine Versöhnung zwischen der „altdeutschen" und der französisch fühlenden Bevölkerung wurde verhindert durch die Bildung der Ligue d'Alsace, die vehement für die Rückkehr zu Frankreich eintrat. Tatsächlich verließ etwa ein Drittel der Einwohner Elsaß-Lothringens ihre angestammte Heimat in Richtung Westen nach Frankreich.

Obwohl von Moeller mit Klugheit und Diplomatie die jungen Männer sogar von der Dienstpflicht freistellte, hielt die jahrelange Unruhe im Reichsland an. Außerdem konnte in der Wirtschaft der durch die abgewanderten Bevölkerungsteile entstandene Mangel an guten Fachleuten nicht ausgeglichen werden.

Bismarck hat sich unermüdlich für die Gleichbehandlung und gegen jede Bevormundung der Bevölkerung Elsaß-Lothringens eingesetzt. Anfang 1873 wurde eine Landesangehörigkeit in den annektierten Territorien anerkannt, die der Staatsangehörigkeit der Bundesstaaten entsprach. Die von Elsaß-Lothringen gestellten 15 Reichstagsabgeordneten waren Garant dafür, daß ihr Land auch ein gleichberechtigter Teil in der Reichsgesetzgebung war. Dennoch blieb Elsaß-Lothringen in den Jahren der Zugehörigkeit zum Deutschen Reich immer ein Fremdkörper.

Das Deutsche Reich und das europäische Gleichgewicht

Unmittelbar nach dem Frieden mit Frankreich hatte Bismarck versichert, das Deutsche Reich – und somit auch Preußen – seien nun definitiv „saturiert". Es gebe keine weiterreichenden politischen Ansprüche mehr, und schon gar keine auf erneute Gebietserwerbungen. Das Reich wolle nur noch die Erhaltung des Bestehenden. Die immer wieder auftretenden Beitrittsbestrebungen deutscher Volksgruppen in Ostmitteleuropa hat Bismarck stets deutlich zurückgewiesen. Im Hinblick auf seine bisher gezeigte Zurückhaltung in Gebietsabtretungsfragen wurde seiner Haltung von den europäischen Kabinetten auch Glauben geschenkt.

Was Österreich betraf, befürchtete Bismarck jetzt allerdings, eine deutsche Nationalstaatsbildung könne in den deutsch-österreichischen Gebieten eine Anschlussbewegung hervorrufen und das Land als Folge in eine antideutsche Koalition treiben. Er konzentrierte deshalb seine Außenpolitik voll darauf, den Vielvölkerstaat Österreich eng an das preußisch-deutsche Reich heranzuziehen. Immer öfter betonte er, Wien und Berlin seien nach der Abgrenzung ihrer Einflusssphären natürliche Partner. Nach Abschluss des Friedensvertrages mit Frankreich versicherte er der Wiener Regierung: „Die Bestrebungen der Fraktion, welche nach dem Anschluss der deutschen Erblande Österreichs an Deutschland strebt, entsprechen nicht dem Ziel unserer Politik." [122]

Unterstützung fand Bismarck beim Ministerpräsidenten von Österreich, Graf Beust, ausgerechnet bei dem Mann, der bis dahin sein schärfster Gegner gewesen war. Denn 1866 hatte er nach Königgrätz einen Anschluss an Frankreich gesucht und war Wortführer einer gemeinsamen Intervention gegen Preußen gewesen. Wenn es dann doch nicht zu einer Entscheidung kam, hing das mit der militärischen und finanziellen Situation des Kaiserreiches zusammen. Daraufhin änderte Beust seine Haltung gegenüber Preußen und dem neu entstandenen Reich und schwenkte auf Bismarcks Kurs einer Wiederannäherung der beiden Großmächte ein. Sichtbarer Ausdruck und Höhepunkt waren die bereits erwähnten Zusammentreffen der beiden Kaiser im August 1871 in Bad Ischl und in Salzburg, wo der deutsche Kaiser und sein Reichskanzler von der Bevölkerung stürmisch begrüßt wurden. Das wiederum stellte für Beust den schmerzlichen Ausdruck eines Sinneswandels beim Volk dar. Nach einem Konflikt mit der Tschechei im November 1871 scheiterte dann Beust und musste zurücktreten, was Bismarck jedoch nicht ganz ungelegen kam.

Sein Nachfolger war der bisherige ungarische Ministerpräsident, Graf Julius Andrássy, der als Teilnehmer an der ungarischen Revolution 1848/49 zum Tode verurteilt und erst 1858 begnadigt wurde. Der Graf hatte danach viele Jahre im Ausland in Paris und London verbracht und war nach seiner Rückkehr nach Wien 1867 zum Wortführer eines Ausgleiches zwischen den beiden Großmächten Preußen und Österreich geworden. Er galt als ausgesprochener Gegner einer föderalistischen Aufgliederung der österreichischen Monarchie und als Gegner einer Gleichstellung von Böhmen und Ungarn. Seine Haltung entsprach nicht zuletzt den Interessen Ungarns. Der strikte Gegner aller österreichischen Revisionsbestrebungen wurde dadurch zum idealen Partner Bismarcks, der ihm Sympathien entgegenbrachte, ja ihn sogar bewunderte. Graf Andrássy war der Initiator einer Annäherung des Deutschen Reiches an Österreich-Ungarn, die ihren Höhepunkt im Oktober 1879 in dem berühmten Zweibund fand. Bismarck hat den großen persönlichen Anteil des österreichischen Ministerpräsidenten danach in einer Reichstagsansprache ausdrücklich gewürdigt.

Weit schwieriger war das Verhältnis zu Russland, dessen Regierung und große Teile der Bevölkerung die Erstarkung des Deutschen Reiches als Gefährdung des europäischen Gleichgewichtes ansahen. Bismarck vermutete dahinter das Bestreben Russlands nach weiteren Annexionen. Außerdem erkannte er den Wunsch des für seine Eitelkeit bekannten russischen Reichskanzlers, Fürst Gortschakow, sich in Szene zu setzen. „Er kann“, so Bismarck, „keine Pfütze überschreiten, ohne sich darin zu spiegeln.“ [123]

Der Reichskanzler ließ keinen Zweifel darüber aufkommen,

dass er bereit war, jegliche Zusicherung abzugeben, wonach die preußisch-deutschen Ostgrenzen unveränderbar bleiben würden. Er ging sogar soweit, die Baltendeutschen auf ihre Loyalitätspflichten gegenüber Russland hinzuweisen – trotz deren Bestrebungen, sich dem Deutschen Reich anzuschließen.

Andererseits bemerkte er mit Argwohn, dass der Zar anfing, sich in die beginnende Allianz Preußen-Österreich hineinzudrängen. Er befürchtete, der Zar könne versuchen, alle drei Kaisermächte wieder zu einem Bündnis zu bringen, um erneut seinen Einfluss auf Mitteleuropa aufzubauen. Die politischen Ausgangslagen hatten sich mittlerweile verschoben, und der autokratische Polizeistaat Russland sah im Liberalismus, wie er in Österreich und im Deutschen Reich Wurzeln gefasst hatte, eine Gefahr für seine Herrschaft.

Neben allen Unterschieden der beiden westlichen Kaiserreiche zum Zarenreich befürchtete Bismarck zusätzlich, ein Dreierbündnis könne von England falsch verstanden werden. Folglich hielt er die Communiqués des Drei-Kaiser-Treffens, das am 22. Oktober 1873 dann tatsächlich zwischen Zar Alexander II., Kaiser Franz Joseph und Kaiser Wilhelm I. zustande kam, in den Inhalten völlig unverbindlich. Das alleinige Ziel der Zusammenkunft sei die Erhaltung des Friedens gewesen, betonte er.

Für Bismarck ergab sich aus der Reichsgründung und ihren politischen Folgen eine neue Situation. Bisher hatte er als Macht unter Mächten operieren können, wobei er sich bei seinen Aktionen oft hinter jener versteckte, die als Vormacht galt. Dabei konnte er virtuos spielen und auch noch in schwierigsten Lagen für Preußen viele Vorteile herausholen. Jetzt sah er sich und das Reich plötzlich in das Zentrum aller Aktionen gerückt. Er war nun selbst Repräsentant jener Macht, die keinen Spielraum mehr hatte, sondern ihrerseits eine Störung des europäischen Gleichgewichtes verhindern musste. Die Reichspolitik hatte mit großer Vorsicht alles zu vermeiden, was ihr als Aggressionspolitik hätte ausgelegt werden können. Die Gefahr einer solchen defensiven Politik bestand jedoch darin, dass diese zum Stilstand führen könnte, was ganz und gar nicht Bismarcks Naturell entsprach. Außerdem erkannte er, dass das Reich dadurch erpressbar sein würde.

Da kam dem Manne, der außenpolitische Entscheidungen nicht

in der Theorie, sondern stets aus dem Gang der historischen Ereignisse zu treffen wusste, eine Zuspitzung der Lage auf dem Balkan zu Hilfe. Sie bot Bismarck die Chance, das Misstrauen der anderen Mächte in seine Außenpolitik erheblich zu mindern.

Der unaufhaltsame Machtverfall des Osmanischen Reiches hatte zu Aufständen in Bosnien und Herzegowina gegen die Jahrhunderte währende Türkenherrschaft geführt. Im Frühjahr 1872 schloss sich auch Bulgarien den Aufständen gegen die Türken an. Der überall aufflammende Nationalismus hatte die Bevölkerung erfasst. Als dann Serbien im Verein mit Montenegro der Türkei den Krieg erklärte, stand der gesamte Balkan in Flammen.

Hinter den Aufständen stand im Geheimen die Schutzmacht des Slawentums und des orthodoxen Christentums, das Zarenreich, das die Ausdehnung seiner Gebiete bis zum Mittelmeer erreichen wollte.

Bisher hatten sich die Großmächte England und Frankreich im Widerstand gegen die russische Expansionspolitik für die Integrität türkischer Gebiete eingesetzt. Das in Europa immer mächtiger werdende Prinzip des Selbstbestimmungsrechtes der Völker und das wachsende Nationalgefühl erschwerten jedoch eine Verständigung mit den Türken immer mehr. England und Frankreich – im Verbund mit Österreich-Ungarn – versuchten daraufhin, die Türkei zu Zugeständnissen zu bewegen, um einen offenen Krieg zu verhindern. Doch diese ließen sich darauf nicht ein, zumal es ihren Truppen gelungen war, die offenen Aufstände zu unterdrücken. Die Türken meinten, es müsse auch im Interesse der europäischen Mächte liegen, wenn Russland der Zugang zum Bosporus und zum Mittelmeer erschwert werde.

Da der Zar sich der Zustimmung der Balkanstaaten sicher sein konnte, erklärte er den Türken im April 1877 den Krieg. Im Bündnis mit dem von einem Hohenzollern-Prinzen regierten Rumänien wurde die Türkei daraufhin besiegt. Den folgenden Frieden von San Stefano, der praktisch den gesamten Balkan zu russischem Einflussgebiet machte, waren weder England noch Österreich-Ungarn bereit hinzunehmen. So zeichnete sich ein großer europäischer Konflikt ab.

Bismarck hatte zuvor keinen Zweifel darüber aufkommen lassen, dass das Deutsche Reich sich in dieser Angelegenheit absolut neutral verhalten müsse. Es läge aber im deutschen Interesse, und er werde dafür alles Nötige tun, um einen offenen Krieg zu vermeiden. Für Bismarck ergab sich jetzt eine sehr schwierige Situation: das Reich könnte sich damit in eine Isolation begeben, die Mächte würden sich möglicherweise hinter seinem Rücken einigen. Diese Befürchtungen bestimmten die Zielsetzung für die künftige Außenpolitik des Kanzlers.

Auf dem Höhepunkt des russisch-türkischen Krieges beschrieb Bismarck in Bad Kissingen seinem Sohn Herbert seine Gedanken. In Aufzeichnungen, die zu Recht berühmt geworden sind, erklärte er darin seine Einschätzung der Mächtekonstellationen in Europa und die in ihr steckenden Möglichkeiten für das Reich, außerdem seine Vorausschau auf eine langfristige, erfolgreiche Politik des Reiches. In dem sogenannten Kissinger Diktat vom 15. Juni 1877 wurden die wichtigsten Grundgegebenheiten der Europa- und Welt-Politik festgelegt. Bismarck kam in seinen Überlegungen zu dem Schluss, dass die Gegensätze der in den vier Teilen der Welt miteinander rivalisierenden Mächte letztlich unüberwindbar seien. Daher sei ein Ausgleich im östlichen Mittelmeer nichts Bedrohliches, sondern sogar etwas höchst Erstrebenswertes. Bismarcks Fazit: Die Engländer seien zu ermutigen, ihre Absichten auf Ägypten zu realisieren. Dafür sollten sie Russland den Zugang zum Schwarzen Meer gestatten. Damit wäre der status quo erhalten und gleichzeitig eine Koalition gegen das Deutsche Reich unmöglich gemacht.

Der Kanzler präzisierte seine Vorstellungen dann nochmals in fünf Punkten. Erstens: „Verlagerung sowohl des österreichischen wie des russischen Schwerpunktes nach Osten." Zweitens: Daraus resultierend entsteht „der Anlass für Russland, eine starke Defensivstellung im Orient und an seinen Küsten zu nehmen und unseres Bündnisses zu bedürfen." Drittens: „Ein partieller Ausgleich zwischen England und Russland in dem geschilderten Sinne." Viertens: „Loslösung Englands von dem uns feindlich bleibenden Frankreich wegen Ägyptens und des Mittelmeeres." Fünftens: „Beziehungen zwischen Russland und Österreich, welche es beiden schwierig machen, die antideutsche Konspiration gegen uns gemeinsam herzustellen, zu welcher zentralistische oder klerikale Elemente in Österreich etwa geneigt sein möchten". Dann noch einmal zusammenfassend: „Wenn ich arbeitsfähig wäre, könnte ich das Bild vervollständigen und feiner ausarbeiten, welches mir vorschwebt: nicht das irgendeines Ländererwerbs, sondern das einer politischen Gesamtsituation, in welcher alle Mächte außer Frankreich unser bedürfen, und von Koalitionen gegen uns durch ihre Beziehungen zueinander nach Möglichkeit abgehalten werden.“ [124]

Damit hatte der Kanzler den gedanklichen Versuch erbracht, den Idealfall einer deutschen Gleichgewichtspolitik darzustellen. Sein stets wiederkehrender Gedanke war, einerseits die Lebensinteressen der einzelnen Mächte zu unterstützen, und anderseits durch die Erhaltung einer letzten Rivalität zwischen jenen eine Anlehnung an Deutschland notwendig zu machen. Mit dieser Politik wollte er den europäischen Frieden – weit seiner Zeit vorausschauend – erhalten.

Damit gehörte Fürst Otto von Bismarck als Kanzler und Begründer des Deutschen Reiches zweifelsohne zu den größten und bedeutendsten Personen des 19. Jahrhunderts – ein politisches Genie! Hätten sich seine Nachfolger an Bismarcks weitsichtige Vorgaben in der Bündnispolitik und in der europäischen Gleichgewichtspolitik gehalten, wäre es möglicherweise nicht zu den beiden Weltkriegen mit Millionen Toten gekommen.

Quellenverzeichnis

Ludwig Bamberger: Bismarcks großes Spiel, Frankfurt/Main 1932
Otto Becker: Bismarcks Ringen um Deutschlands Gestaltung, Heidelberg 1958
Otto von Bismarck: An Johanna von Bismarck, Briefe aus vier Jahrzehnten, Berg am Starnberger See 1990
Helmut Böhme: (Hg.): Probleme der Reichsgründerzeit, 1848-1879, Köln 1968
Tom Buk-Swienty: Schlachtbank Düppel, Berlin 2011
Moritz Busch: Bismarcks Große Tage, Berg am Starnberger See 1990
Hellmut Diwald: Geschichte der Deutschen, Frankfurt/Main, Berlin, Wien 1978
Jochen Dittrich: Bismarck, Frankreich und die spanischen Thronkandidaten der Hohenzollern, München 1962
Erich Eyck: Bismarck, Leben und Werk, 3 Bd., Erlenbach/Zürich 1944
Hans Fenske: Der Weg zur Reichsgründung 1850 bis 1870, Darmstadt 1977
Theodor Fontane: Der Krieg gegen Frankreich 1870-1871, 3 Bände, Berlin 1873
Heinrich Friedjung: Der Kampf um die Vorherrschaft in Deutschland, Stuttgart und Berlin 1917
Heinrich Friedjung: Österreich 1848 bis 1860, Stuttgart und Berlin 1912
Lothar Gall: Bismarck, Der weiße Revolutionär, Frankfurt, Berlin, Wien 1980
Jan Ganschow, Olaf Haselhorst, Martin Ohnezeit: Der Deutsch-Dänische Krieg 1864, Graz 2013
Wolfgang Groote, Ursula von Gersdorff: (Hg.): Entscheidung 1866, Stuttgart 1966
Franz Herre: Anno 70/71 Ein Krieg, ein Reich, ein Kaiser, Köln 1970
Georg Hiltl: Der französische Krieg, Bielefeld, Leipzig 1873

Oskar Höcker: Nationalkrieg gegen Frankreich, Leipzig 1900
Wenzel Jaksch: Europas Weg nach Potsdam, Stuttgart 1958
Leo Just: Handbuch der deutschen Geschichte, Frankfurt/Main 1968
Dr. Ihno Krumpelt: Die großen Meister der Kriegskunst, Berlin, Frankfurt 1960
Anton Mayr-Harting: Der Untergang Österreich-Ungarn 1848-1922, Wien, München 1988
Wilhelm Mommsen: Bismarck, ein politisches Lebensbild, München 1959
Leonhard von Muralt: Bismarcks Verantwortlichkeit, Göttingen 1970
Eckart von Naso: Moltke, Mensch und Feldherr, Berlin 1937
Thomas Nipperdey: Deutsche Geschichte 1800-1866, München 1984
Thomas Nipperdey: Deutsche Geschichte 1866-1918, München 1993
Karl Heinz Peter: Briefe zur Weltgeschichte, Stuttgart 1961
Heinrich von Poschinger: Fürst Bismarck und die Diplomaten, Hamburg 1900
Leopold Schieder, Ernst Deuerlein, (Hg.): Reichsgründung 1870/71, Stuttgart 1970
Nikolaus von Preradovich: Führungsschichten in Österreich und Preußen, Wiesbaden 1955
Werner Richter: Bismarck, Frankfurt/Main 1971
Wilhelm Schüssler: Königgrätz 1866, München 1958
Heinrich Ritter von Srbik: Deutsche Einheit Band 1-4, München 1942
Volker Ullrich: Otto von Bismarck, Hamburg 1998
Eckhard Verchau: Otto von Bismarck, eine Kurzbiographie, Berlin 1969
Winfried Vogel: Entscheidung 1864, Koblenz 1987
Heinrich August Winkler: Der lange Weg nach Westen, Band 1, München 2000

Anmerkungen

[1] Lothar Gall, Seite 294
[2] Lothar Gall, Seite 302
[3] Leo Just, Seite 79
[4] Lothar Gall, Seite 303
[5] Tom Buk-Swienty, Seite 129
[6] Leo Just, Seite 16
[7] Gefahr im Verzug, Kommen Sie sofort.
[8] Heinrich August Winkler, Seite 154
[9] Heinrich August Winkler, Seite 158
[10] Volker Ullrich, Seite 36
[11] am 8. Februar 1863
[12] Winfried Vogel, Seite 21
[13] Otto Becker, Seite 90
[14] Dr. Ihno Krumpelt, Seite 140
[15] Winfried Vogel, Seite 28
[16] Heinrich Ritter von Srbik, Bd 4 Seite 96
[17] Heinrich Ritter von Srbik, Bd 4 Seite 98
[18] Heinrich Ritter von Srbik, Bd 4 Seite 99
[19] Otto Becker, Seite 204
[20] Winfried Vogel, Seite 36
[21] Winfried Vogel, Seite 48
[22] Winfried Vogel, Seite 301
[23] Otto Becker, Seite 117
[24] Thomas Nipperdey, Bd 1 Seite 685
[25] Otto von Bismarck, Seite 351
[26] Otto Becker, Seite 70
[27] nur in Übereinstimmung
[28] Lothar Gall, Seite 63
[29] Otto Becker, Seite 71
[30] Lothar Gall, Seite 98

[31] Otto Becker, Seite 118
[32] Lothar Gall, Seite 344
[33] Otto Becker, Seite 113
[34] Anton Mayr-Harting, Seite 226
[35] Anton Mayr-Harting, Seite 213
[36] Wilhelm Schüssler, Seite 59
[37] Wilhelm Schüssler, Seite 59
[38] Lothar Gall, Seite 357
[39] Leo Just, Seite 67
[40] Leo Just, Seite 67
[41] Anton Mayr-Harting, Seite 224
[42] Heinrich Friedjung, Seite 213
[43] Dr. Ihno Krumpelt, Seite 182
[44] Leonhard von Muralt, Seite 214
[45] Leonhard von Muralt, Seite 214
[46] Heinrich Friedjung, Seite 428
[47] Heinrich Friedjung, Seite 430
[48] Wilhelm Schüssler, Seite 72
[49] Hellmut Diwald, Seite 317
[50] Heinrich Friedjung, Seite 520
[51] Dr. Ihno Krumpelt, Seite 172
[52] Heinrich Friedjung, Seite 460
[53] Heinrich Friedjung, Seite 475
[54] Wilhelm Schüssler, Seite 72
[55] Otto Becker, Seite 418
[56] Otto Becker, Seite 422
[57] Lothar Gall, Seite 323
[58] Anton Mayr-Harting, Seite 245
[59] Anton Mayr-Harting, Seite 254
[60] Hellmut Diwald, Seite 316
[61] Leo Just, Seite 99
[62] Lothar Gall, Seite 368
[63] Otto von Bismarck, Seite 360
[64] Lothar Gall, Seite 369
[65] Hans Fenske, Seite 19
[66] Heinrich August Winkler, Seite 184
[67] Hans Fenske, Seite 372
[68] Franz Herre, Seite 36

[69] Hellmut Diwald, Seite 322
[70] Leonhard von Muralt, Seite 235
[71] Helmut Böhme, Seite 277
[72] Leo Just, Seite 115
[73] Leonhard von Muralt, Seite 238
[74] Helmut Böhme, Seie 283
[75] Leopold Schieder, Seite 81
[76] Leonhard von Muralt, Seite 246
[77] Heinrich von Poschinger, Seite 288
[78] Heinrich von Poschinger, Seite 288
[79] Franz Herre, Seite 92
[80] Moritz Busch, Seite 16
[81] Jochen Dittrich, Seite 92
[82] Thomas Nipperdey, Bd 2 Seite 59
[83] Theodor Fontane, Bd 1 Seite 63
[84] Theodor Fontane, Bd 1 Seite 65
[85] Oskar Höcker, Seite 75
[86] Franz Herre, Seite 107
[87] Moritz Busch, Seite 157
[88] Moritz Busch, Seite 156
[89] Moritz Busch, Seite 210
[90] Moritz Busch, Seite 216
[91] Franz Herre, Seite 169
[92] Oskar Höcker, Seite 200
[93] Theodor Fontane, Seite 558
[94] Otto von Bismarck, Seite 379
[95] Georg Hiltl, Seite 391
[96] Moritz Busch, Seite 42
[97] Moritz Busch, Seite 83
[98] Oskar Höcker, Seite 212
[99] Leo Just, Seite 119
[100] Franz Herre, Seite 140
[101] Theodor Fontane, Bd 1 Seite 852
[102] Oskar Höcker, Seite 346
[103] Heinrich August Winkler, Seite 212
[104] Heinrich August Winkler, Seite 214
[105] Franz Herre, Seite 168
[106] Franz Herre, Seite 173

[107] Franz Herre, Seite 177
[108] Otto von Bismarck, Seite 402
[109] Franz Herre, Seite 196
[110] Otto Becker, Seite 832
[111] Franz Herre, Seite 227
[112] Oskar Höcker, Seite 298
[113] Winfried Vogel, Seite 22
[114] Winfried Vogel, Seite 22
[115] Heinrich August Winkler, Seite 213
[116] Leo Just, Seite 129
[117] Otto Becker, Seite 700
[118] Lothar Gall, Seite 459
[119] Heinrich von Poschinger, Seite 383
[120] Heinrich von Poschinger, Seite 386
[121] Leo Just, Seite 120
[122] Lothar Gall, Seite 505
[123] Lothar Gall, Seite 506
[124] Volker Ullrich, Seite 98
[125] Karl Heinz Peter, Seite 366

Personenregister

A

B

G

H

I

J

K

L

M

S

T

V

W

DAS DEUTSCHE REICH
1871-1918
NORDSEE
Kgr. Dänemark
KOPENHAGEN
Provinz Schleswig Holstein
Flensburg
Schleswig
Kiel
Helgoland
(bis 1890 brit.)
OLD
Hansestadt Lübeck
Rostock
Stral.
Grhm. Mecklenburg-Schwerin
SCHWERIN
Bremerhaven
Wilhelmshaven
Hansestadt Hamburg
Groningen
OLDENBURG
Hansestadt Bremen
Ghzm. Oldenburg
Provinz Hannover
Kgr. Niederlande
Amsterdam
Ems
Aller
Elbe
Weser
Hannover
SL
Osnabrück
Haag
Arnheim
BRAUNSCHWEIG
Magdeburg
LD
W
DETMOLD
Münster
Hzm. Braunschweig
Provinz Sachsen
DESSAU
Herzogtum Anhalt
Dortmund
Essen
Ruhr
Provinz Westfalen
Göttingen
Halle
Leipzig
Düsseldorf
Fsm. Waldeck
Kassel
Schw.-Sondersh.
Rheinprovinz
Köln
Bonn
Rhein
Lüttich
Marburg
Provinz Hessen-Nassau
GOTHA
SWE
SCG
WEIMAR
GERA
SA
SR
RJL
RÄL
Chem
Gießen
Wetzlar
GH
MEININGEN
SMG
COBURG
Belgien
Koblenz
Wiesbaden
Frankfurt
Mainz
DARMSTADT
Main
Ghzm. Luxemburg
Trier
Luxemburg
Würzbg.
Königreich Bayern
Nürnberg
Maas
Verdun
Metz
Kgr. Bayern
Baden
KARLSRUHE
Reichsland Elsaß-Lothringen
Kgr. Württemberg
STUTTGART
Regensburg
Nancy
Mosel
Isar
Frankreich
STRASSBURG
Großherzogtum
Ulm
Augsburg
FHZ
Colmar
MÜNCHEN
Lech
Freiburg